高等院校"十三五"应用型规划教材 · 国际贸易专业

U0653326

进出口报关实务

JINCHUKOU BAOGUAN SHIWU

（第 2 版）

唐卫红　主　编

魏艳秋　武　莉
　　　　　　　副主编
赵雅玲　常青平

微信扫描，获取课件等资源

南京大学出版社

内 容 简 介

本书继承了报关领域已有的学术成果,增加了近年来报关理论及国家进出口相关法律、法规的相关内容,保证了理论知识及时更新。在体系方面,各章通过"案例导入"引出教学内容,引导学生带着问题去听课,每章后面配有思考题和实训题,帮助学生运用所学知识分析问题、解决问题。本书的特点是理论联系实际,实用性、操作性较强,为了让报关理论更加通俗易懂,我们加入了一些"知识拓展"和"思考",帮助学生更快、更容易地掌握相关知识。

本书可作为本科院校、高等职业院校有关涉外经贸类专业的专业实务教材,也可供涉外经贸各部门有关工作人员学习和参考。

图书在版编目(CIP)数据

进出口报关实务 / 唐卫红主编. -- 2 版. -- 南京:
南京大学出版社, 2019.6 (2025.1 重印)
　ISBN 978-7-305-21905-4

　I. ①进... II. ①唐... III. ①进出口贸易－海关手续
－中国－高等职业教育－教材　IV. ①F752.5

中国版本图书馆 CIP 数据核字(2019)第 064918 号

出版发行　南京大学出版社
社　　址　南京市汉口路 22 号　　　　邮编　210093
书　　名　进出口报关实务(第 2 版)
　　　　　　JINCHUKOU BAOGUAN SHIWU
主　　编　唐卫红
策划编辑　胡伟卷
责任编辑　胡伟卷　武　坦　　　　编辑热线　010-88252319
照　　排　北京圣鑫旺文化发展中心
印　　刷　广东虎彩云印刷有限公司
开　　本　787 mm × 1092 mm　1/16 开　　印张 17.25　　字数 475 千
版　　次　2025 年 1 月第 2 版第 3 次印刷
ISBN 978-7-305-21905-4
定　　价　49.80 元

网　　址:　http://www.njupco.com
官方微博:　http://weibo.com/njupco.
官方服务号:　njuyuexue
销售咨询热线:　(025) 83594756

前言

随着经济全球化的深入发展,我国加入 WTO 后对外贸易经营权全面开放,越来越多的企业和公司开始拓展外贸业务。国内各类进出口企业迅速增长,新的贸易方式和新的通关形式不断出现,对进出口贸易报关人才的需求量急剧增加。报关从业人员的业务水平和综合素质,不仅关系着国家的政策法令执行是否有效,还关系着进出口货物通关速度的快慢和企业经济效益的高低。

本书继承了报关领域已有的学术成果,更新了近年来报关理论及国家进出口相关法律法规的进展情况,具有理论知识前瞻性,并结合实际,力求让报关理论更加通俗易懂,自 2016 年出版以来,本书已经印刷了 3 次,得到了广大师生的好评。

结合我国新的经济形势和海关近期发布的公告,本书在 2016 年版的基础上对相关内容进行了修订,包括:报关分类、行政许可权、报关人员管理内容、出口商品检验检疫、出入境通关单、加工贸易保证金台账、税收担保、特定减免税备案、监管期限、转关运输方式等,并按照海关总署 2018 年第 60 号公告,对新版报关单填制规范进行了更新。本书内容与时俱进,契合实际工作岗位要求,能为从事进出口贸易、报关报检类工作的人员提供理论基础和学习参考。

本书在编写过程中得到了外贸公司领导和专家的大力支持与帮助,还参考了许多论著和资料,在此表示衷心的感谢。

本书由天津科技大学唐卫红任主编,绍兴职业技术学院魏艳秋,天津海运职业学院武莉,天津科技大学赵雅玲、常青平任副主编。参加本书编写的人员及分工如下:第一章由武莉编写,第二章由魏艳秋和常青平编写,第三章由唐卫红编写,第四章由武莉和魏艳秋编写,第五章由唐卫红编写,第六章由常青平编写,附录由天津科技大学王健虹编写。全书由唐卫红、赵雅玲统稿。

由于编者学识水平和能力有限,书中错误或不当之处在所难免,敬请读者批评指正。

编 者

2019 年 6 月

目 录

第一章
报关与海关管理

学习目标

- 了解报关的概念、范围与内容。
- 熟悉海关的性质、任务和管理体系。
- 理解报关与通关的区别。
- 掌握海关的权力范围。
- 掌握海关对报关单位的管理条例。

学习重点

- 海关权力的适用范围。
- 各类报关单位的报关范围。

案例导入　烟台海关查获32部名牌手机走私入境

2015年2月10日,烟台海关查获一起旅客走私苹果、三星等品牌手机入境案。

当日,一名中国籍旅客从韩国仁川乘坐客货班轮在烟台入境,经过海关申报台时,未向海关申报任何物品。海关关员对其携带的包裹进行人工查验,发现包裹内藏有全新手机32部,其中有6部iPhone 6、20部iPhone 6 plus及6部三星Galaxy Note Edge,价值约13.21万元,涉嫌偷逃税款1.92万元。

烟台海关提醒,iPhone 6等手机属于我国法律明确规定进境不予减免税的商品范围,携带进境时需要主动申报,对采用藏匿、伪报等方式逃避海关监管的行为,将依法追究法律责任。

资料来源:胶东在线,http://www.jiaodong.net/news/system/2015/02/10/012588983.shtml.

请问:海关将如何处理这些被查获的手机?旅客正常购买的手机如何带入境内?

第一节　报关概述

当代社会,随着经济全球化发展趋势的增强,国际间人员、货物、物品及运输工具的流动也日益频繁。这就需要具备一定知识和技能的专业人员,通过运用报关业务知识,把运输工具、货物及物品从一关境运至另一关境,从而实现国际贸易流动。

一、报关的概念

《中华人民共和国海关法》（以下简称《海关法》）第八条规定："进出境运输工具、货物、物品，必须通过设立海关的地点进境或出境。"因此，由设立海关的地点进出境并办理规定的海关手续是运输工具、货物、物品进出境的基本规则，也是进出境运输工具负责人、进出口货物收发货人、进出境物品的所有人应该履行的一项基本义务。

知识拓展

国境与关境的区别

国境就是一国国界线内的区域，关境是世界各国海关通用的概念，是指适用于同一海关法或实行同一关税制度的领域。关境与国境的关系如表1-1所示。

表1-1　关境与国境的关系

关境与国境的关系	说　明
关境＝国境	一般来说，关境与国境范围相同
关境＞国境	对于关税同盟，其成员国之间的货物进出国境不征收关税，只对来自和运往非成员国的货物在进出共同关境时征收关税，相对于每个成员国来说，关境大于国境，如欧盟
关境＜国境	当一国在国内设立自由港、自由贸易区和海关保税仓库等特定区域时，对于进入这些特定区域的货物免税，此时关境小于国境

我国海关的关境是除享有单独关境地位的地区以外的中华人民共和国的全部领域，包括领水、领陆和领空。目前我国的单独关境有香港、澳门和台、澎、金、马关税区，它们各自实行单独的海关制度。因此，我国的关境小于国境。

报关是指进出境运输工具负责人、进出口货物收发货人，进出境物品的所有人或者他们的代理人向海关办理运输工具、货物或物品进出境手续及相关海关事务的过程。

需要说明的是，在进出境活动中，我们还经常使用"通关"这一概念。通关和报关既有联系又有区别。两者都是针对运输工具、货物、物品的进出境而言，报关是从海关行政管理相对人的角度，仅指向海关办理进出境及相关手续的过程；而通关不仅包括海关行政管理相对人向海关办理有关手续，还包括海关对进出境运输工具、货物、物品依法进行监督管理，核准其进出境的管理过程。

二、报关的分类

（一）按照报关的对象分类

由于海关对进出境运输工具、货物、物品的监管要求各不相同，按照报关的对象，报关可分为运输工具的报关、货物的报关和物品的报关3类。其中，进出境运输工具作为货物、人员及其携带物品的进出境载体，其报关主要是向海关直接交验随附的、符合国际商业运输惯例、能反映运输工具进出境合法性及其所承运货物、物品情况的合法证件、清单和其他运输单证,其报关手续较为简单。进出境物品由于其非贸易性质,且一般限于自用、合理数量,其报关手续也很简单。进出境货物的报关较为复杂,海关根据对进出境货物的监管要求,制定了一系列报关管理规范,并要求必须由具备一定的专业知识和技能且经海关核准的专业人员代表报关单位专门办理。

(二)按照报关的目的分类

按照报关的目的,报关可分为进境报关和出境报关。由于海关对运输工具、货物、物品的进境和出境有不同的管理要求,运输工具、货物、物品根据进境或出境的目的分别形成了一套进境报关和出境报关手续。

(三)按照报关的行为性质分类

按照报关的行为性质,报关可分为自理报关和代理报关。

进出境运输工具、货物、物品的报关是一项专业性较强的工作,尤其是进出境货物的报关比较复杂,一些运输工具负责人、进出口货物收发货人或者物品的所有人,由于经济、时间、地点等方面的原因,不能或者不愿意自行办理报关手续,而委托代理人代为报关,从而形成了自理报关和代理报关两种报关类型。《海关法》对接受进出境物品所有人的委托,代为办理进出境物品报关手续的代理人没有特殊要求,但对于接受进出口货物收发货人的委托,代为办理进出境货物报关手续的代理人则有明确的规定。因此,我们通常所称的自理报关和代理报关主要是针对进出境货物的报关而言的。

1. 自理报关

进出口货物收发货人自行办理报关业务称为自理报关。根据我国海关目前的规定,进出口货物收发货人必须依法向海关注册登记后方能办理报关业务。

2. 代理报关

代理报关是指接受进出口货物收发货人的委托代理其办理报关业务的行为。《海关法》把有权接受他人委托办理报关业务的企业称为报关企业。报关企业必须依法取得报关企业注册登记许可并向海关注册登记后方能从事代理报关业务。根据代理报关法律行为责任承担者的不同,代理报关又分为直接代理报关和间接代理报关,具体内容如表1-2所示。

表1-2 代理报关的属性与法律责任

行为与责任 报关企业	代理方式	行为属性	法律责任
代理报关	直接代理	委托代理行为	以委托人的名义办理报关业务,法律后果直接作用于被代理人(委托人),报关企业也承担相应的法律责任
	间接代理	视同报关企业自己报关	以报关企业自身的名义向海关办理报关业务,报关企业承担委托人自己报关时所应承担的相同的法律责任

目前,报关企业大都采用直接代理形式代理报关,间接代理报关只适用于经营快件业务的国际货物运输代理企业。

(四)按照报关业务的票数分类

按照报关业务的票数不同,报关可分为逐票报关和集中报关。

逐票报关是指以每票货物为单位按规定的格式向海关申报,属于一种传统的报关方式。集中报关是指对同一口岸多批次进出口的货物,经海关备案,收发货人可以先以清单方式申报办理货物验放手续,再以报关单形式集中办理其他海关手续的一种特殊报关方式。

（五）按照报关的地点分类

按照报关地点的不同,报关可分为口岸报关、属地报关、通关一体化。

口岸报关是指进出境货物由报关人在货物的进出境地海关办理海关手续的报关方式。

属地报关是指进出境货物由报关人在设有海关的货物指运地或起运地办理海关手续的报关方式。属地报关必须办理相应的转关手续。

通关一体化自2017年7月1日起正式在全国实施。实行通关一体化后,企业可自主选择在全国任何一个报关地点和口岸办理报关手续。

（六）按照报关的申报形式分类

按照报关申报形式的不同,报关可分为有纸报关与无纸报关。

有纸报关是指报关员按照海关规定的格式以书面形式向海关申报,属于传统申报方式,其基本特点是手工操作。无纸报关是利用现代信息技术,采用联网方式,对进出口货物申报数据和报文进行自动处理的一种先进的报关方式,具有数据处理自动化程度高、通关速度快、成本低等特点。

三、报关的内容

（一）进出境运输工具报关的基本内容

在进出境活动中,进出境运输工具承担着进出境人员、货物及物品往来国际间的作用。根据《海关法》的规定,所有进出我国关境的运输工具必须经由设有海关的港口、空港、车站、国界孔道、国际邮件互换局（交换站）及其他可办理海关业务的场所申报进出境。

进出境运输工具的申报内容如下所述。

① 运输工具进出境的时间、航次。

② 运输工具进出境时所载货物情况,包括过境货物、转运货物、通运货物、溢短装（卸）货物的基本情况。

③ 运输工具服务人员名单及其自用物品、货币、金银情况。

④ 运输工具所载旅客情况。

⑤ 运输工具所载邮递物品、行李物品的情况。

⑥ 其他需要向海关申报说明的情况,如由于不可抗力原因,运输工具被迫在未设关地点停泊、降落或者抛掷、起卸货物和物品等情况。

（二）进出境货物报关的基本内容

进出境货物的报关业务包括:按照规定填制报关单,如实申报进出口货物的商品编码、实际成交价格、原产地及相应的优惠贸易协定代码,并办理提交报关单证等与申报有关的事宜;申请办理缴纳税费和退税、补税事宜;申请办理加工贸易合同备案、变更和核销及保税监管等事宜;申请办理进出口货物减税、免税等事宜;办理进出口货物的查验、结关等事宜;办理应当由报关单位办理的其他事宜。

（三）进出境物品报关的基本内容

海关监管的进出境物品包括行李物品、邮递物品和其他物品,三者在报关要求上有所不同。

《海关法》规定，个人携带进出境的行李物品、邮递进出境的物品，应当以自用合理数量为限。自用合理数量是区分进出境货物与进出境物品的主要依据。对于行李物品，“自用”是指进出境旅客本人自用、馈赠亲友而非出售或出租，“合理数量”是指海关根据进出境旅客旅行目的和居留时间所规定的正常数量。对于邮递物品，自用合理数量是指海关对进出境邮递物品规定的征、免税限制。

1. 进出境行李物品的报关

对于行李物品，携带在境外获取的自用物品价值在 5 000 元人民币（含 5 000 元人民币）以内的，海关予以免税，但烟酒制品须按有关规定办理。按照国际惯例我国海关采用了“红绿通道”制度，即进出境通道中设有以红色和绿色作为标记的两种通道，红色代表申报通道，绿色代表无申报通道，进出境旅客在向海关申报时，可以在两者间进行选择。

自 2008 年 2 月 1 日起，海关在全国各对外开放口岸实行新的进出境旅客申报制度。进出境旅客没有携带应向海关申报物品的，无须填写中华人民共和国海关进出境旅客行李物品申报单（以下简称申报单），选择绿色通道通关。除海关免于监管的人员及随同成人旅行的 16 周岁以下旅客以外，进出境旅客携带有应向海关申报物品的，须填写申报单，向海关书面申报，并选择红色通道通关，申报单如图 1-1 所示。

正面

中华人民共和国海关
进出境旅客行李物品申报单

请仔细阅读申报单背面的填单须知后填报

姓 ______ 名 ______ 男 □ 女 □

护照（进出境证件）号码 ______

出生日期 ____ 年 __ 月 __ 日 国籍（地区）______

进境旅客填写	出境旅客填写
来自何地 ______	前往何地 ______
进境航班号/车次/船名 ______	出境航班号/车次/船名 ______
进境日期 年 月 日	出境日期 年 月 日
携带有下列物品请在“□”划 √	携带有下列物品请在“□”划 √
□ 1. 动、植物及其产品、微生物、生物制品、人体组织、血液制品 □ 2. 居民旅客在境外获取总值超过人民币 5000 元的物品 □ 3. 非居民旅客拟留在境内总值超过 2000 元的物品 □ 4. 超过 1500 毫升的酒精饮料，或超过 400 支香烟，或超过 100 支雪茄，或超过 500 克烟丝 □ 5. 超过 20000 元人民币现钞或超过折合美元 5000 元外币现钞 □ 6. 分离运输行李，货物、货样、广告品 □ 7. 其他需要向海关申报的物品	□ 1. 文物、濒危动植物及其制品、生物物种资源、金银等贵重金属 □ 2. 居民旅客携带需复带进境的单价超过人民币 5000 元的照相机、摄像机、手提电脑等旅行自用物品 □ 3. 超过 20000 元人民币现钞，或超过折合 5000 美元外币现钞 □ 4. 货物、货样、广告品 □ 5. 其他需要向海关申报的物品

携带有上述物品的，请详细填写如下清单

品名/币种	型号	数量	金额	海关批注

我已经阅读本申报单背面所列事项，并保证所有申报属实。

旅客签名：______

背面

一、重要提示：

1. 没有携带应向海关申报物品的旅客，无须填写本申报单，可选择“无申报通道”（又称“绿色通道”，标识为“●”）通关。
2. 携带有应向海关申报物品的旅客，应当填写本申报单，向海关书面申报，并选择“申报通道”（又称“红色通道”，标识为“■”）通关。海关免予监管的人员以及随同成人旅行的 16 周岁以下旅客可不填写申报单。
3. 请妥善保管本申报单，以便在返程时继续使用。
4. 本申报单所称“居民旅客”系指其通常定居地在中国关境内的旅客，“非居民旅客”系指其通常定居地在中国关境外的旅客。
5. 不如实申报的旅客将承担相应法律责任。

二、中华人民共和国禁止进境物品：

1. 各种武器、仿真武器、弹药及爆炸物品；
2. 伪造的货币及伪造的有价证券；
3. 对中国政治、经济、文化、道德有害的印刷品、胶卷、照片、唱片、影片、录音带、录像带、激光唱盘、激光视盘、计算机存储介质及其他物品；
4. 各种烈性毒药；
5. 鸦片、吗啡、海洛因、大麻以及其他能使人成瘾的麻醉品、精神药物；
6. 新鲜水果、茄科蔬菜、活动物（犬、猫除外）、动物产品、动植物病原体和害虫及其他有害生物、动物尸体、土壤、转基因生物材料、动植物疫情流行的国家和地区的有关动植物及其产品和其他应检物；
7. 有碍人畜健康的、来自疫区的以及其他能传播疾病的食品、药品或其他物品。

三、中华人民共和国禁止出境物品：

1. 列入禁止进境范围的所有物品
2. 内容涉及国家秘密的手稿、印刷品、胶卷、照片、唱片、影片、录音带、录像带、激光唱盘、激光视盘、计算机存储介质及其他物品；
3. 珍贵文物及其他禁止出境的文物；
4. 濒危的和珍贵的动、植物（均含标本）及其种子和繁殖材料。

图1-1 中华人民共和国海关进境旅客行李物品申报单

2. 进出境邮递物品的报关

进出境邮递物品的申报方式由特殊的邮递运输方式决定。对于个人寄自或寄往港澳台地区的物品，每次限值为800元人民币；寄自或寄往其他国家或地区的物品，每次限值为1 000元人民币。我国是《万国邮政公约》的签约国，根据《万国邮政公约》的规定，进出口邮包必须由寄件人填写报税单(小包邮件填写绿色标签)，列明所寄物品的名称、价值、数量，向邮包寄达国家的海关申报。进出境邮递物品的报税单和绿色标签随同物品通过邮政企业或快递公司呈递给海关。

3. 进出境其他物品的报关

进出境其他物品主要包括暂时免税进出境物品、享有外交特权和豁免权的外国机构或者人员进出境携带的物品等。

个人携带进出境的暂时免税进出境物品须由物品携带者在进境或出境时向海关做出书面申报，并经海关批准登记，方可免税携带进出境，并且应由本人复带出境或进境。

持有中华人民共和国政府主管部门给予的外交、礼遇签证的进出境旅客，通关时应主动向海关出示本人有效证件，海关予以免验礼遇。

> **思考**
>
> 某旅客携带单位委托购买的投影仪的零配件进境。
>
> 请问：该商品应按进出境货物还是进出境物品报关？为什么？

第二节 海关管理概述

一、海关的性质和任务

（一）海关的性质

《海关法》第二条规定："中华人民共和国海关是国家的进出关境(以下简称进出境)监督管理机关。"这一规定明确了海关的性质，其包括3层含义。

1. 海关是国家行政机关

海关是国家的行政机关之一，从属于国家行政管理体制，是国务院直属机构，海关代表国家依法独立行使行政管理权。

2. 海关是国家进出境监督管理机关

海关实施监督管理的范围是进出关境及与之有关的活动，监督管理的对象是所有进出境的运输工具、货物、物品。

3. 海关的监督管理是国家行政执法活动

海关执法的依据是《海关法》和其他有关法律、行政法规。海关事务属于中央立法事权，立法者为全国人大及其常务委员会和国务院。海关总署也可以根据法律和国务院的法规、决定、命令，制定规章，作为执法依据的补充。省、自治区、直辖市人民代表大会和人民政府不得制定海关法律规范，地方法规、地方规章也不是海关执法的依据。

海关关徽的含义

海关关徽由商神杖和金色钥匙交叉组成。

商神杖代表国际贸易,金色钥匙象征海关为国家把守大门,钥匙上的 3 个齿,分别代表海关的监管、征税、缉私三大任务。

关徽意味着中国海关依法行使国家赋予的权力,监管进出境活动,维护国家主权和利益,促进对外经贸发展和科技文化交流,保障社会主义现代化建设。

(二)海关的任务

《海关法》第二条规定:"海关依照本法和其他有关法律、行政法规,监管进出境的运输工具、货物、行李物品、邮递物品和其他物品(以下简称进出境运输工具、货物、物品),征收关税和其他税费,查缉走私,并编制海关统计和办理其他海关业务。"这实际上表明了海关的四项基本任务:监管、征税、缉私、编制海关统计,它们是统一的有机联系的整体。

1. 监管

监管是海关最基本的任务。海关监管是指海关运用国家赋予的权力,通过一系列管理制度与管理程序,依法对进出境运输工具、货物、物品的进出境活动所实施的备案登记、审核单证、查验放行、后续管理等措施的一种行政管理活动。

海关监管不是海关监督管理的简称,海关监督管理是海关全部行政执法活动的统称,二者有较大的区别。

2. 征税

征税是指海关依据《海关法》《中华人民共和国进出口关税条例》(以下简称《进出口关税条例》),以及其他有关法律、行政法规规定的税率、计税方法和完税价格,对须征收关税和其他税费的进出口货物、进出境物品,向纳税义务人征收税费的一项行政执法工作。目前,由海关代征的进口环节税包括增值税和消费税。

3. 缉私

缉私是指海关依照法律赋予的权力,在各监管场所和设关地附近的沿海沿边规定地区,为发现、制止、打击、综合治理走私活动而进行的一种调查和惩处活动,是海关为保证顺利完成监管和征税等任务而采取的保障措施。

《海关法》第五条规定:"国家实行联合缉私、统一处理、综合治理的缉私体制。海关负责组织、协调、管理查缉走私工作。"这一规定从法律上明确了海关打击走私的主导地位。

4. 编制海关统计

编制海关统计是指以实际进出口货物作为调查和统计、分析的对象,通过搜集、整理、加工处理进出口货物报关单或经海关核准的其他申报单证,对进出口货物的品种、数(重)量、价格、国别(地区)、经营单位、境内(外)目的地、境内货源地、贸易方式、运输方式、关别等项目分别进行统计和综合分析,全面、准确地反映对外贸易的运行态势,及时提供统计信息和咨询,实施有效的统计监督,开展国际贸易统计的交流与合作,促进对外贸易的发展。

在海关统计中,将凡能引起我国境内物质资源储备增加或减少的进出口货物,均列入海关统计,部分不列入海关统计的货物和物品,实施单项统计。

二、海关的权力

（一）海关权力的含义

海关权力是指国家为保证海关依法履行职责和完成法定任务,通过《海关法》和其他法律、行政法规赋予海关的对进出境运输工具、货物、物品及相关事务实施监督管理所具有的支配、管理、指挥的权能。海关权力属于公共行政职权,其行使受一定范围和条件的限制,并应当接受执法监督。

（二）海关权力的特点

1. 特定性
《海关法》规定,海关是国家的进出关境的监督管理机关。只有海关才具有进出关境监督管理权,其他任何机关、团体及个人都不具有行使这种权力的资格。海关的这种权力只适用于进出关境监督管理领域。

2. 独立性
海关行使职权只对法律和上级海关负责,不受地方政府、其他机关、单位或个人的干预。

3. 效力先行性
海关的行政行为一旦做出,就应推断其合法,在没有被国家有关权力机关宣布为违法或无效之前,即使管理相对人认为海关的行政行为侵犯其合法权益,也应该遵守和服从。

思考

红星公司对海关征收的税款有异议,认为海关侵犯了其合法权益,红星公司应该怎么办?有如下几种建议。
1. 暂缓纳税,向海关提出行政裁定。
2. 暂缓纳税,向海关提出行政复议。
3. 缴纳税款,再提出海关行政裁定。
4. 缴纳税款,再提出行政复议。
请问:你会选择哪种? 为什么?

4. 优益性
海关在行使行政职权时,依法享有一定的行政优先权和行政受益权。行政优先权是指国家为保障海关有效地行使职权而赋予海关职务上的优先条件,如海关执行职务受到暴力抗拒时,公安机关和人民武装警察部队应当予以协助。行政受益权是指海关享受国家提供的各种物质优益条件,如中央财政经费等。

（三）海关权力的内容

根据《海关法》和其他法律、行政法规的规定,海关的权力主要包括以下几种。

1. 行政许可权
行政许可权包括对企业报关权,从事海关监管货物的仓储、转关运输货物的境内运输、保税货物的加工、装配等业务的许可和对报关员的报关从业许可等权力。

2. 税费征收权

税费征收权包括代表国家依法对进出口货物、物品征收关税和其他税费的权力；根据法律、行政法规及有关规定，依法对特定的进出口货物、物品减征或免征关税的权力；对海关放行后的有关进出口货物、物品，发现少征或者漏征税款的，依法补征、追征税款的权力。

3. 行政检查权

行政检查权是海关履行其行使行政监督管理职能的基本权力，主要包括如下内容。

（1）检查权

海关有权检查进出境运输工具，检查有走私嫌疑的运输工具和有藏匿走私货物、物品嫌疑的场所，检查走私嫌疑人的身体，其具体内容如表1-3所示。

表1-3　检查权行使的具体内容

对　象	区　域	授权限制
进出境运输工具	"两区"内	海关有关部门可直接行使
	"两区"外	
有走私嫌疑的运输工具	"两区"内	海关有关部门可直接行使
	"两区"外	须经直属海关关长或其授权的隶属海关关长批准方可由海关有关部门行使
有藏匿走私货物、物品嫌疑的场所	"两区"内	海关有关部门可直接行使
	"两区"外	1. 不能检查公民住宅 2. 当事人在场；当事人未在场，须有见证人在场 3. 须经直属海关关长或其授权的隶属海关关长批准方可由海关有关部门行使
走私犯罪嫌疑人	"两区"内	海关有关部门可直接行使
	"两区"外	无授权，不能行使

注："两区"指海关监管区和海关附近沿海沿边规定地区。"授权"包括一般性授权和一事一授权。

（2）查阅、复制权

此项权力包括查阅进出境人员的证件，查阅、复制与进出境运输工具、货物、物品有关的合同、发票、账册、单据、记录、文件、业务函电、录音录像制品和其他有关资料。

（3）查问权

海关根据《海关法》或者其他法律、行政法规的规定，对违反海关规定的嫌疑人进行查问，调查其违法行为。

（4）查验权

海关有权查验进出境货物、物品。海关查验货物认为必要时，可以径行提取货样。

（5）查询权

海关在调查走私违法案件时，经直属海关关长或其授权的隶属海关关长批准，可以查询案件涉嫌单位和涉嫌人员在金融机构、邮政企业的存款、汇款。

（6）稽查权

海关根据《海关法》《中华人民共和国海关稽查条例》（以下简称《稽查条例》）的有关规定，自进出口货物放行之日起3年内或者保税货物、特定减免税货物的海关监管年限内及海关监管年限期满的次日起 3 年内,海关有权对有关企业进行稽查。

思考

红星公司进口一台设备,属于特定减免税货物,海关于 2019 年 3 月 1 日放行。

提示:设备作为特定减免税货物进口,监管期限 5 年。

请问:海关的稽查权应于什么时候截止?

4. 行政强制权

海关行政强制权是《海关法》及相关法律、行政法规得以贯彻实施的重要保障。具体包括如下内容。

（1）扣留权

海关对违反《海关法》或者其他有关法律、行政法规的进出境运输工具、货物、物品,以及有关的合同、发票、账册、单据、记录、文件、业务函电、录音录像制品和其他有关资料,可以扣留,具体内容如表 1-4 所示。

表1-4　扣留权行使的具体内容

对　象	区　域	条　件	授　权
合同、发票等资料	"两区"内	与违反《海关法》或者其他有关法律、行政法规的进出境运输工具、货物、物品有牵连的	海关有关部门可直接行使
	"两区"外		
有走私嫌疑的运输工具、货物、物品	"两区"内	违反《海关法》或者其他有关法律、行政法规	经直属海关关长或其授权的隶属海关关长批准后行使
	"两区"外	在实施检查时其中有证据证明有走私嫌疑	海关有关部门可直接行使
走私犯罪嫌疑人	"两区"内	1. 有走私犯罪嫌疑 2. 扣留时间不得超过 24 小时,在特殊情况下可以延长 48 小时	经直属海关关长或其授权的隶属海关关长批准后行使
	"两区"外	可移交公安机关	无授权,不能行使

（2）滞报金、滞纳金征收权

海关对超过规定时限向海关申报的货物,征收滞报金;对逾期缴纳进出口税费的纳税人,征收滞纳金。

（3）提取货样、施加封志权

根据《海关法》的规定,海关认为必要时可以提取货样;海关对未办结海关手续、处于海关监管状态的运输工具、货物、物品有权施加封志,任何人不得擅自损毁封志和擅自提取、转移、动用在封的货物、物品和运输工具。

（4）提取货物变卖、先行变卖权

进口货物自进境之日起超过 3 个月未向海关申报的,海关可以提取依法变卖;进口货物收货人或其所有人声明放弃的货物、物品,海关有权提取依法变卖;海关依法扣留的货物、物品不宜长期保存的,经直属海关关长或其授权的隶属海关关长批准,可以先行变卖等。

（5）强制扣缴和变卖抵缴税款权

海关对超过规定期限未缴纳税款的纳税人或其担保人，经直属海关关长或其授权的隶属海关关长批准，可以书面通知其开户银行或者其他金融机构在其存款内扣缴税款；或者将应税货物依法变卖，以变卖所得抵缴税款；或者扣留并依法变卖其价值相当于应纳税款的货物或其他财产，以变卖所得抵缴税款。

（6）税收保全措施

海关责令纳税义务人提供纳税担保，而纳税义务人不能提供担保的，经海关关长批准，海关可以采取下列税收保全措施：书面通知纳税义务人的开户银行或其他金融机构暂停支付纳税义务人相当于税款的存款；扣留纳税义务人价值相当于应纳税款的货物或其他财产。

关于税收保全措施是指海关在征税以前依法采取的保证税款依法征收和及时入库的措施。一般海关采取的税收保全措施有：责令纳税义务人向海关提供担保；海关通知纳税人开户银行冻结其相当于税款的存款；扣留纳税人相当于应纳税款的其他财产。

5. 行政处罚权

海关对尚未构成走私罪的走私行为，以及尚未构成走私的违反海关法规的行为，有权按照《海关法》《中华人民共和国海关行政处罚实施条例》及有关的海关规章进行处罚。

6. 其他权力

（1）佩带和使用武器权

海关为履行职责，可以配备武器。海关工作人员佩带和使用武器的规定，由海关总署会同公安部制定，报国务院批准。

根据海关总署、公安部联合发布的《海关工作人员使用武器和警械的规定》，海关使用的武器包括轻型枪支、电警棍、手铐，以及其他经批准可使用的武器和警械。武器和警械使用范围为执行缉私任务时；使用对象为走私分子和走私嫌疑人；使用条件必须是在不能制服被追缉逃逸的走私团体或遭遇武装掩护走私，不能制止走私分子或者走私嫌疑人以暴力劫夺查扣的走私货物、物品和其他证据，以及以暴力抗拒检查、抢夺武器和警械，威胁海关工作人员生命安全，非开枪不能自卫时。

（2）连续追缉权

进出境运输工具或者个人违抗海关监管逃逸的，海关可以连续追至海关监管区和海关附近沿海沿边规定地区以外，将其带回处理。这里所称的逃逸，既包括进出境运输工具或者个人违抗海关监管，自海关监管区和海关附近沿海沿边规定地区向内（陆地）一侧逃逸，也包括向外（海域）一侧逃逸。海关追缉时须保持连续状态。

（3）行政裁定权

行政裁定权包括应对外贸易经营者的申请，对进出口商品的归类、进出口货物原产地的确定、禁止进出口措施和许可证件的适用等海关事务行政裁定的权力。

（4）行政奖励权

行政奖励权包括对举报或者协助海关查获违反《海关法》案件的有功单位和个人给予精神或者物质奖励的权力。

除上述权力外，海关还有行政复议权、行政命令权、对知识产权实施边境保护权等权力。

思考

　　1.海关的权力,有哪些须经直属海关关长或其授权的隶属海关关长批准后才能行使?

　　2.提取货物变卖权与先行变卖权在适用情况上有什么不同?

（四）海关权力行使的基本原则

　　海关权力作为国家行政权的一部分,一方面,海关权力运行起到了维护国家利益、维护经济秩序、实现国家权能的积极作用;另一方面,由于客观上海关权力的广泛性、自由裁量权较大等因素,以及海关执法者主观方面的原因,海关权力在行使时任何的随意性或者滥用都必然导致管理相对人的合法权益受到侵害,从而对行政法治构成威胁。因此,海关权力的行使必须遵循一定的原则。一般来说,海关权力行使应遵循的基本原则如下。

　　1. 合法原则

　　① 主体资格合法,即行使权力的主体必须有法律授权。例如,涉税走私犯罪案件的侦查权,只有缉私警察才能行使,海关其他人员则无此项权力。又如,《海关法》规定海关行使某些权力时应 "经直属海关关长或者其授权的隶属海关关长批准",如未经批准,海关人员不能擅自行使这些权力。

　　② 必须有法律规范为依据。《海关法》第二条规定了海关的执法依据是《海关法》、其他有关法律和行政法规。无法律规范授权的执法行为,属于越权行为,应属无效。

　　③ 行使权力的方法、手段、步骤、时限等程序应合法。

　　④ 一切行政违法主体(包括海关及管理相对人)都应承担相应的法律责任。

　　2. 适当原则

　　行政权力的适当原则是指权力的行使应该以公平性、合理性为基础,以正义性为目标。因国家管理的需要,海关在验、放、征、减、免、罚的管理活动中拥有很大的自由裁量权,即法律仅规定一定原则和幅度,海关关员可以根据具体情况和自己的意志,自行判断和选择,采用最合适的行为方式及其内容来行使职权。因此,适当原则是海关行使行政权力的重要原则之一。为了防止自由裁量权的滥用,目前,我国对海关自由裁量权进行监督的法律途径主要有行政监督(行政复议)和司法监督(行政诉讼)程序。

　　3. 依法独立行使原则

　　海关依法独立行使权力,向海关总署负责。各地方、各部门应当支持海关依法行使职权,不得非法干预海关的执法活动。

　　4. 依法受到保障原则

　　海关依法执行职务,有关单位和个人应当如实回答询问,并予以配合,任何单位和个人不得阻挠;海关执行职务受到暴力抗拒时,公安机关和人民武装警察部队应当予以协助。

三、海关的管理体制

（一）海关的管理体制

　　《海关法》第三条规定:"国务院设立海关总署,统一管理全国海关,海关依法独立行使职权,向海关总署负责"。这一规定确定了海关总署作为国务院直属部门的地位,进一步明确了海关机构的隶属关系,把集中统一的垂直领导体制以法律的形式予以确立。

（二）海关的设关原则

《海关法》以法律形式明确了海关的设关原则,其第三条规定:"国家在对外开放的口岸和海关监管业务集中的地点设立海关。海关的隶属关系,不受行政区划的限制。"

这一设关原则为海关管理从口岸向内地,进而向全关境的转化奠定了基础,同时也为海关业务制度的发展预留了空间。

（三）海关的组织机构

海关机构的设置为海关总署、直属海关和隶属海关 3 级。直属海关由海关总署领导,向海关总署负责,直属海关负责管理一定区域范围内的海关业务,目前,我国直属海关共有 41 个。隶属海关由直属海关领导,向直属海关负责,隶属海关负责办理具体的海关业务,是海关进出境监督管理职能的基本执行单位。

海关缉私警察是专职打击走私犯罪活动的警察队伍,1998 年,根据党中央、国务院决定,由海关总署、公安部联合组建走私犯罪侦查局,设在海关总署。走私犯罪侦查局既是海关总署的一个内设局,又是公安部的一个序列局,实行海关总署和公安部双重垂直领导,以海关领导为主的体制。从 2002 年 12 月起,走私犯罪侦查局更名为缉私局。

海关的组织机构如图 1-2 所示。

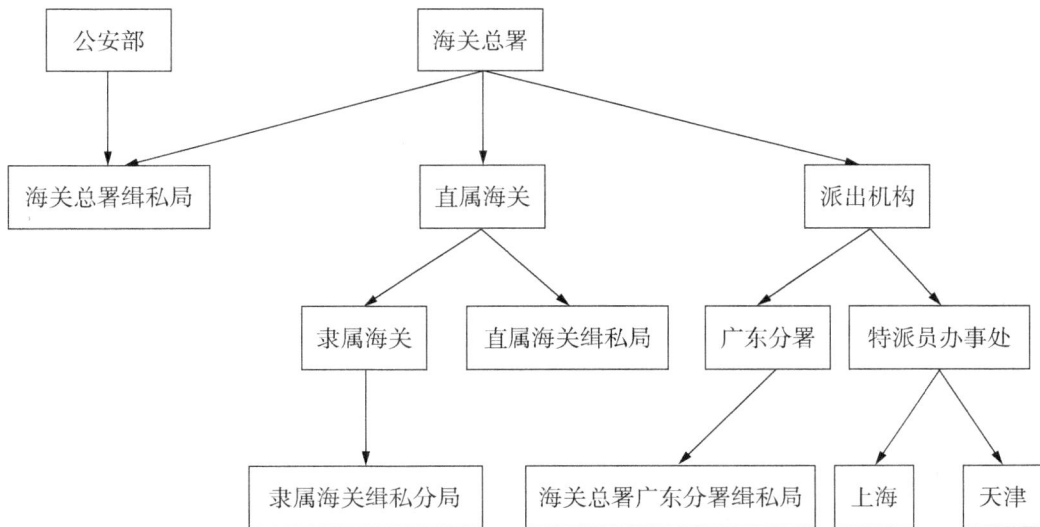

图1-2　海关的组织机构

思考

2009 年 7 月 15 日,义乌海关正式开关运行,这也是全国首个在县级市设立的海关,浙江省副省长和杭州海关关长共同为义乌海关揭牌,宁波海关关长到场祝贺。

请问:为什么会在义乌设立海关? 义乌海关属于什么级别的海关?

第三节　报关单位

一、报关单位的概念

《海关法》第十一条规定："进出口货物收发货人、报关企业办理报关手续，必须依法经海关注册登记。未依法经海关注册登记，不得从事报关业务。"这一条规定说明了报关单位是指在海关注册登记或经海关批准，向海关办理进出口货物报关、纳税等海关事务的境内法人或其他组织。

二、报关单位的类型

《海关法》将报关单位分为 2 种类型，即进出口货物收发货人和报关企业。

（一）进出口货物收发货人

进出口货物收发货人是指依法直接进口或出口货物的中华人民共和国关境内的法人、其他组织或个人。

知识拓展

临时注册登记单位

一般来说，对于一些未取得对外贸易经营者备案登记表，但按照国家有关规定，需要从事非贸易性进出口活动的单位(如境外企业、新闻、经贸机构、文化团体等)依法在中国境内设立的常驻代表机构，少量货样进出境单位，国家机关、学校、科研院所等组织机构，临时接受捐赠、礼品、国际援助的单位，国际船舶代理企业等，在进出口货物时，海关也视其为进出口货物收发货人，允许其向进出口口岸或海关监管业务集中地海关办理临时注册登记手续。对临时注册登记单位海关不予核发注册登记证书，仅出具临时报关单位注册登记证明。临时注册登记有效期最长为 7 日，法律、行政法规、海关规章另有规定的除外。

（二）报关企业

报关企业是指按照规定经海关准予注册登记，接受进出口货物收发货人的委托，以委托人的名义或者以自己的名义，向海关办理代理报关业务，从事报关服务的中华人民共和国境内的企业法人。

目前我国从事报关服务的报关企业主要有两种，一种是经营国际货物运输代理等业务，兼营进出口货物代理报关业务的国际货物运输代理公司等，即代理报关企业；另一种是主营代理报关业务的报关公司或报关行，即专业报关企业。

两类报关单位的比较如表 1–5 所示。

表1-5　两类报关单位的比较

比较项目 类　别		主营业务	经营审批	报关或代理报关范围
进出口货物收发货人		对外贸易经营	对外贸易主管部门审批	自营进出口货物报关,也可以委托报关企业报关
报关企业	专业报关企业	报关纳税服务	海关总署审批	受各进出口货物收发货人的委托报关纳税
	代理报关企业	国际货物运输代理	对外贸易主管部门和交通主管部门审批	在本企业承揽承运范围内受各进出口货物收发货人的委托报关纳税

思考

以下4种企业或单位,哪些属于报关单位,为什么?

1.经海关批准在海关临时注册登记的境内某大学。

2.在海关注册登记的经营进出境快件业务的某快递公司。

3.在海关注册登记的某外商投资企业。

4.在海关注册登记的经营转关运输货物境内运输业务的某承运人。

三、报关单位的注册登记

(一)报关注册登记制度定义

报关注册登记制度是指进出口货物收发货人、报关企业依法向海关提交规定的注册登记申请材料,经注册地海关依法对申请注册登记的材料进行审核,准予办理报关业务的管理制度。

根据《海关法》的规定,可以向海关办理报关注册登记的单位有两种类型:一是进出口货物收发货人,主要包括依法向国务院对外贸易主管部门或者其委托的机构办理备案登记的对外贸易经营者;二是报关企业,主要包括报关行、国际货物运输公司等。

对于需要从事非贸易性进出口活动的单位,允许其向进出口口岸或者海关监管业务集中地海关办理临时注册登记手续。

海关对两类报关单位规定了不同的报关注册登记条件。对于报关企业,海关要求其必须具备规定的受理条件并取得海关报关注册登记许可;对于进出口货物收发货人则实行备案制。

(二)报关企业注册登记

报关服务是一项专业性、技术性很强的工作,因此,海关对报关企业规定了更为具体的设立条件。报关企业注册登记前,应先依法取得报关企业注册登记许可。自2018年4月20日起,企业在海关注册登记或备案后,将同时取得报关报检资质。

1. 报关企业申请注册登记许可

（1）报关企业设立条件

①具备境内企业法人资格条件；②法定代表人无走私记录；③有符合从事报关服务所需的固定经营场所和设施；④海关监管所需要的其他条件。

（2）报关企业注册登记许可程序

① 报关企业注册登记许可申请。申请报关企业注册登记许可的申请人可到所在地直属海关或利用互联网，通过中国国际贸易"单一窗口"标准版（网址 http://www.single window.cn）"企业资质"子系统或"互联网＋海关"（网址 http://online.customs.gov.cn）"企业管理"子系统填写相关信息，并向海关提交申请。

企业按照申请经营类别情况，向海关业务现场提交下列书面申请材料。

A. 申请进出口货物收发货人备案的，需要提交：营业执照复印件、对外贸易经营者备案登记表（或者外商投资企业批准证书、外商投资企业设立备案回执、外商投资企业变更备案回执）复印件。

B. 申请报关企业（海关特殊监管区域双重身份企业）注册登记的，需要提交：报关单位情况登记表、注册登记许可申请书、企业法人营业执照复印件、报关服务营业场所所有权证明或者使用权证明。

② 海关对申请的处理。对申请人提出的申请，海关应当根据下列情况分别做出处理：申请人不具备报关企业注册登记许可申请资格的，应当做出不予受理的决定；申请材料不齐全或者不符合法定形式的，应当当场或者在签收申请材料后 5 日内一次告知申请人需要补正的全部内容，逾期不告知的，自收到申请材料之日起即为受理；申请材料仅存在文字性、技术性或装订等可以当场更正的错误，应当允许申请人当场更正，并且由申请人对更正内容予以签章确认；申请材料齐全、符合法定形式，或者申请人按照海关的要求提交全部补正申请材料的，海关应当受理报关企业注册登记许可申请，并做出受理决定。

③ 海关对申请的审查。海关在收取企业申请材料后进行审核，审核通过的，予以注册登记或备案；审核不通过的，应当一次性告知企业需要补正的全部内容。海关将审核结果通过"单一窗口"反馈企业，企业登录"单一窗口"可以查询注册登记或备案办理结果。

④ 审批。为进一步优化营商环境，根据《工商总局等十三部门关于推进全国统一"多证合一"改革的意见》，企业可以通过中国国际贸易"单一窗口"标准版"企业资质"子系统或"互联网＋海关""企业管理"子系统查询海关进出口货物收发货人的备案登记结果。海关不再核发报关单位注册登记证书（进出口货物收发货人）。申请人的申请符合法定条件的，进出口货物收发货人需要获取书面备案登记信息的，可以通过"单一窗口"在线打印备案登记回执，并到所在地海关加盖海关印章。

"多证合一"改革实施后，企业未选择"多证合一"方式提交申请的，仍可通过"单一窗口"或"互联网＋海关"提交进出口货物收发货人备案登记申请。

报关企业注册登记流程如图 1-3 所示。

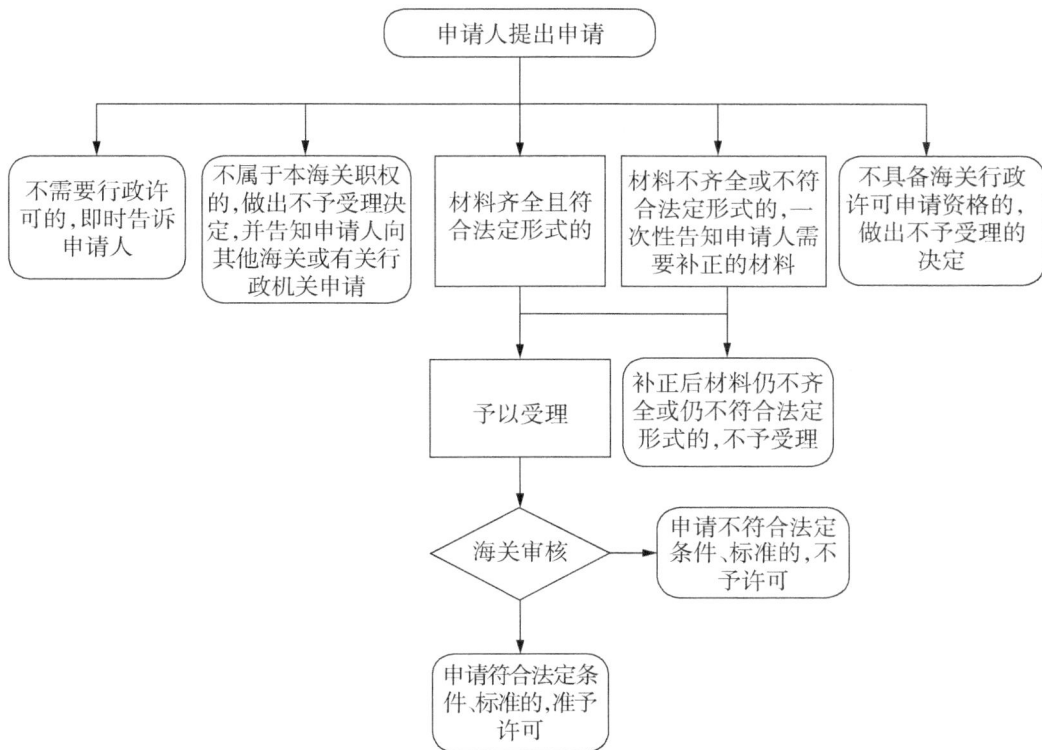

图1-3　报关企业注册登记流程

知识拓展

"单一窗口"

根据联合国贸易便利化和电子商务中心33号建议书的解释,"单一窗口"是指允许贸易和运输环节的所有参与者向单一的接入点申报标准化的信息,该单一接入点负责对所有进口、出口和转运的申报进行审核,以满足相关法律法规和管理要求。因此"单一窗口"的实质是企业和政府可以通过单一平台实现信息共享和电子数据交流,达到大大提高国际贸易效率和效益的目的。

"单一窗口"建设是近年来世界各国促进贸易便利化、简化手续和实施电子商务的一项重要工具,受到了世界海关组织(WCO)的高度重视。2004年,联合国贸易便利化和电子商务中心33号建议书中提出,希望各国政府积极推进"单一窗口"建设。"单一窗口"是WTO贸易便利化谈判组的一个重要议题。2016年9月26日,国务院口岸工作部际联席会议审议通过并印发了《关于国际贸易"单一窗口"建设的框架意见》,明确了我国"单一窗口"建设的指导思想、建设目标、基本原则、总体布局、建设内容、建设阶段和保障措施等,标志着国家层面"单一窗口"建设的顶层设计正式出台。中央层面通过国务院口岸工作部际联席会议统筹推进"单一窗口"建设,由国家口岸管理办公室牵头口岸管理相关部门组成建设工作组,负责"单一窗口"建设的统筹规划。中国电子口岸数据中心作为技术承办单位,全面承担起国际贸易"单一窗口"标准版的工程实施、运行维护、安全管理和客户服务等工作,不断攻坚克难,全力推进建设。

2. 报关企业跨关区分支机构注册登记许可规定

报关企业需要在注册登记许可区域外从事报关服务的，应当依法设立分支机构，并且向拟注册登记地海关递交报关企业分支机构注册登记许可申请。

报关企业及其在海关备案的分支机构可以在全国办理进出口报关业务。报关企业应当对其分支机构的行为承担法律责任。

3. 报关企业注册登记许可

报关企业注册登记许可期限为2年。被许可人需要延续注册登记许可有效期的，应当办理注册登记许可延续手续。

4. 报关企业注册登记许可的变更和延续

（1）报关企业登记许可的变更

报关企业及其分支机构名称、法定代表人和企业注册资本发生变更的，应当持报关单位情况登记表、中华人民共和国海关报关单位注册登记证书、变更后的工商营业执照或者其他批准文件的复印件，以书面形式到注册地海关申请变更注册登记许可。

报关企业分支机构企业名称、企业性质、企业住所、负责人等海关备案内容发生变更的，应当自变更生效之日起30日内持变更后的营业执照副本或者其他批准文件及复印件，到所在地海关办理变更手续。

所属报关人员备案内容发生变更的，报关企业及其分支机构应当在变更事实发生之日起30日内，持变更证明文件等相关材料到注册地海关办理变更手续。

对被许可人提出的变更注册登记许可申请，注册地海关应当参照注册登记许可程序进行审查，经审查符合注册登记许可条件的，应当做出准予变更的决定，同时办理注册信息变更手续，经审查不符合注册登记许可条件的，海关不予变更其注册登记许可。

（2）报关企业注册登记许可的延续

报关企业办理注册登记许可延续手续，应当在有效期届满40日前向海关提出申请，同时提交申请报关企业注册登记许可时相同的文件材料，依照海关规定提交复印件的，还应当同时交验原件。

报关企业应当在办理注册登记许可延续的同时办理换领"中华人民共和国海关报关单位注册登记证书"手续。报关企业未按照规定的时限提出延续申请的，海关不再受理其注册登记许可延续申请。

5. 报关企业注册登记许可的注销

有下列情形之一的海关应当依法注销注册登记许可：有效期届满未延续的；报关企业依法终止的；注册登记许可依法被撤销、撤回，或者注册登记许可证书被吊销的；因不可抗力导致注册登记许可事项无法实施的；法律、行政法规规定的应当注销注册登记许可的其他情形。海关依据规定注销报关企业注册登记许可的，应当同时注销该报关企业设立的所有分支机构。

（三）进出口货物收发货人注册登记

进出口货物收发货人应当按照规定到所在地海关办理报关单位注册登记手续。

进出口货物收发货人在海关办理注册登记后可以在中华人民共和国关境内各个口岸或者海关监管业务集中的地点办理本企业的报关业务。

1. 进出口货物收发货人申请办理注册登记须提交的文件材料

报关单位情况登记表，营业执照副本复印件及组织机构代码证副本复印件，对外贸易经营者备案登记表复印件或者外商投资企业批准证书复印件，其他与申请注册登记许可相关的材料。

2. 申请与受理

注册地海关依法对申请注册登记材料进行核对,经核对申请材料齐全符合法定形式的应当核发中华人民共和国海关报关单位注册登记证书。除海关另有规定外,进出口货物收发货人中华人民共和国海关报关单位注册登记证书长期有效。

3. 注册登记的变更

进出口货物收发货人企业名称、企业性质、企业住所、法定代表人、负责人等海关注册登记内容发生变更的,应当自变更生效之日起 30 日内,持变更后的营业执照副本或者其他批准文件及复印件,到注册地海关办理变更手续。

所属报关人员备案内容发生变更的,进出口货物收发货人应当在变更事实发生之日起 30 日内,持变更证明文件等相关材料到注册地海关办理变更手续。

4. 注册登记的注销

进出口货物收发货人有下列情形之一的,应当以书面形式向注册地海关办理注销手续。海关在办结有关手续后,应当依法办理注销注册登记手续。

① 破产、解散、自行放弃报关权或者分立成两个以上新企业的。

② 被工商行政管理机关注销登记或者吊销营业执照的。

③ 丧失独立承担责任能力的。

④ 对外贸易经营者备案登记表或者外商投资企业批准证书失效的。

⑤ 其他依法应当注销注册登记的情形。

综上所述,报关单位报关注册登记的报关权限比较如表 1-6 所示。

表1-6 报关单位报关注册登记的报关权限的比较

报关类别	报关注册登记许可	报关注册登记	报关权限
进出口货物收发货人	无须申请报关注册登记许可	向企业所在地海关办理注册登记手续,除海关另有规定外,长期有效	可以在中华人民共和国各个口岸或海关监管业务集中的地点办理本企业进出口货物的报关业务(自理报关)
报关企业	报关企业向所在地海关办理注册登记许可	向企业所在地海关办理注册登记手续(关区内各口岸建立分支机构的须向直属海关备案),有效期 2 年	可以由关区内各分支机构在直属海关各口岸和海关监管业务集中的地点接受进出口货物收发货人的委托代理报关
	报关企业跨关区分支机构向拟注册登记地海关办理注册登记许可	向跨关区分支机构所在地海关办理注册登记手续	可以在所在地口岸或者海关监管业务集中的地点,接受进出口货物收发货人的委托代理报关
无经营权单位拟从事非贸易性进出口活动	无须申请报关注册登记许可	向拟进出境口岸或海关监管业务集中地海关办理临时注册登记手续,有效期 7 日	在临时注册地口岸或海关监管业务集中的地点办理非贸易性进出口活动的报关业务

四、海关对报关单位的管理

按照海关总署 2018 年第 177 号公告要求,自 2019 年 1 月 1 日起,海关总署将按照《中华人民共和国海关企业信用管理办法》(海关总署令第 237 号)配套执行的《海关认证企业标准》(含通用标准和进出口货物收发货人、报关企业、外贸综合服务企业单项标准)对企业实施认证。

（一）关于认证标准的分类

认证企业标准分为高级认证企业标准和一般认证企业标准,每类标准均包括通用认证标准和根据企业经营类别不同而制定的单项认证标准,具体包括内部控制、财务状况、守法规范、贸易安全四大类标准。

认证企业应当同时符合通用认证标准和与其实际情况相符的相应经营类别的单项认证标准。

（二）关于认证标准的赋分规则

赋分选项分为两种,一是"达标""不达标",对应分值为"0""-2";二是"达标""基本达标""不达标",对应分值为"0""-1""-2"。

① 达标:企业实际情况符合该项标准。该项标准中有分项标准[用(1)、(2)、(3)等表示]的,也应当符合每个分项标准。

② 基本达标:企业实际情况基本符合该项标准。该项标准中有分项标准[用(1)、(2)、(3)等表示]的,也应当符合或基本符合每个分项标准。

③ 不达标:企业实际情况不符合该项标准。该项标准的分项标准[用(1)、(2)、(3)等表示]中如有不达标情形的,该项标准即为不达标。

④ 不适用:相关标准不适用于该经营类别企业的,海关不再对该项标准进行认证。

对分支机构实施认证的,每一家分支机构相关指标的赋分参照以上规则与总公司合并计算。

（三）关于认证标准的通过条件

企业同时符合下列 3 个条件并经海关认定的,通过认证。

① 所有赋分标准项均没有不达标(-2 分)情形。

② 内部控制、贸易安全两类标准中没有单一标准项(用 1、2、3 表示)基本达标(-1 分)超过 3 项的情形。

③ 认证标准总分在 95 分(含本数)以上。

$$认证标准总分 =100+ 所有赋分项目得分总和$$

第四节　报关人员

一、报关员与报关人员

报关员是指从事向海关办理进出口货物的申报及相关事宜的人员。

1997—2013年,根据《中华人民共和国海关对报关员管理规定》,海关总署负责组织报关员资格全国统一考试,只有依法取得报关员从业资格,并在海关注册后才能成为报关员。

2013年10月12日,海关总署发布了《海关总署关于改革报关员资格管理制度的公告》,公布了海关总署自2014年起不再组织报关员资格全国统一考试,取消报关员资格核准审批,对报关从业人员不再设置门槛和准入条件。

根据2014年3月实施的《中华人民共和国海关报关单位注册登记管理规定》,报关人员是指经报关单位向海关备案,专门负责办理所在单位报关业务的人员。

知识拓展

报关员与报关人员

报关员和报关人员这两个概念没有本质区别,二者只是从不同角度进行界定。从报关职业角度报关从业人员统称为报关员,从法律角度统称为报关人员。

二、报关人员的备案

报关单位所属人员从事报关业务到海关备案的,海关收取报关单位情况登记表(所属报关人员)(见表1-7),并验核拟备案报关人员有效身份证件原件后,核发报关人员备案证明(见表1-8)。

表1-7　报关单位情况登记表

(所属报关人员)

所属报关单位海关注册编码				
序号	姓名	身份证件类型	身份证件号码	业务种类
1				□备案 □变更 □注销
2				□备案 □变更 □注销
3				□备案 □变更 □注销
4				□备案 □变更 □注销
5				□备案 □变更 □注销
我单位承诺对本表所填报备案信息内容的真实性和所属报关人员的报关行为负责并承担相应的法律责任。 　　　　　　　　　　　　　　　　　　　　　　　(单位公章) 　　　　　　　　　　　　　　　　　　　　　　　年　月　日				

表1-8　报关人员备案证明

报关人员备案证明
（报关单位名称）： 　　　你单位（海关注册编码：_____）所属报关人员_____（（身份证件类型）号码：_____） 已完成海关备案，备案编号：_____，备案日期：_____。 　　　　　　　　　　　　　　　　　　　　　　　海关 　　　　　　　　　　　　　　　　　　　（注册登记印章） 　　　　　　　　　　　　　　　　　　　年　月　日

《中华人民共和国海关报关单位注册登记管理规定》对报关人员备案的规定如下所述。

① 报关单位所属人员从事报关业务的，报关单位应当到海关办理备案手续，海关予以核发证明。报关单位可以在办理注册登记手续的同时办理所属报关人员备案。

② 进出口货物收发货人应当通过本单位所属的报关人员办理报关业务，或者委托海关准予注册登记的报关企业，由报关企业所属的报关人员代为办理报关业务。

③ 报关单位对其所属报关人员的报关行为应当承担相应的法律责任。

本章小结

通过本章的学习，我们了解了基础性的报关知识，对报关、报关单位、报关员的概念和类别等内容有了进一步的理解。

海关是国家进出关境的监督管理机构，海关主要有四大任务：监管、征税、缉私和编制海关统计。海关的监督管理职能由海关的行政权力作保障，海关权力的行使要符合其基本原则，同时针对不同的权力有不同的授权限制，需正确区分。

《海关法》将报关单位分为两种类型，进出口货物收发货人和报关企业（又分为专业报关企业和代理报关企业），它们在主营业务、经营审批和报关范围等方面存在着较大差异，正确理解各类报关单位的上述特征并加以区分，是学习本章内容的一个重点。

思考题

1. 简述报关的基本内容。
2. 简述海关权力行使的基本原则。
3. 试阐述专业报关企业、代理报关企业和自理报关企业的区别。
4. 如何理解报关员的权利和义务？

实训题

发达公司是2018年9月22日在天津市高新技术区新建的外商投资企业，主营玩具生产，尚未办理进出口备案手续，也未注册登记为报关单位，现因业务需要，准备拓展国际市场，货物主要从天津新港进出。发达公司安排小杨去海关办理相关手续。小杨的工作任务包括：

1. 企业获得外贸经营权；
2. 货物进出口会涉及哪些部门，去哪些部门备案注册。

请问：小杨要完成上述工作需要携带哪些材料到哪里办理何种手续？

第二章

报关与对外贸易管制

学习目标

- 理解对外贸易管制的内容及基本构架。
- 掌握货物和技术的进出口许可管理制度。
- 熟悉其他贸易管理制度。
- 了解国家对特殊进出口货物的管制。

学习重点

- 货物和技术进出口许可管理制度。
- 对外贸易管制的主要内容。

案例导入 宁波海关退运600多吨禁止进口废纸

2018年9月11日,宁波海关隶属北仑海关退运了一批禁止进口的固体废物,重量共计671.16吨。

这批货物是由某进出口有限公司从英国申报进口的,申报的品名为"废纸"。宁波海关查验关员发现,这批废纸中还夹杂有大量塑料废膜、废塑料瓶等,不符合我国环境保护控制标准,属于国家明令禁止的固体废物。目前,这批货物已被宁波海关依法责令退运出境。

今年以来,海关总署开展"蓝天2018"专项行动,重拳打击"洋垃圾"走私,宁波海关也在通关各环节强化监管力度,加大对"洋垃圾"的监管整治。据宁波海关隶属北仑海关查验一科科长徐颖介绍,通过优化送检机制,提高固体废物退运流转效率,海关将让"洋垃圾"尽早退运出境。

请问:禁止进口的固体废物都包括哪些?为何要禁止其进入我国境内?

第一节 对外贸易管制概述

一、对外贸易管制的含义及分类

(一)对外贸易管制的含义

对外贸易管制是指一国政府为了国家的宏观经济利益、国内外政策需要,以及履行所缔结或加入国际条约的义务,确立实行各种制度、设立相应管理机构和规范对外贸易活动的总称。它是各国政府根据国际、国内形势适时采取的禁止、限制或鼓励进出口的措施。

（二）对外贸易管制的分类

目前,国际对外贸易管制通常有 3 种分类形式。

① 按管理目的分为进口贸易管制和出口贸易管制。

② 按管制手段分为关税措施和非关税措施。

③ 按管制对象分为货物进出口贸易管制、技术进出口贸易管制、国际服务贸易管制。

二、对外贸易管制的目的及主要内容

（一）对外贸易管制的目的

1. 发展本国经济，保护本国经济利益

对外贸易管制是一种行政管理行为,体现国家意志并以国家强制力为后盾。国家实行对外贸易管制,主要是为了发展本国经济,保护本国民族工业,防止外国产品对本国市场的冲击,影响本国独立经济结构的建立。各个国家的对外贸易管制都重点考虑其经济利益,贸易管制措施则是国家经济政策的重要体现。

例2-1 美国商务部出台最严技术出口管制方案

美媒 2018 年 11 月 20 日消息,美国商务部工业和安全局（BIS）19 日出台了一份有史以来最严格的技术出口管制方案,方案拟管制 14 项涉及国家安全和前沿科技的技术出口,并就这一方案向公众征询意见。

据报道,14 个美国商务部考虑加强管制的领域包括人工智能、芯片、量子计算、机器人、面印和声纹技术等。

该方案征询意见为期一个月,于美国当地时间 2018 年 11 月 19 日开始,2018 年 12 月 19 日截止。美国商务部和相关机构将根据征询到的意见进行评估并更新方案。

美媒引述美国商务部消息称,该方案的基础是美国国会今年通过的《出口管制改革法案》（ECRA）。根据这一法案,涉及敏感商品和技术的出口需要预先获得商务部批准。

2. 达到国家政治或军事目的

不论是发达国家还是发展中国家,往往出于政治上或者是安全上的考虑,在推行对外贸易管制措施时,在不同时期对不同国家或商品实行不同的政策,甚至会以牺牲本国经济利益为条件,以达到其政治上或者安全上的目标。

3. 实现国家职能

作为主权国家,对其自然资源和经济行为享有排他的永久主权,为了保护本国环境、保障国民安全、调控本国经济而实行对外贸易管制。

例2-2 柬埔寨禁止出口沙子，新加坡填海造陆计划受影响

海外网 2017 年 7 月 13 日电 柬埔寨政府周三（12 日）宣布,基于环保原因,永久禁止出口沙子。这意味长期进口柬埔寨沙子的新加坡,得为填海造陆寻找新的沙子来源。

据 BBC、美国之声等报道,柬埔寨长期向新加坡出口沙子。联合国数据显示,自 2007 年以来,

新加坡已从柬埔寨进口超过 7 200 万吨沙子。这个数字与柬埔寨政府的数字互相冲突,新加坡政府称其在这段期间只进口了 1 600 万吨。环保团体指出,挖掘沙子对生态系统造成严重影响,柬埔寨政府也已于去年年底实施临时禁令,但活动人士指出,相关挖掘工作仍在继续。

柬埔寨矿业和能源部发言人 Meng Saktheara 表示,新的永久禁令是基于环境问题,环境保护团体的担忧是正确的,挖沙的风险相当巨大,所以该部门决定禁止沙子出口以及大规模的挖沙工程。

自 1965 年独立以来,新加坡国土面积扩大了 20% 以上。新加坡政府认为,填海造陆是因应不断增加人口的关键战略。沙子在填海造陆工程中扮演重要角色,但在最近的计划中,新加坡已开始尝试用较少沙子的技术。其他国家过去也已下达相关禁令,如马来西亚已在 1997 年禁止出口,印尼也在 2007 年宣布禁止向新加坡出口沙子。

知识拓展

目前我国参加或缔结的涉及贸易管制的国际条约

1. 我国加入世界贸易组织(WTO)所签订的有关双边或多边的各类贸易协定。
2. 《京都公约》——关于简化和协调海关制度的国际公约。
3. 《濒危野生动植物种国际公约》。
4. 《蒙特利尔议定书》——关于消耗臭氧层物质的国际公约。
5. 《精神药物国际公约》。
6. 《伦敦准则》——关于化学品国际贸易资料交流的国际公约。
7. 《鹿特丹公约》——关于在国际贸易中对某些危险化学品和农药采用事先知情同意程序的国际公约。
8. 《巴塞尔公约》——关于控制危险废物越境转移及其处置的国际公约。
9. 《国际纺织品贸易协定》。
10. 《建立世界知识产权组织公约》。

(二)对外贸易管制的主要内容

贸易管制是一种国家管制,我国加入 WTO,标志着中国已经全面融入国际经济体系,因此必须遵循 WTO 规则,结合我国国情,实行必要、合理、规范的对外贸易管制。我国对外贸易管制的主要内容可概括为"证""备""检""核""救"5 个字。

① "证"——进出口许可证件,即法律、法规规定的具有许可进出性质的证明文件。

② "备"——备案登记,即对外贸易经营资格的备案登记。企业若想从事对外贸易经营工作必须要进行备案登记,否则海关不予办理货物的进出口验放手续。

③ "检"——检验检疫,即进出口商品质量的检验、动植物检疫和国境卫生检疫,简称"三检"。

④ "核"——核销,即进出口收、付汇核销,达到国家外汇管制的目的,防止偷逃、偷套外汇。

⑤ "救"——救济措施,即贸易管制中的救济措施,包括反倾销、反补贴、保障措施。

思考

"进出口许可证件"等同于"进出口许可证"吗?二者有什么区别?

知识拓展

对外贸易管制与海关监管的关系

报关是海关确认进出口货物合法性的先决条件。

海关监管是实现贸易管制的重要手段。

贸易管制是海关监管的重要依据。

第二节 货物、技术进出口许可管理制度

进出口许可管理制度是国家对进出口货物、技术实行的一种行政管理制度，一般通过签发进出口许可证件来表示准许货物或技术的进出口，属于非关税措施，其管理范围包括禁止进出口货物和技术、限制进出口货物和技术、自由进出口的技术及自由进出口中部分实行自动许可管理的货物。

一、禁止进出口管理

为维护国家安全和社会公众利益，保护人民的生命健康，履行我国所缔结或者参加的国际条约和协定，国务院商务主管部门会同国务院有关部门，依照《中华人民共和国对外贸易法》对禁止进出口目录中的商品、技术实施监督管理。

（一）禁止进出口货物管理

凡列入禁止进出口货物目录的商品和其他法律、法规明令禁止或停止进出口的商品，任何企业不得经营进出口。

禁止进出口货物如表2-1所示。

表2-1 禁止进出口货物

禁止进口货物	禁止出口货物
《禁止进口货物目录》共6批 1.第一、六批：履行国际条约，为了保护我国自然生态环境和生态资源；禁止进口四氯化碳、犀牛角、麝香、虎骨、二噁英、长纤维青石棉等 2.第二批：旧机电产品。涉及生产安全（压力容器类）、人身安全（电器、医疗设备类）和环境保护（汽车、工程及车船机械类） 3.第三、四、五批：对环境有污染的固体废物类，如城市垃圾、医疗废物、含有银或银化合物的灰（主要用于回收银）等	《禁止出口货物目录》共5批 1.第一、三批：为了保护我国自然环境、生态资源，禁止出口破坏臭氧层的四氯化碳、濒危物种犀牛角、虎骨、二噁英、长纤维青石棉等；禁止出口有防风固沙作用的发菜等植物；自2019年1月1日起，对麻黄草实施出口配额管理，不再实行禁止出口管理 2.第二、五批：为了保护我国森林资源，防止乱砍滥伐，禁止出口木炭、泥炭、森林凋落物 3.第四批：主要包括硅砂石英砂及其他天然砂

（续表）

禁止进口货物	禁止出口货物
国家有关法律、法规明令禁止进口的商品 　1. 来自动植物疫情流行的国家和地区的有关动植物及其产品和其他检疫物 　2. 动植物病原及其他有害生物、动物尸体、土壤 　3. 带有违反"一个中国"原则内容的货物及其包装 　4. 以氯氟羟物质为制冷剂、发泡剂的家用电器产品和以氯氟羟物质为制冷工质的家用电器用压缩机 　5. 滴滴涕、氯丹等 　6. 莱克多巴胺和盐酸莱克多巴胺 　7. 列入《废弃电器电子产品处理目录》涉及电视机、电冰箱、洗衣机、房间空气调节器、微型计算机等5类商品	国家有关法律、法规明令禁止出口的商品 　1. 未定名的或者新发现并有重要价值的野生植物 　2. 原料血浆 　3. 商业性出口的野生红豆杉及其部分产品 　4. 劳改产品 　5. 以氯氟羟物质为制冷剂、发泡剂的家用电器产品和以氯氟羟物质为制冷工质的家用电器用压缩机 　6. 滴滴涕、氯丹 　7. 莱克多巴胺和盐酸莱克多巴胺
其他各种原因停止进口的商品 　1. 以 CFC-12 为制冷工质的汽车及以 CFC-12 为制冷工质的汽车空调压缩机（含汽车空调器） 　2. 旧服装 　3. Ⅷ因子制剂等血液制品 　4. 氯酸钾、硝酸铵	

（二）禁止进出口技术管理

《中国禁止进口限制进口技术目录》中禁止进口涉及林业、印刷业、石油加工业、化学制造业、医药制造业、非金属、黑色金属、有色金属加工业、交通运输设备制造业、电气机械等技术领域。

《中国禁止出口限制出口技术目录》中禁止出口的技术涉及饮料制造、造纸、测绘、地质、农业等技术领域。

二、限制进出口管理

为维护国家安全和社会公众利益,保护人民的生命健康,履行我国缔结或者参加的国际条约和协定,国务院商务主管部门会同国务院有关经济管理部门,依照《中华人民共和国对外贸易法》的规定,制定、调整并公布各类限制进出口货物、技术目录。海关依据国家相关法律、法规对限制进出口目录货物、技术实施监督管理。

（一）限制进出口货物管理

《中华人民共和国货物进出口管理条例》第十一条规定:"国家规定有数量限制的进、出口货物,实行配额管理;其他限制进、出口货物,实行许可证管理。"第十二条规定:"实行配额管理的限制进出口货物,由国务院商务主管部门和国务院有关经济管理部门(以下统称进口配额管理部门)按照国务院规定的职责划分进行管理。"

由此可见,我国对于限制进出口货物所采取的管理方式为:配额管理 + 许可证管理。有数量限制的要求企业先申领配额证明,再申领许可证;无数量限制的直接申领各类许可证件,凭证件办理通关手续,如图 2-1 所示。

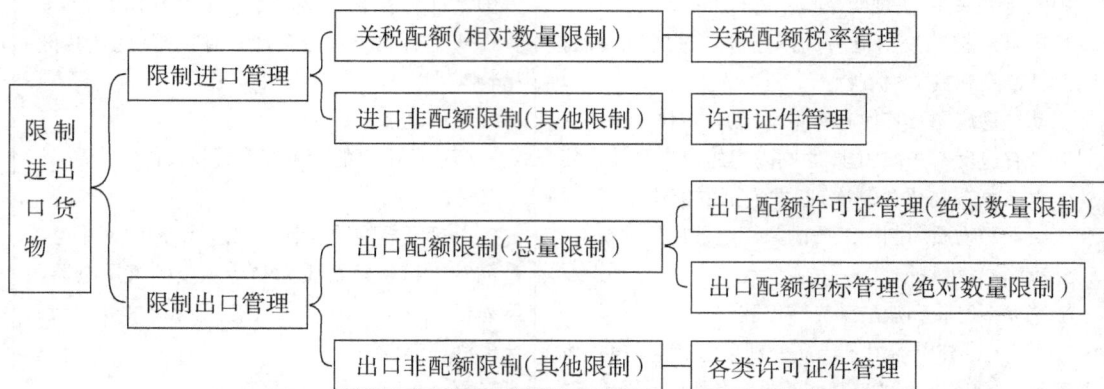

图2-1　我国限制进出口货物管理方式

配额管理适用于国家规定了数量限制的进出口货。非配额管理主要涉及对货物品种的限制,对数量不做要求。非配额管理即许可证件管理。

1. 限制进口货物管理

目前我国限制进口货物管理按照其限制方式分为许可证件管理和关税配额管理。

（1）许可证件管理

许可证件管理是国家对进出口货物进行宏观调控的一种行政手段,以经国家各主管部门签发许可证的方式来实现各类限制进口的措施。

进口许可证件管理主要包括进口许可证、两用物项和技术进口许可证、濒危物种进口、限制类可利用固体废物进口、药品进口、音像制品进口、黄金及其制品进口等管理。

（2）关税配额管理

关税配额管理是指一定时期内,国家对部分商品的进口制定关税配额税率并规定该商品进口数量总额,在限额内,经国家批准后允许按照关税配额税率征税进口,如超出限额则按照配额外税率征税进口。一般情况下,关税配额税率优惠幅度很大,有的商品,如小麦,关税配额税率与最惠国税率相差达 65 倍。关税配额管理是一种相对管理的限制,即对进口货物的数量不做总数要求,而是根据进口数量制定不同的税率。国家通过这种行政管理手段,对一些重要商品以关税杠杆来控制成本,实现限制进口的目的。

例2-3　中华人民共和国商务部公告2018年第79号部分条款

根据《农产品进口关税配额管理暂行办法》（商务部、国家发展和改革委员会令 2003 年第 4 号）,商务部制定了 2019 年羊毛、毛条进口关税配额管理实施细则,现公告如下:

一、关税配额总量

2019 年羊毛进口关税配额总量为 28.7 万吨,毛条进口关税配额总量为 8 万吨。

二、分配原则

羊毛、毛条进口关税配额实行凭合同先来先领的分配方式。当发放数量累计达到 2019 年关税配额总量,商务部及各省、自治区、直辖市、计划单列市及新疆生产建设兵团商务主管部门（以下简称商务部委托机构）停止接受申请。

2. 限制出口货物管理

目前我国限制出口货物管理按照其限制方式分为出口配额限制和出口非配额限制。

（1）出口配额限制

出口配额限制是国家为建立公平机制、增强竞争力、保护我国产品的国际市场利益，对我国部分商品的出口数量直接加以限制的措施。目前有两种管理形式，即出口配额许可证管理和出口配额招标管理。

① 出口配额许可证管理。出口配额许可证管理是指国家对部分商品的出口，在一定时期内（一般是 1 年）规定数量总额，经国家批准获得配额的允许出口，否则不准出口的配额管理措施。对一些重要商品，出口配额许可证管理以规定绝对数量的方式来实现限制出口的目的。其数量分配采取直接分配的方式，由国家主管部门根据申请者的实际能力和条件，按照效益、公正、公开和公平竞争的原则进行分配，发放配额证明，申请者根据配额证明申领出口许可证。

② 出口配额招标管理。出口配额招标管理是国家对部分商品的出口，在一定时期内（一般是 1 年）规定数量总额，采取招标分配的原则，经招标获得配额的允许出口，否则不准出口的配额管理措施。出口配额招标管理同样属于绝对数量管理，中标者凭配额证明申领出口许可证。

（2）出口非配额限制

出口非配额限制指在一定时期内，根据需要，以经国家各主管部门签发许可证的方式来实现各类限制出口的措施。目前我国出口非配额限制管理主要包括出口许可证、濒危物种出口、两用物项出口、黄金及黄金制品出口等管理。

思考

出口配额许可证管理和出口配额招标管理在数量分配上有何不同？

（二）限制进出口技术管理

限制进出口技术实行目录管理。国务院商务主管部门会同国务院有关部门，制定、调整并公布限制进、出口的技术目录，属于目录范围内的技术，实行许可证管理，未经许可，不得进出口。

进口属于限制进口的技术，应当向国务院商务主管部门提出技术进口申请，国务院对外贸易主管部门收到技术进口申请后，应当会同国务院有关部门对申请进行审查，技术进口申请经批准的，由国务院商务主管部门发给中华人民共和国技术进口许可意向书，进口经营者取得技术进口许可意向书后，可以对外签订技术进口合同。进口经营者签订技术进口合同后，应当向国务院商务主管部门申请技术进口许可证。经审核符合发证条件的，由国务院商务主管部门颁发中华人民共和国技术进口许可证，凭此向海关办理进口通关手续。

对于出口属于列入限制出口技术的，应当向商务主管部门提出技术出口申请，获得审核批准后取得技术出口许可证，凭此向海关办理通关手续。

思考

进口属于限制进口的技术，其进口流程是？

申请——（　　　　　）——（　　　　　）——（　　　　　）——进口通关

三、自由进出口管理

除国家禁止、限制进口货物、技术外的其他货物、技术，均属于自由进出口范围。自由进出口货物、技术的进出口不受限制，但基于检测进出口情况的需要，国家对部分属于自由进口的货物实行自动进口许可管理，对自由进出口的技术实行进出口合同登记管理。

（一）货物自动进口许可管理

自动进口许可管理是在任何情况下对进口申请一律予以批准的进口许可制度。在进口前企业向国务院商务主管部门或者国务院有关经济管理部门提交自动进口许可申请，凭国务院商务主管部门或省国务院有关经济管理部门发放的自动进口许可证明向海关办理报关验放手续。

（二）技术进出口合同登记管理

属于自由进出口的技术，应当向国务院商务主管部门办理合同备案登记，国务院商务主管部门应当自收到规定的文件之日起 3 个工作日内对技术进口合同进行登记，发放技术进出口合同登记证，申请人凭技术进出口合同登记证，办理外汇、银行、税务、海关等相关手续。

第三节　其他贸易管制制度

一、对外贸易经营者管理制度——"备"

对外贸易经营者是指依法取得对外贸易经营资格，从事对外贸易经营活动的法人、其他组织和个人。目前，我国对对外贸易经营者的管理实行备案登记制，备案登记的内容主要包括进出口经营权和进出口经营范围。

（一）进出口经营权

进出口经营权是指在我国境内的法人、其他组织或者个人依法办理备案登记后取得的对外签订进出口合同的资格。未按规定办理备案登记的，海关不予受理其报关。

知识拓展

企业办理进出口经营权的流程

随着中国加入世界贸易组织，我国中小型民营商贸企业都可以自主地开展进出口贸易。但企业开展进出口贸易，必须办理对外贸易经营者备案登记及到后续部门办理有关证照的申办、变更手续，才能合法取得进出口经营权，开展自营进出口业务。

企业办理进出口经营权的流程如下。

工商局：办理经营范围变更手续。

商务局：办理对外贸易经营者备案登记手续，领取"对外贸易经营者备案登记表"

税务局：办理出口退税企业注册登记。

外汇管理局：办理外汇账户开立证明，开立外汇账户。

海关登记：办理进出口企业代码证、海关预录、电子口岸信息IC卡。

出入境检验检疫局：办理进出口企业进出口报检登记注册及原产地证登记注册。

电子口岸登记：先到技术监督局审核盖章，再到工商局审核盖章，然后到税务局审核盖章，最后到海关领取操作系统、读卡器、IC卡。

（二）进出口经营范围

进出口经营范围是指国家允许企业法人生产和经营的商品类别、品种及服务项目，具体体现在国家允许对外贸易经营者从事进出口经营活动的内容和方式上。外贸经营者只能在备案登记的经营范围内经营，否则将不能取得进出口许可证。

二、出入境检验检疫制度——"检"

出入境检验检疫制度是指由国家相关部门依据我国有关法律和行政法规以及我国政府所缔结或参加的国际条约、协定，对出入境的货物及其包装、物品及其包装物、交通运输工具、运输设备和出入境人员实施检验检疫监督管理的法律依据和行政手段的总和。其国家主管部门已于2018年4月20日起由原国家质量监督检验检疫总局调整为中国海关。这是贯彻落实2018年《深化党和国家机构改革方案》工作部署，落实国务院机构改革方案的重大进展。从4月20日起，中国出入境检验检疫统一以海关名义对外开展工作。

知识拓展

"关检合并"：今起原出入境检验检疫系统统一以海关名义开展工作

2018年4月20日起，原中国出入境检验检疫部门正式并入中国海关。出入境检验检疫管理职责和队伍将统一以海关名义对外开展工作，一线旅检、查验和窗口岗位均要统一上岗、统一着海关制服、统一佩戴关衔。

据介绍，合并后入境将由原来9个环节合并为5个环节。具体为：入境，海关原有申报、现场调研、查验、处置4个环节，检验检疫原有卫生检疫、申报、现场调研、查验、处置5个环节，共计9个环节，合并4个环节，保留卫生检疫、申报、现场调研、查验、处置5个环节。

出境，海关原有申报、现场调研、查验、处置4个作业环节，检验检疫原有卫生检疫、现场调研、查验、处置4个环节，共计8个环节，合并3个环节，保留卫生检疫、申报、现场调研、查验、处置5个环节。同时海关与检验检疫的原旅客通道进行合并，监管检查设备统一使用，行李物品只接受一次查验。对外统一使用海关标识，设置统一的政策宣传设施。

3月17日，第十三届全国人民代表大会第一次会议表决通过了国务院机构改革方案。根据方案，将组建国家市场监督管理总局，不再保留国家工商行政管理总局、国家质量监督检验检疫总局、国家食品药品监督管理总局，其中出入境检验检疫管理职责和队伍划入海关总署。

（一）出入境检验检疫的职责范围

① 我国出入境检验检疫制度实行目录管理。国家质量监督检验检疫总局根据需要,公布并调整《海关实施检验检疫的进出境商品目录》(以下简称《法检目录》)。列入该目录的商品为法定检验商品,即国家规定实行强制性检验的某些进出境商品。

②《法检目录》以外的商品,是否检验由外贸当事人决定。若外贸合同约定或者进出口商品的收发货人申请检验检疫时,检验检疫机构可以接受委托,实施检验检疫并制发证书。此外,检验检疫机构对法检以外的进出口商品,可以以抽查的方式进行监督。

③ 对关系国计民生、价值较高、技术复杂或涉及环境卫生、疫情标准的重要进出口商品,收货人应当在对外贸易合同中约定,在出口国装运前进行预检、监造或监装,以及保留货到后最终检验和索赔的条款。

（二）出入境检验检疫制度的组成

我国出入境检验检疫制度由进出口商品检验制度、进出境动植物检疫制度及国境卫生监督制度组成。

1. 进出口商品检验制度

进出口商品检验制度是根据《中华人民共和国进出口商品检验法》及其实施条例的规定,由主管海关对进出口商品所进行的品质、质量检验和监督管理的制度。

进出口商品检验的内容包括商品的质量、规格、数量、重量、包装,以及是否符合安全、卫生的要求。进出口商品检验的种类分为法定检验、合同检验、公正鉴定和委托检验4种。

2. 进出境动植物检疫制度

进出境动植物检疫制度是根据《中华人民共和国进出境动植物检疫法》及其实施条例的规定,由主管海关对进出境动植物,动植物产品的生产、加工、存放过程实行动植物检疫的进出境监督管理制度。

我国实行进出境动植物检疫制度的目的是为了防止动物传染病、寄生虫病和植物危险性病、虫、杂草,以及其他有害生物传入、传出国境,保护农、林、牧、渔业生产和人体健康,促进对外经济贸易的发展。

进出境动植物检疫属于法定检疫,管理方式有注册登记、疫情调查、检疫和防疫指导等,其内容主要包括:进境检疫、出境检疫、过境检疫、进出境携带和邮寄检疫,以及出入境运输工具检疫等。

3. 国境卫生监督制度

国境卫生监督制度是根据《中华人民共和国国境卫生检疫法》及其实施细则的规定,以及国家其他的卫生法律、法规和卫生标准,在进出口口岸对进出境的交通工具、货物、运输容器,以及口岸辖区的公共场所、环境、生活设施、生产设备所进行的卫生检查、鉴定、评价和采样检验的制度。

我国实行国境卫生监督制度是为了防止传染病由国外传入或者由国内传出,实施国境卫生检疫,保护人体健康。其监督职能主要包括:进出境检疫、国境传染病检测、进出境卫生监督等。

例2-4 韩国大花蕙兰携带洋葱腐烂病菌案件

2013年2月5日,山东出入境检验检疫局从一批进口共计5 000株、货值1.25万美元的韩国大花蕙兰中,截获检疫性有害生物洋葱腐烂病菌。该疫情为我国口岸首次截获。

洋葱腐烂病菌是葱属植物生产的毁灭性病害,广泛寄藏于洋葱、胡萝卜、郁金香、水仙、鸢尾花等多种经济植物种子或球茎中,随着种苗的贸易调运可以进行远距离传播扩散。目前我国尚没有发生分布的报道,一旦传入,将导致我国田间发病洋葱产量损失九成,贮藏期发病可导致洋葱整仓腐烂,危害性极大。该局依据《中华人民共和国进出境动植物检疫法》及其实施条例对该批货物做销毁处理。

三、进出口货物收付汇管理制度——"核"

国家为有效控制外汇,保证充足的外汇来源,防止逃汇、套汇等情况的发生,在货物进出口过程中对出口收汇和进口付汇实行较为严格的收、付汇核销制度。

进出口收、付汇核销的主管部门是国家外汇管理局,由其统一管理并由各分、支局核发"出口收汇核销单"和"贸易进口付汇核销单"。

(一)出口收汇管理

为了防止出口企业将商业单据直接寄交外国出口商,把国家外汇截留境外,提高收汇率,我国对出口收汇管理采取的是外汇核销形式。企业出口收汇,应当先进入银行直接以该企业名义开设的出口收汇待核查账户,对需要结汇或划出的外汇应该如实填写出口收汇说明,连同中国电子口岸操作员IC卡,一并交银行办理。经过核查后,在企业相应出口可收汇额内办理结汇或划出资金手续。出口收汇核销程序如图2-2所示。

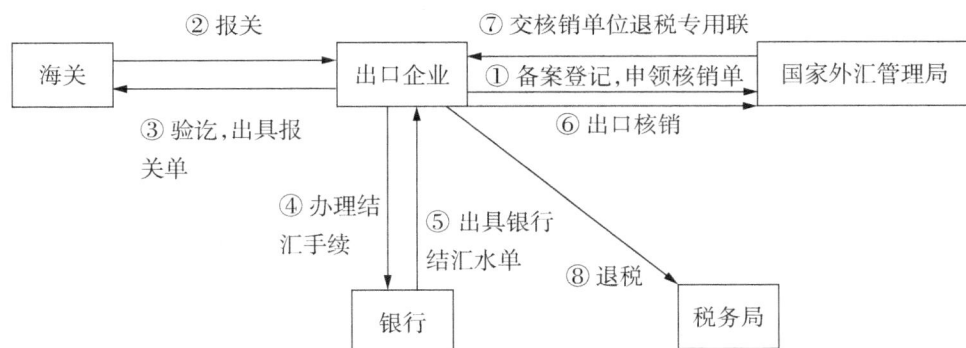

图2-2　出口收汇核销程序

出口收汇核销的范围有一般贸易、易货贸易、租赁贸易、寄售、展销等一切出口贸易方式,只要涉及出口收汇,都必须进行出口收汇核销。援外项目物资、捐赠、暂出口、样品、广告等非贸易性货物出口,无须凭出口收汇核销单办理报关。

(二)进口付汇管理

为了防止汇出外汇而实际不进口商品的逃汇行为的发生,国家通过海关对进口货物的实际监管来监督进口付汇情况。进口企业在进口付汇前需填写付汇银行申请国家外汇管理部门制发的贸易进口付汇核销单,凭此办理付汇。货物进口后,进口单位或代理人凭海关签发的进口货物报关单付汇证明联及相关电子数据向外汇局指定的银行办理核销付汇。

四、对外贸易救济措施——"救"

世界贸易组织允许成员方在进口产品倾销、补贴和过激增长等给其国内产业造成损害的情况下，可以采用反倾销、反补贴和保障措施手段，以保护国内产业不受损害。

反倾销、反补贴和保障措施都属于贸易救济措施。反补贴和反倾销措施针对的是价格歧视这种不公平的贸易行为，保障措施针对的是进口产品激增的情况。

（一）反倾销措施

倾销是指一国产品以低于其正常价值的价格，出口到另一国市场的行为。

倾销是一种不公平竞争的行为，当倾销对进口国国内相关产业造成损害或严重威胁时，进口国可以通过征收高额的反倾销税来限制产品的进口。

反倾销措施包括临时反倾销措施和最终反倾销措施。

1. 临时反倾销措施

临时反倾销措施是指进口方主管机关经过调查，初步认定被指控产品在倾销，并对国内同类产业造成损害，据此可以根据 WTO 所规定的程序进行调查，在全部调查结束之前，采取临时性的反倾销措施，以防止在调查期间国内产业继续受到损害。

临时反倾销措施有两种形式：一是征收临时反倾销税；二是要求提供保证金、保函或其他形式的担保。

我国征收临时反倾销税，由商务部提出建议，国务院关税税则委员会根据其建议做出决定，商务部予以公告。要求提供保证金、保函或其他形式的担保由商务部做出决定并公告。临时反倾销措施实施的期限一般是 4 个月，特殊情况下可以延长至 9 个月。

2. 最终反倾销措施

对终裁决定确定倾销成立并由此对国内产业造成损害的，可以在正常的海关税费之外征收反倾销税。征收反倾销税应当符合公共利益。征收反倾销税，由商务部提出建议，国务院关税税则委员会根据其建议做出决定，由商务部予以公告，海关自公告规定实施之日起执行。

例2-5 美国对中国钢制丙烷气瓶发起反倾销反补贴调查

据中国商务部官网消息，华盛顿时间 2018 年 6 月 12 日，美国商务部发布公告，正式对原产于中国的钢制丙烷气瓶(steel propane cylinders)发起反倾销反补贴调查，同时对原产于泰国和台湾地区的该产品发起反倾销调查。

据悉，这是 2018 年美国对我国出口产品发起的第 7 起"双反"调查。该调查的申请方是美国沃辛顿工业公司(Worthington Industries)和曼彻斯特罐装设备公司(ManchesterTank & Equipment Co.)，涉案产品是钢制的压缩或液化丙烷气瓶。该产品主要归于美海关税则号 7311.00.0060 和 7311.00.0090 项下。据美方统计，2017 年我输美涉案产品 8 980 万美元。

（二）反补贴措施

补贴是指政府或任何公共机构对企业提供财政捐助，以及政府对其收入的或者价格的补贴。补贴会提高产品在国外市场上的价格竞争力，与倾销一样，它也是一种不公平竞争。

反补贴措施包括临时反补贴措施和最终反补贴措施。

1. 临时反补贴措施

临时反补贴措施采取以保证金或保函作为担保征收临时反补贴税的形式。

采取临时反补贴措施,由商务部提出建议,国务院关税税则委员会根据其建议做出决定,商务部予以公告,海关自公告规定实施之日起执行。

临时反补贴措施实施的期限一般不超过为 4 个月。

2. 最终反补贴措施

在为完成磋商的努力没有取得效果的情况下,终裁决定确定补贴成立并由此对国内产业造成损害的,征收反补贴税。

征收反补贴税,由商务部提出建议,国务院关税税则委员会根据其建议做出决定,由商务部予以公告,海关自公告规定实施之日起执行。

(三)保障措施

保障措施包括临时保障措施和最终保障措施。

1. 临时保障措施

在紧急情况下,如果延迟会造成难以弥补的损失,进口国与成员国之间可不经磋商而做出初裁决定,并采取临时性的保障措施。临时保障措施的实施期限不得超过 200 天,并且此期限计入保障措施总期限。临时保障措施采取增加关税形式。如果事后调查不能证实进口激增对国内有关产业已经造成损害或威胁的,则征收的关税应立即予以退还。

2. 最终保障措施

最终保障措施可以采取提高关税、纯粹的数量限制和关税配额形式。保障措施的实施期限一般不超过 4 年,如果仍需以保障措施防止损害或救济损害的产业,或有证据表明该产业正在进行调整,则可延长实施期限。但保障措施全部实施期限(包括临时保障措施期限)不得超过10 年。

思考

反倾销、反补贴、保障措施之间的区别。

第四节　我国贸易管制主要措施及报关规范

对外贸易管制作为一项综合制度,涉及繁多的管理规定。了解我国贸易管制主要管理措施及报关规范,是报关从业人员应当具备的专业知识。

一、进出口许可证管理

(一)含义

进出口许可证管理是指由商务部或由商务部会同国务院其他有关部门,依法制定并调整进出口许可证管理目录,以签发进出口许可证的方式对进出口许可管理目录中的商品实行的行政许可管理。其隶属于国家限制进出口管理范围,可分为进口许可证管理和出口许可证管理。

（二）主管机构

商务部是全国进出口许可证管理的归口单位,商务部授权商务部配额许可证事务局统一管理全国进出口许可证机构的签发工作;商务部配额许可证事务局及商务部驻各地特派员办事处和各省、自治区、直辖市的商务主管部门,以及计划单列市和经商务部授权的其他省会城市的商务主管部门为许可证的发证机构。

（三）适用范围

进出口许可证是我国进出口许可证管理制度中具有法律效力,用来证明对外贸易经营者经营列入国家进出口许可证管理目录的商品合法进出口的证明文件,是海关验放该类货物的重要依据。

2018年实行进口许可证管理的货物为重点旧机电产品和消耗臭氧层物质两类。

2018年实行出口许可证管理的货物共44种,包括小麦、玉米、棉花、煤炭、稀土、活牛、白银、碳化硅、消耗臭氧层物质、摩托车(含全地形车)及其发动机和车架、汽车(包括成套散件)及其底盘等。

（四）报关规范

① 进口许可证有效期为1年,当年有效,须跨年度使用时,不得超过次年3月31日。

② 出口许可证的有效期最长不得超过6个月,且有效期截止时间不得超过当年12月31日。

③ 许可证一经签发,不得擅自更改许可证证面内容。

④ 进、出口许可证实行"一证一关"(许可证只能在一个海关报关),一般情况下实行"一批一证"(许可证在有效期内一次报关使用)制度。如要实行"非一批一证",即许可证在有效期内可以多次报关使用,发证机关在签发许可证时在许可证的备注栏中注明"非一批一证"字样,但最多不超过12次。

⑤ 对于大宗、散装货物,溢装数量不得超过许可证所列数量的5%,其中原油、成品油溢装数量不得超过其进出口许可证所列数量的3%。实行"非一批一证"制的大宗、散装货物,每批货物进、出口时,按其实际进、出口数量进行核扣,最后一批货物进、出口时,其溢装数量按该许可证实际剩余数量并在规定的溢装上限5%内计算。

⑥ 国家对部分出口货物实行指定出口报关口岸管理:

A. 锑及锑制品指定黄埔海关、北海海关、天津海关为出口报关口岸;

B. 轻(重)烧镁出口许可证由大连特办签发,指定大连、天津、青岛、长春、满洲里为出口报关口岸;

C. 甘草指定天津海关、上海海关、大连海关为出口报关口岸;甘草制品指定天津海关、上海海关为出口报关口岸;

D. 稀土的报关口岸限定为天津海关、上海海关、青岛海关、黄埔海关、呼和浩特海关、南昌海关、宁波海关、南京海关和厦门海关;

E. 以陆运方式出口的对港澳地区活牛、活猪和活鸡出口许可证由广州特办、深圳特办签发;

F. 广州特办、海南特办负责签发本省企业对台、港、澳地区天然砂出口许可证,福州特办负责签发本省企业对台天然砂出口许可证,报关口岸限定于企业所在省的海关,福州特办负责签发标准砂出口许可证。

二、自动进口许可证管理

（一）主管机构

商务部根据监测货物进口情况的需要,对部分自由进口货物实行自动许可管理。商务部配额许可证事务局,商务部驻各地特派员办事处和各省、自治区、直辖市、计划单列市商务主管部门,以及地方机电产品进出口机构负责自动进口许可货物管理和自动进口许可证的签发工作。目前涉及的管理目录是商务部公布的《自动进口许可管理货物目录》,对应的许可证件为中华人民共和国自动进口许可证(以下简称自动进口许可证)。

（二）适用范围

1. 自动进口许可证管理的商品

2018 年实施自动进口许可管理的商品包括非机电类货物、机电类货物(商务部签发、商务部授权的地方、部门机电产品进出口办公室签发),分为 2 个管理目录。

（1）目录一（非机电类货物）

牛肉、猪肉、羊肉、肉鸡、鲜奶、奶粉、木薯、大麦、高粱、大豆、油菜籽、植物油、食糖、玉米酒糟、豆粕、烟草、二醋酸纤维丝束、铜精矿、煤、铁矿石、铝土矿、原油、成品油、氧化铝、化肥、钢材等共 26 类货物。

（2）目录二（机电类货物）

① 由商务部发证的机电产品涉及烟草机械、移动通信产品、卫星广播电视设备及关键部件、汽车产品、飞机、船舶、游戏机 7 类商品。

② 由有关地方、部门机电产品进出口办公室发证的机电产品涉及汽轮机、发动机(非第八十七章车辆用)及关键部件、水轮机及其他动力装置、化工装置、食品机械、工程机械、造纸机械、纺织机械、金属冶炼及加工设备、金属加工机床、电气设备、铁路机车、汽车产品、飞机、船舶、医疗设备 16 类商品。

2. 免交情形

进口列入《自动进口许可管理货物目录》的商品,在办理报关手续时须向海关提交自动进口许可证,但在下列情况下可免予交验:

① 加工贸易项下除原油、成品油外,其他加工贸易货物的进口并复出口的。

② 除旧机电产品外,外商投资企业作为投资进口或者投资额内生产自用的。

③ 进出口交易中的货样广告品、实验品,每批次价值不超过 5 000 元的。

④ 海关监管的暂时进口货物。

⑤ 进出口贸易有限公司属于自动进口许可管理的进入保税区、出口加工区等海关特殊监管区域及进入保税仓库、保税物流中心的货物。

⑥ 加工贸易项下进口的不作价设备监管期满后留在企业使用的。

⑦ 国家法律、法规规定其他免领自动进口许可证的货物。

例2-6 京津自动进出口许可证3小时办结，进口货物当天可通关

进口奶粉、海鲜、牛羊肉从港口通关需要多长时间? 昨天(2018 年 3 月 23 日),北京市商务委员会,京津两地海关、国检、口岸等部门发布的 17 条便利化措施给出了答案:最快 24 小时,最

多也不过 8 天，与以前 20 天才能放行相比，效率大大提升。

许可证最快 3 小时办结

昨天，做外贸生意的张沣庆来到北京市政务服务中心，在取号机自助打印了号码，到机电自动进口许可证窗口取证，只用了 3 分钟时间。他告诉记者，他是前一天在网上提交的资料，当天下午 3 点就显示办结了，再将网上显示的证件号码转给海关使用即可，全程"无纸化"，今天是拿正本备案自存的。而在以前，他需要向商务委提交纸质资料，不仅要等批复下来才能取回正本，还要拿到海关现场才能使用，从申报到使用全程需要 3 至 5 天，现在最快 3 小时办结。

记者了解到，此 17 条措施之一将自动进口许可证和出口许可证的审批时限由原来的 3 至 5 个工作日压缩到 1 个工作日，原因是报检随附单据提交方式得以简化，原来纸质版的报检单证如今电子化上传，需现场提交的证书现联网核查即可，且一次性备案，长期有效。也就是说，企业可以将合同、发票、装箱单等大量的贸易单据自存，不再作为现场通关环节核验的内容了。

北汽福田汽车股份有限公司欧辉海外公司商务经理王少宏，以前每周都要从昌平来到市政务服务中心办理自动出口许可证，因为生产流程和客户原因，出口汽车经常须临时改报关口岸，申请出口许可证就需要重走流程。那么在出口报关需要的 3 至 5 天时间里，不仅货物停留在港须交付仓储费用，而且存在因耽搁时间被退单的风险。王少宏涉足境外出口大客车相关业务已有十余年经验，此次提升京津跨境贸易便利化相关措施的实施对于王少宏来说感触尤为深刻，"出口许可证压缩到 1 个工作日，办事大厅帮我节省了时间。遇到突发情况，办事大厅这边可以帮我节省时间的话，报关的流程就可以相应往前推进，我们企业也就能顺利出口这一批次的货物了"。

进口货物当天通关

记者从北京市商务委员会了解到，北京的进口食品，如奶粉、海鲜、牛羊肉等大多依赖海运，需要通过天津口岸，原来光是食品入境的检验检疫平均就需要 20 天。北京市商务委员会外贸运行处副处长柏际平介绍，新政策实施后共有 3 种通关模式，第一种"抽样检测放行"，从原来的平均 20 天变成平均 8 天；第二种"查验放行"，只开箱不抽样，48 小时内即可放行；第三种"审单放行"，即货物自受理企业申报至按企业要求出具入境检验检疫证明，全流程时长从过去的 1.5 个工作日，压缩到不超过 2 小时。

"以前海关实行申报、审单、查验、征税、放行的'串联式'作业流程，环环相扣，意味着一个环节没完成，无法进行下一步。此次政策实施后，将开启'一次申报，分步处置'的'并联式'通关模式，几个环节同时进行。"总的来说，就是由企业自行完成报关和税款报缴，安全准入风险在口岸通关现场处置，而税收风险在货物放行后处置，这样就压缩了现场通关的时间。

除此之外，新举措实行提前预约制，货物未抵港时，企业可提前向海关办理申报、纳税手续，等货物抵港后再办理查验放行手续，且在查验环节多部门一次检查，一次开箱、一次调拨。北京市朝阳区检验检疫局副局长周玉峰介绍，以前检验检疫需要跨过周六日，"无纸化"实行以后企业在周末、法定假日等非工作时间也可预约实施检验检疫查验。

"以过去的通关流程，货物到港才能上舱单，这个过程可能产生口岸仓储费；检验检疫的货物需要运送到指定地点，其间将产生吊装费、移位费；'倒短儿'货物需要到特定堆场，还要产生掏箱费……现在正常的流程下这些费用基本全免。"一家国际货运代理公司的经理有明显感受，不少客户表示不仅物流成本降低了，人力成本也得到释放，不用频繁往返于公司、海关和银行之间。数据代跑，北京辖区内的高资信企业不用出门就可完成整个通关业务操作。

（三）报关规范

① 自动进口许可证有效期为 6 个月，但仅限公历年度内有效。

② 自动进口许可证项下货物原则上实行"一批一证"管理，对部分货物也可实行"非一批一证"管理。对实行"非一批一证"管理的，在有效期内可以分批次累计报关使用，但累计使用不得超过 6 次。每次报关时，海关在自动进口许可证原件"海关验放签注"栏内批注后，留存复印件，最后一次使用后，海关留存正本。同一进口合同项下，收货人可以申请并领取多份自动进口许可证。

③ 对实行"一批一证"的自动进口许可证管理的大宗、散装货物，其溢装数量在货物总量 3% 以内的原油、成品油、化肥、钢材等 4 种大宗散装货物予以免证，其他货物溢装数量在货物总量 5% 以内的予以免证；对"非一批一证"的大宗散装货物，每批货物进口时，按其实际进口数量核扣自动进口许可证额度数量，最后一批货物进口时，应按该自动进口许可证实际剩余数量的允许溢装上限，即 5%（原油、成品油、化肥、钢材的溢装上限为 3%）以内计算免证数额。

三、进口关税配额管理

关税配额管理属限制进口，实行关税配额证管理。对外贸易经营者经国家批准取得关税配额证后允许按照关税配额税率征税进口，如超出限额则按照配额外税率征税进口。

2014 年我国实行进口关税配额管理的农产品有小麦、玉米、稻谷和大米、食糖、羊毛及毛条、棉花，实施进口关税配额管理的工业品有化肥。

（一）实施关税配额管理的农产品

① 农产品进口关税配额为全球关税配额，国家主管部门为商务部及国家发展和改革委员会，企业通过一般贸易、加工贸易、易货贸易、边境贸易、援助、捐赠等贸易方式进口上述农产品均列入关税配额管理范围。海关凭商务部、国家发展和改革委员会各自授权机构向最终用户发放的，并加盖商务部农产品进口关税配额证专用章或国家发展和改革委员会农产品进口关税配额证专用章的农产品进口关税配额证办理验放手续。

② 以加工贸易方式进口关税配额管理的农产品，海关凭企业提交的在"贸易方式"栏目中注明"加工贸易"的进口关税配额证办理通关验放手续。由境外进入保税仓库、保税区、出口加工区的上述农产品，无须提交农产品进口关税配额证，海关按现行规定验放并实施监管。从保税仓库、保税区、出口加工区出库和出区进口的关税配额农产品，海关凭进口关税配额证按规定办理进口手续。

③ 农产品进口关税配额证实行"一证多批"制，即最终用户须分多批进口的，在有效期内，凭农产品进口关税配额证可多次办理通关手续，直至海关核注栏填满为止。

（二）实施关税配额管理的工业品

化肥进口关税配额为全球配额，商务部负责全国化肥关税配额管理工作。商务部的化肥进口关税配额管理机构负责管辖范围内化肥进口关税配额的发证、统计、咨询和其他授权工作。关税配额内化肥进口时，海关凭进口单位提交的化肥进口关税配额证明，按配额内税率征税，并验放货物。

四、两用物项和技术进出口许可证管理

为维护国家安全和社会公共利益,履行我国在缔结或参加的国际条约、协定中所承担的义务,国家限制两用物项和技术进出口,对两用物项和技术进出口实行进出口许可证管理。

（一）主管机构

商务部是全国两用物项和技术进出口的归口管理部门,负责制定管理办法和规章制度。

商务部配额许可证事务局和受商务部委托的省级商务主管部门为两用物项和技术进（出）口许可证的发证机构。

（二）适用范围

两用物项和技术是指《中华人民共和国核出口管制条例》《中华人民共和国核两用品及相关技术出口管制条例》《中华人民共和国导弹及相关物项和技术出口管制条例》《中华人民共和国生物两用品及相关设备和技术出口管制条例》《中华人民共和国监控化学品管理条例》《中华人民共和国易制毒化学品管理条例》《中华人民共和国放射性同位素与射线装置安全和防护条例》和国务院批准的《有关化学品及相关设备和技术出口管制办法》等相关行政法规所附的清单和名录,以及国家依据相关法律、行政法规予以管制、临时管制或特别管制的物项和技术。

为便于对上述物项和技术的进出口进行管制,商务部和海关总署依据上述法规颁布了《两用物项和技术进出口许可证管理办法》,并联合发布了《两用物项和技术进出口许可证管理目录》。

（三）报关规范

① 以任何贸易方式进口或者出口,以及过境、转运、通运《两用物项和技术出口许可证管理目录》的商品,企业向海关提交有效的两用物项和技术进出口许可证办理通关验放手续。

② 两用物项和技术从海关特殊监管区域、保税监管场所运往境外的,海关验核两用物项和技术出口许可证。两用物项和技术从境内运进海关特殊监管区域、保税场所的,无须办理两用物项和技术出口许可证。

③ 两用物项和技术进出口许可证一经签发,不得擅自更改证面内容。如需更改,经营者应当在许可证有效期内提出更改申请,并将许可证交回原发证机构,由原发证机构换发许可证。

④ 两用物项和技术进出口许可证有效期一般不超过 1 年,跨年度使用时,在有效期内只能使用到次年 3 月 31 日,逾期发证机构将根据原许可证有效期换发许可证。

⑤ 两用物项和技术进出口许可证,进口时实行"非一批一证"制和"一证一关",出口时实行"一批一证"制和"一证一关"制。

五、密码产品和含有密码技术的设备进口许可证管理

密码及技术属于国家机密,为了加强商用密码管理,保护信息安全,保护公民和组织的合法权益,维护国家的安全和利益,国家对密码产品和含有密码技术的设备实行限制进口

管理。

（一）主管机构

国家密码管理局是密码产品和含有密码技术的设备进口的国家主管部门。国家密码管理局会同海关总署公布了《密码产品和含有密码技术的设备进口管理目录》，以签发密码产品和含有密码技术的设备进口许可证（以下简称密码许可证）的形式，对该类产品实施进口限制管理。

（二）适用范围

密码产品和含有密码技术的设备进口许可证管理列入《密码产品和含有密码技术的设备进口管理目录》内，以及虽暂未列入目录但含有密码技术的进口商品。

列入目录内的商品包括加密传真机、加密电话机、加密路由器、非光通信加密以太网络交换机、密码机、密码卡等商品。

（三）报关规范

密码进口许可证是我国进出口许可管理制度中具有法律效力，用来证明对外贸易经营者经营列入我国密码产品和含有密码技术的设备管理范围的商品合法进口的证明文件，是海关验放货物的重要依据。对外贸易经营者在组织进口前应事先向国家密码管理局申领密码进口许可证。

① 免予提交密码进口许可证的情形有：加工贸易项下为复出口而进口的；由海关监管暂时进口后复出口的；从境外进入特殊监管区域和保税监管场所的，或在特殊区域保税监管场所之间进出的。

② 从海关特殊监管区域、保税监管场所进入境内区外，须交验密码进口许可证。

③ 进口单位知道或者应当知道其所进口商品含有密码技术，但暂未列入目录的也应当申领密码进口许可证。

④ 在进口环节发现应当提交而未提交密码进口许可证，海关按有关规定进行处理。

六、进口废物管理

为了防治固体废物污染环境，保障人体健康，促进社会主义现代化建设的发展，环境保护部根据《中华人民共和国固体废物污染环境防治法》《控制危险废物越境转移及其处置的巴塞尔公约》等法律、法规，对进口固体废物实施禁止、限制及自动许可管理。2018年，为进一步规范固体废物进口管理，防治环境污染，根据《中华人民共和国固体废物污染环境防治法》《固体废物进口管理办法》及有关法律法规，生态环境部、商务部、发展改革委、海关总署对现行的《限制进口类可用作原料的固体废物目录》《非限制进口类可用作原料的固体废物目录》和《禁止进口固体废物目录》进行调整。

（一）主管机构

中国生态环境部是进口废物的国家主管机构，负责全国固体废物、化学品、重金属等污染防治的监督管理，组织实施危险废物经营许可及出口核准、固体废物进口许可、有毒化学品进出口登记、新化学物质环境管理登记等环境管理制度。

（二）适用范围

固体废物是指《中华人民共和国固体废物污染环境防治法》管理范围内的废物,即在生产建设、日常生活和其他活动中产生的污染环境的废弃物质,包括工业固体废物(指在工业、交通等生产活动中产生的固体废物)、城市生活垃圾(指在城市日常生活中或者为城市日常生活提供服务的活动中产生的固体废物,以及法律、行政法规规定视为城市生活垃圾的固体废物)、危险废物(指列入国家危险废物名录或者根据国家规定的危险废物鉴别标准和鉴别方法认定的具有危险特性的废物),以及液态废物和置于容器中的气态废物。

国家禁止进口不能用作原料的固体废物,限制进口可以用作原料的固体废物。环境保护部会同国家发展和改革委员会、商务部、海关总署、国家质检总局制定、调整并公布《限制进口类可用作原料的固体废物目录》及《自动许可进口类可用作原料的固体废物目录》,对未列入上述两个目录的固体废物禁止进口。

例2-7 16种物品将从"限制进口"变为"禁止进口"

为进一步规范固体废物进口管理,防治环境污染,根据《中华人民共和国固体废物污染环境防治法》《固体废物进口管理办法》及有关法律法规,生态环境部、商务部、发展改革委、海关总署对现行的《限制进口类可用作原料的固体废物目录》《非限制进口类可用作原料的固体废物目录》和《禁止进口固体废物目录》进行以下调整。

一、将废五金类、废船、废汽车压件、冶炼渣、工业来源废塑料等16个品种固体废物,从《限制进口类可用作原料的固体废物目录》调入《禁止进口固体废物目录》,自2018年12月31日起执行。

二、将不锈钢废碎料、钛废碎料、木废碎料等16个品种固体废物,从《限制进口类可用作原料的固体废物目录》《非限制进口类可用作原料的固体废物目录》调入《禁止进口固体废物目录》,自2019年12月31日起执行。

《进口废物管理目录》(环境保护部、商务部、发展改革委、海关总署、质检总局2017年第39号公告)所附目录与本公告不一致的,以本公告为准。

（三）报关规范

无论以何种方式进口上述管理范围内的废物,均须事先申领废物进口许可证。

① 向海关申报进口列入《限制进口类可用作原料的固体废物目录》和《自动许可进口类可用作原料的固体废物目录》的废物,报关单位应主动向海关提交进口废物批准证书办理通关手续。

② 对未列入《限制进口类可用作原料的固体废物目录》《自动许可进口类可用作原料的固体废物目录》,或虽列入上述目录但未取得有效废物进口许可证的固体废物一律不得进口或存入保税仓库。

③ 废物进口许可证实行"非一批一证"管理。

④ 进口的固体废物不能转关(废纸除外),只能在口岸海关办理申报进境手续。

知识拓展

海关全面取消出入境货物通关单

根据海关总署统一部署，从2018年6月1日起，海关全面取消"入/出境货物通关单"，这是新海关深化"放管服"改革，加快推进关检业务深度融合的一项重要举措，将进一步减少企业通关环节，为企业提供更加便利的营商环境。

据饶平海关有关负责人介绍，根据海关总署2018号第50号公告，自6月1日起，海关全面取消"入/出境货物通关单"，涉及法定检验检疫要求的进出口商品在申报时，在报关单"随附单证"栏中不再填写原通关单代码和编号，只需在报关单"随附单证"栏中填写报检电子回执上的检验检疫编号或企业报检电子底账数据号。在放行时，由海关统一发送一次放行指令，海关监管作业场所经营单位凭海关放行指令为企业办理货物提离手续。

七、野生动植物种进出口管理

（一）主管机构

野生动植物种进出口管理是指国家濒危物种进出口管理办公室会同国家其他部门，依法制定或调整《进出口野生动植物种商品目录》，并以此签发濒危野生动植物种国际贸易公约允许进出口证明书（以下简称公约证明）、中华人民共和国濒危物种进出口管理办公室野生动植物允许进出口证明书（以下简称非公约证明）或非《进出口野生动植物种商品目录》物种证明（以下简称物种证明）的形式，对该目录列明的依法受保护的珍贵、濒危野生动植物及其产品实施的进出口限制管理。

野生动植物种进出口管理的主管机构为中华人民共和国濒危物种进出口管理办公室，签发文件有公约证明、非公约证明和物种证明。

自2018年6月1日起，在全国范围内对现行的"两类三种"野生动植物进出口证书（《濒危野生动植物种国际贸易公约》允许进出口证明书、中华人民共和国野生动植物进出口证明书和非《进出口野生动植物种商品目录》物种证明）全面实行通关作业联网无纸化。

（二）适用范围

1. 公约证明

公约证明是我国进出口许可管理制度中具有法律效力，用来证明对外贸易经营者经营列入《进出口野生动植物种商品目录》中属于《濒危野生动植物种国际贸易公约》成员国（地区）应履行保护义务的物种合法进出口的证明文件，是海关验放该类货物的重要依据。

公约证明的适用范围：对列入《进出口野生动植物种商品目录》中属于《濒危野生动植物种国际贸易公约》成员国（地区）应履行保护义务的物种，不论以何种方式进出口，均须事先申领公约证明。

2. 非公约证明

非公约证明是我国进出口许可管理制度中具有法律效力，用来证明对外贸易经营者经营列入《进出口野生动植物种商品目录》中属于我国自主规定管理的野生动植物及其产品合法进出口的证明文件，是海关验放该类货物的重要依据。

非公约证明的适用范围：对列入《进出口野生动植物种商品目录》中属于我国自主规定管理的野生动植物及其产品，不论以何种方式进出口，均须事先申领非公约证明。

3. 物种证明

由于受濒危物种进出口管理的动植物种很多，认定工作的专业性很强，为使濒危物种进出口监管工作做到既准确又严密，海关总署和国家濒危物种进出口管理办公室共同商定启用物种证明，由国家濒危物种进出口管理办公室指定机构进行认定并出具物种证明，报关单位凭此办理报关手续。

物种证明的适用范围：对于进出口列入《进出口野生动植物种商品目录》中适用公约证明、非公约证明管理的《濒危野生动植物种国际贸易公约》附录及国家重点保护野生动植物以外的其他列入商品目录的野生动植物及相关货物或物品和含野生动植物成分的纺织品，均须事先申领物种证明。

例2-8 数据惊人！象牙、犀牛角、穿山甲等濒危动植物被杀戮掠夺

12月19日，南宁海关召开打击濒危动植物及其制品走私新闻发布会。记者从发布会上了解到，2016年以来，南宁海关共查办濒危动植物走私案件83起，查获涉案象牙707.78千克、穿山甲2 578只、犀牛角51.79千克、砗磲20.08吨、玳瑁172只及龟板、食蟹猴、黄花梨等各类濒危动植物。触目惊心的数字背后，是对濒危动植物资源的疯狂杀戮与掠夺。

每一件展品背后有血的故事

现场展示了玳瑁、象牙、犀牛角、穿山甲、珊瑚等濒危动植物展品，每一件展品背后暗藏血泪、杀戮以及办案警察用生命与走私犯罪分子斗智斗勇的过程。在象牙展示台，正在展示刀叉、筷子、扇子等象牙制品。南宁海关缉私局民警童怡文介绍，一根象牙越完整售价越高，走私量也会越大。走私的象牙都是犯罪分子整根从大象的头部内部直接取出来，过程非常残忍，因此，2018年1月1日起，我国禁止象牙的加工和销售活动。

一袋小小的重达0.95千克的穿山甲鳞片，杀害了两只穿山甲。穿山甲食用白蚁等有害的昆虫，但是2016年以来，南宁海关查获的整只穿山甲就有2 578只，这一庞大的数据意味着走私对生态环境造成极大的破坏。办案警察介绍，不少人认为穿山甲的鳞片磨成粉后食用具有清热解毒的功效，实际上穿山甲的鳞片与人的指甲没有区别，希望广大市民不要食用，没有买卖就没有伤害。

走私象牙一经查获，要承担什么法律责任？

南宁海关缉私局副局长廖可夫表示，象牙国内外价差高、国内市场需求大，客观上刺激了象牙的走私，目前已经形成"非洲—越南—中国"成熟的走私链条。大量来源于非洲国家的象牙，经过海运、航空等形式转运至越南后，通过中越边境走私进入中国，且走私形式零星分散，手法日趋隐蔽。

象牙及其制品系《濒危野生动植物种国际贸易公约》（CITES）附录上列明物种，中国也是缔约国。为了保护大象，象牙贸易是被抵制和禁止的。对于象牙等濒危物种的走私，中国海关一直采取高压政策予以严厉打击。根据我国法律规定，走私珍贵动物制品100万元以上属"情节特别严重"，可以判处10年以上有期徒刑或无期徒刑。

资料来源：南宁晚报，2018-12-19.

（三）报关规范

1. 公约证明

向海关申报进出口列入《进出口野生动植物种商品目录》中属于《濒危野生动植物种国际贸易公约》成员国（地区）应履行保护义务的物种，报关单位应主动向海关提交有效的公约证明及其他有关单据，公约证明实行"一批一证"制度。

2. 非公约证明

向海关申报进出口列入《进出口野生动植物种商品目录》中属于我国自主规定管理的野生动植物及其产品，报关单位应主动向海关提交有效的非公约证明及其他有关单据，非公约证明实行"一批一证"制度。

3. 物种证明

物种证明由国家濒危物种管理办公室统一按确定的格式制作，不得转让或倒卖，证面不得涂改、伪造，非物种证明按时效分为"一次使用"和"多次使用"。

① 一次使用的物种证明有效期自签发之日起不得超过 6 个月。

② 多次使用的物种证明只适用于同一物种、同一货物类型、在同一报关口岸多次进出口的野生动植物。多次使用的物种证明有效期截至发证当年 12 月 31 日。持证者须于次年 1 月 31 日之前将上一年度使用多次物种证明进出口有关野生动植物标本的情况汇总上报发证机关。

③ 进出口企业必须按照物种证明规定的口岸、方式、时限、物种、数量和货物类型等进出口野生动植物。对于超出物种证明中任何一项许可范围的申报行为，海关均不受理。

④ 海关对经营者进出口列入《进出口野生动植物种商品目录》的商品，以及含野生动植物成分的纺织品是否为濒危野生动植物种提出质疑的，经营者应按海关的要求，向国家濒危物种进出口管理办公室或办事处申领物种证明；属于公约证明或非公约证明管理范围的，应申领公约证明或非公约证明。经营者未能出具证明书或物种证明的，海关不予办理有关手续。

⑤ 对进出境货物或物品包装或说明书中标注含有商品目录所列野生动植物成分的，经营者应主动如实向海关申报，海关按实际含有该野生动植物成分的商品进行监管。

八、进出口药品管理

进出口药品管理是指为加强对药品的监督管理，保证药品质量，保障人体用药安全，维护人民身体健康和用药合法权益，国家市场监督管理总局依照《中华人民共和国药品管理法》，以及有关国际公约及国家法规，对进出口药品实施监督管理的行政行为。

对进出口药品管理是我国进出口许可管理制度的重要组成部分，属于国家限制进出口管理范畴，实行分类和目录管理。

（一）主管机构

国家市场监督管理总局是进出口药品的主管部门。

目前我国公布的药品进出口管理目录有：《进口药品目录》《生物制品目录》《精神药品管制品种目录》《麻醉药品管制品种目录》《兴奋剂目录》。

药品必须经由国务院批准的允许药品进口的口岸进口。目前允许进口药品的口岸有北京、天津、上海、大连、青岛、成都、武汉、重庆、厦门、南京、杭州、宁波、福州、广州、深圳、珠海、海口、西安、南宁 19 个城市所在地直属海关所辖关区口岸。

（二）适用范围

1. 精神药品

精神药品进出口准许证是我国进出口精神药品的管理批件,国家市场监督管理总局依据《中华人民共和国药品管理法》和国务院《精神药品管理办法》,以及有关国际条约,对进出口直接作用于中枢神经系统,使之兴奋或抑制,连续使用能产生依赖性的药品,制定和调整《精神药品管制品种目录》,并以签发精神药品进出口准许证或精神药品出口准许证的形式对《精神药品管制品种目录》的商品实行进出口限制管理。

精神药品进出口准许证是我国进出口许可管理制度中具有法律效力,用来证明对外贸易经营者经营列入《精神药品管制品种目录》的药品合法进出口的证明文件,是海关验放该类货物的重要依据。

① 进出口列入《精神药品管制品种目录》的药品,包含精神药品标准品及对照品。

② 对于列入《精神药品管制品种目录》的药品可能存在的盐、酯、醚,虽未列入该目录,但仍属于精神药品管制范围。

③ 任何单位以任何贸易方式进出口列入上述范围的药品,不论用于何种用途,均须事先申领精神药品进出口准许证,凭此向海关办理报关手续。

2. 麻醉药品

麻醉药品进出口准许证是我国进出口麻醉药品的管理批件,国家药品监督管理部门依据《中华人民共和国药品管理法》和国务院《麻醉药品管理办法》,以及有关国际条约,对进出口连续使用后易使身体产生依赖性、能成瘾癖的药品,制定和调整《麻醉药品管制品种目录》,并以签发麻醉药品进口准许证或麻醉药品出口准许证的形式对该目录商品实行进出口限制管理。

麻醉药品进出口准许证是我国进出口许可管理制度中具有法律效力,用来证明对外贸易经营者经营列入《麻醉药品管制品种目录》的药品合法进出口的证明文件,是海关验放该类货物的重要依据。

① 进出口列入《麻醉药品管制品种目录》的药品,包含鸦片、可卡因、大麻、海洛因及合成麻醉药类和其他易成瘾癖的药品、药用原植物及其制剂。

② 对于列入《麻醉药品管制品种目录》的药品可能存在的盐、酯、醚,虽未列入该目录,但仍属于麻醉药品管制范围。

③ 任何单位以任何贸易方式进出口列入上述范围的药品,不论用于何种用途,均须事先申领麻醉药品进出口准许证,凭此向海关办理报关手续。

3. 兴奋剂药品

为了防止在体育运动中使用兴奋剂,保护体育运动参加者的身心健康,维护体育竞赛的公平竞争,根据《中华人民共和国体育法》和其他有关法律,我国制定颁布了《反兴奋剂条例》。依据该条例及有关法律、法规的规定,国家体育总局会同商务部、卫生部、海关总署、国家市场监督管理总局制定颁布了《兴奋剂目录》。

列入《兴奋剂目录》的药品包括:蛋白同化制剂品种、肽类激素品种、麻醉药品品种、刺激剂(含精神药品)品种、药品类易制毒化学品品种、医疗用毒性药品品种、其他品种共7类。

4. 一般药品

国家对一般药品进口的管理实行目录管理。国家市场监督管理总局依据《中华人民共和国药品管理法》《中华人民共和国药品管理法实施条例》制定和调整《进口药品目录》《生物制品目录》;国家市场监督管理总局授权的口岸药品检验所以签发进口药品通关单的形式对列入管理目录的商品实行进口限制管理。

进口药品通关单是我国进出口许可管理制度中具有法律效力,用来证明对外贸易经营者经营列入该目录的商品合法进口的证明文件,是海关验放的重要依据。

① 进口列入《进口药品目录》的药品,包括用于预防、治疗、诊断人的疾病,有目的地调节人的生理机能并规定有适应症、用法和用量的物质,包括中药材、中药饮品、中成药、化学原料药及其制剂、抗生素、生化药品、血清疫苗、血液制品和诊断药品等。

② 进口列入《生物制品目录》的商品,包括疫苗类、血液制品类及血源筛查用诊断试剂等。

③ 首次在我国境内销售的药品。

④ 进口暂未列入《进口药品目录》的原料药的单位,必须遵守《进口药品管理办法》中的各项有关规定,主动到各口岸药品检验所报验。

(三) 报关规范

1. 精神药品

向海关申报进出口精神药品管理范围内的药品,报关单位应主动向海关提交有效的精神药品进出口准许证及其他有关单据。

精神药品的进出口准许证仅限在该证注明的口岸海关使用,并实行"一批一证"制度,证面内容不得自行更改,如需更改,应到国家市场监督管理总局办理换证手续。

2. 麻醉药品

向海关申报进出口麻醉药品管理范围内的药品,报关单位应主动向海关提交有效的麻醉药品进出口准许证及其他有关单据。

麻醉药品的进出口准许证仅限在该证注明的口岸海关使用,并实行"一批一证"制度,证面内容不得自行更改,如需更改,应到国家市场监督管理总局办理换证手续。

3. 兴奋剂药品

进出口列入《兴奋剂目录》的精神药品、麻醉药品、易制毒化学品、医疗用毒性药品,应按照现行规定向海关办理通关验放手续。对《兴奋剂目录》中的"其他品种",海关暂不按照兴奋剂实行管理。

根据《蛋白同化制剂、肽类激素进出口管理办法(暂行)》的相关规定,国家对进出口蛋白同化制剂和肽类激素分别实行进口准许证和出口准许证管理。

① 进出口蛋白同化制剂、肽类激素,进出口单位应当事先向国家市场监督管理总局申领进口准许证或出口准许证。

② 进口准许证有效期1年。出口准许证有效期不超过3个月(有效期时限不跨年度)。取得药品进出口准许证后未进行相关进出口贸易的,进出口单位应当于准许证有效期满后1个月内将原准许证退回发证机关。

③ 进口准许证、出口准许证实行"一证一关"制度,证面内容不得更改。因故延期进出口的,可以持原进出口准许证办理一次延期换证手续。

④ 个人因医疗需要携带或邮寄进出境自用合理数量范围内的蛋白同化制剂和肽类激素药品,凭医疗机构处方予以验放。无法出具处方,或超出处方剂量的,均不准进出境。

4. 一般药品

向海关申报进口列入管理目录中的药品,报关单位应主动向海关提交有效的进口药品通关单及其他有关单据。

进口药品通关单仅限在该单注明的口岸海关使用,并实行"一批一证"制度,证面内容不得更改。

九、民用爆炸物品进出口管理

为了加强对民用爆炸物品进出口的管理,维护国家经济秩序,保障社会公共安全,根据《民用爆炸物品安全管理条例》,国家对民用爆炸物品实施进出口限制管理。

（一）主管机构

工业和信息化部为国家进出口民用爆炸物品的主管部门。

在进出口民用爆炸物品前,进出口企业应当向工业和信息化部申领民用爆炸物品进/出口审批单,在取得民用爆炸物品进/出口审批单后,进出口企业应当将获准进出口的民用爆炸物品的品种和数量等信息向收货地或者出境口岸所在地县级人民政府公安机关备案,并同时向所在地省级民用爆炸物品行业主管部门备案,在依法取得公安机关核发的民用爆炸物品运输许可证后,方可运输民用爆炸物品。

（二）适用范围

民用爆炸物品是指用于非军事目的、列入民用爆炸物品品名表的各类火药、炸药及其制品和雷管、导火索等点火、起爆器材。

（三）报关规范

向海关申报进出口民用爆炸物品,报关单位应主动向海关提交有效的民用爆炸物品进/出口审批单及其他有关单据。"民用爆炸物品进/出口审批单"实行"一批一单"和"一单一关"管理。

十、其他货物进出口管理

（一）黄金及黄金制品进出口管理

黄金及黄金制品进出口管理属于我国进出口许可管理制度中限制进出口管理范畴。黄金及黄金制品进出口准许证是用来证明对外贸易经营者经营黄金及黄金制品合法进出口的证明文件,是海关验放该类货物的重要依据。

中国人民银行为黄金及黄金制品进出口的管理机关。2018年10月29日,海关总署、中国人民银行共同对人民币调运、黄金及黄金制品进出口启动人民币调运证明和黄金准许证电子数据与进出口货物报关单电子数据的联网核查工作。人民银行主管部门根据相关法律法规及有关规定签发人民币调运证明和黄金准许证,并实时将人民币调运证明和黄金准许证电子数据传输至海关。海关在通关环节进行比对核查,并按规定办理相关手续。进出口企业应按照现行规定,如实规范地向海关申报。对于有效期在2019年4月30日内的黄金准许证,企业可以凭纸质证件向海关办理报关手续。

（二）音像制品进口管理

音像制品是指录有内容的录音带、录像带、唱片、激光唱盘、激光视盘等。音像制品进口时,海关根据有关规定检验,凭有关证明放行。

国家新闻出版广电总局负责全国音像制品进口的监督管理和内容审查工作。音像制品应在进口前报国家新闻出版广电总局进行内容审查,审查批准取得进口音像制品批准单后方可进口。

国家对设立音像制品成品进口单位实行许可制度,音像制品成品进口业务由国家新闻出版广电总局批准的音像制品进口单位经营,未经批准,任何单位或者个人不得从事音像制品成品进口业务。

知识拓展

《音像制品进口管理办法》——
任何单位或个人不得未经批准从事音像制品成品进口业务

新华社记者2011年4月12日从新闻出版总署(2013年更名为国家新闻出版广电总局)获悉,《音像制品进口管理办法》已经新闻出版总署和海关总署通过,并予公布。

根据管理办法,音像制品成品进口业务由新闻出版总署批准的音像制品成品进口单位经营,未经批准,任何单位或者个人不得从事音像制品成品进口业务。

管理办法指出,图书馆、音像资料馆、科研机构、学校等单位进口供研究、教学参考的音像制品成品,应当委托新闻出版总署批准的音像制品成品进口经营单位办理进口审批手续。

管理办法要求,任何单位和个人不得将供研究、教学参考或者用于展览、展示的进口音像制品进行经营性复制、批发、零售、出租和营业性放映。

用于展览、展示的进口音像制品确需在境内销售、赠送的,在销售、赠送前,必须依照管理办法按成品进口重新办理批准手续。

管理办法还规定,出版进口音像制品,应当符合新闻出版总署批准文件要求,不得擅自变更节目名称和增删节目内容,要使用经批准的中文节目名称;外语节目应当在音像制品及封面包装上标明中外文名称;出版进口音像制品必须在音像制品及其包装的明显位置标明国家版权局的登记文号和新闻出版总署进口批准文号;利用信息网络出版进口音像制品必须在相关节目页面标明以上信息。

管理办法所称音像制品,是指录有内容的录音带、录像带、唱片、激光唱盘、激光视盘等。管理办法施行后,2002年6月1日由文化部、海关总署发布的《音像制品进口管理办法》同时废止。

资料来源:新华网.

(三)有毒化学品管理

有毒化学品是指进入环境后通过环境蓄积、生物累积、生物转化或化学反应等方式损害健康和环境,或者通过接触对人体具有严重危害和具有潜在危险的化学品。

为了保护人体健康和生态环境,加强有毒化学品进出口的环境管理,国家发布了《中国严格限制的有毒化学品名录》(2018年)。凡进口或出口上述名录所列有毒化学品的,应按规定向生态环境部申请办理有毒化学品进(出)口环境管理放行通知单。进出口经营者应交验有毒化学品进(出)口环境管理放行通知单,向海关办理进出口手续。

生态环境部在审批有毒化学品进口申请时,对符合规定准予进出口的,签发有毒化学品环境管理放行通知单。

有毒化学品进出口环境管理放行通知单是我国进出口许可管理制度中具有法律效力,用来证明对外贸易经营者经营列入《中国禁止或严格限制的有毒化学品名录》的化学品合法进出口的证明文件,是海关验放该类货物的重要依据。

（四）美术品进出口管理

为加强对美术品进出口经营活动、商业性美术品展览活动的管理,促进中外文化交流,丰富人民群众文化生活,国家对美术品进出口实施监督管理。文化部负责对美术品进出口经营活动的审批管理,海关负责对美术品进出境环节进行监管。

1. 主管机构

美术品进出口管理是我国进出口许可管理制度的重要组成部分,属于国家限制进出口管理范畴。文化部委托美术品进出口口岸所在地省、自治区、直辖市文化行政部门负责本辖区美术品的进出口审批。文化部对各省、自治区、直辖市文化行政部门的审批行为进行监督、指导,并依法承担审批行为的法律责任。

我国对美术品进出口实行专营。美术品进出口单位应当在美术品进出口前,向美术品进出口口岸所在地省、自治区、直辖市文化行政部门申领进出口批件,凭此向海关办理通关手续。

2. 适用范围

纳入我国进出口管理的美术品是指艺术创作者以线条、色彩或者其他方式,经艺术创作者以原创方式创作的具有审美意义的造型艺术作品,包括绘画、书法、雕塑、摄影等作品,以及艺术创作者许可并签名的,数量在200件以内的复制品。

批量临摹的作品、工业化批量生产的美术品、手工艺品、工艺美术产品、木雕、石雕、根雕、文物等均不纳入美术品进行管理。

我国禁止进出境含有下列内容的美术品:违反宪法确定的基本原则的;危害国家统一、主权和领土完整的;泄露国家秘密、危害国家安全或者损害国家荣誉和利益的;煽动民族仇恨、民族歧视,破坏民族团结,或者侵害民族风俗习惯的;宣扬或者传播邪教迷信的;扰乱社会秩序,破坏社会稳定的;宣扬或者传播淫秽、色情、赌博、暴力、恐怖或者教唆犯罪的;侮辱或者诽谤他人、侵害他人合法权益的;蓄意篡改历史、严重歪曲历史的;危害社会公德或者有损民族优秀文化传统的;我国法律、行政法规和国家规定禁止的其他内容的。

（五）农药进出口管理

我国对进出口农药实行目录管理,由农业部会同海关总署制定《中华人民共和国进出口农药登记证明管理目录》,进出口列入上述目录的农药,应事先向农业部农药检定所申领农药进出口登记管理放行通知单,凭此向海关办理进出口报关手续。农药进出口登记管理放行通知单实行"一批一证"制。

（六）兽药进口管理

我国对进口兽药实行目录管理,由农业部会同海关总署制定《进口兽药管理目录》,进出口列入上述目录的兽药,应事先向进口口岸所在地省级人民政府兽医行政管理部门申请办理进口兽药通关单,凭此向海关办理进出口报关手续。进口兽药通关单实行"一单一关"制,在30日有效期内只能一次性使用。

（七）水产品捕捞进口管理

我国已加入养护大西洋金枪鱼国际委员会、印度洋金枪鱼委员会和南极海洋生物资源养护委员会。为遏制非法捕鱼活动和有效养护有关渔业资源,上述政府间渔业管理组织对部分水产品实施合法捕捞证明制度。根据合法捕捞证明制度的规定,国际组织成员进口部分水产品时,有义务验核船旗国政府主管机构签署的合法捕捞证明,没有合法捕捞证明的水产品被视为非法捕捞产品,各成员国不得进口。

为有效履行我国政府相关义务,树立我国负责任渔业国际形象,农业部会同海关总署对部分水产品捕捞进口实施进口限制管理,并调整公布了《实施合法捕捞证明水产品清单》。对进口列入《实施合法捕捞水产品清单》的水产品(包括进境样品、暂时进口、加工贸易进口,以及进入海关特殊监管区域、海关保税监管区域和海关监管场所等),有关单位应向农业部申请合法捕捞产品通关证明,向海关办理相关手续。

申请合法捕捞产品通关证明应提交由船旗国政府主管机构签发的合法捕捞证明原件。如在船旗国以外的国家或地区加工的该目录所列产品进入我国,申请单位应提交由船旗国政府主管机构签发的合法捕捞证明的副本和加工国(地区)授权机构签发的再出口证明原件。

各种进出口货物管制措施如表 2-2 所示。

表2-2　各种进出口货物管制措施

管制范围	主管机构	通关凭证	备 注
进出口许可证管理	商务部	进口许可证/出口许可证	实行"一证一关""一批一证"制。对不实行"一批一证"的商品,备注栏中注明"非一批一证"字样,在有效期内最多可使用 12 次
自动进口许可证管理	商务部	自动进口许可证	原则上实行"一批一证",对实行"非一批一证",累计使用不超过 6 次,有效期为 6 个月
进口废物管理	环境保护部	进口废物许可证	实行非一批一证制。进口废物不能转关(废纸除外),只能在口岸海关办理进境手续
野生动植物进出口管理	濒危物种进出口管理办公室	公约证明、非公约证明、物种证明	公约、非公约证明实行"一批一证"制,物种证明分为"一次使用"和"多次使用"两种
进出口药品管理	国家市场监督管理总局	精神药品、麻醉药品进出口准许证,进口药品通关单	实行"一批一证"制,仅限在注明的口岸海关使用
黄金及黄金制品进出口管理	中国人民银行	黄金及黄金制品进出口准许证	实行"一批一证"制
两用物项和技术进出口许可证管理	商务部	两用物项和技术进出口许可证	两用物项和技术进口实行"非一批一证""一证一关",出口实行"一证一关""一批一证"制
密码产品和含有密码技术的设备进口许可管理	国家密码管理局	密码产品和含有密码技术的设备进口许可证	实行"一批一证"制
出入境检验检疫管理	国家质量监督检验检疫总局	出境货物通关单、入境货物通关单	实行"一批一证"制

（续表）

管制范围	主管机构	通关凭证	备注
民用爆炸物品进出口管理	工业和信息化部	民用爆炸物品进/出口审批单	实行"一批一单"和"一单一关"制
美术品进出口管理	文化部	美术品进出口批准文件	实行"一批一证"制
音像制品进口管理	国家新闻出版广电总局	进口音像制品批准单	实行"一批一证"制
有毒化学品管理	生态环境部	有毒化学品进出口环境管理放行通知单	实行"一批一证"制
农药进出口管理	农业部	农药进出口登记管理放行通知单	实行"一批一证"制
兽药进口管理	农业部	进口兽药通关单	实行"一单一关"制
水产品捕捞进口管理	农业部	合法捕捞产品通关证明	

本章小结

通过本章的学习，我们了解了对外贸易管制的基础知识，对对外贸易管制的基本框架、要求等内容有了进一步的理解。

我国对外贸易管制的主要内容可概括为"证""备""检""核""救"5个字。其中，进出口许可证件管理又分为禁止进出口、限制进出口和自动进出口3种管理情况，注意区分。

我国对贸易管制的主要管理措施及报关规范要求比较细，尤其是在进出口许可证、进口废物管理、两用物项和技术的进出口管理、濒危物种进出口管理的适用范围和报关规范方面，是学习本章内容的一个重点。

思考题

1. 简述对外贸易管制的基本含义。
2. 简述我国货物、技术进出口许可管理制度。
3. 试阐述我国对外贸易管制中的救济措施。
4. 如何理解我国野生动植物种进出口管理？

实训题

2010年5月13日，被告人庄某乘坐国际航班从巴黎抵达上海浦东国际机场，由海关绿色通道通关（入境时未向海关申报任何物品），海关从其携带的行李中查获象牙8根、象牙手镯16只、象牙手链2根。经鉴定，上述物品均系非洲象牙及象牙制品，属珍贵动物制品，价值人民币205万元。随后，检察机关以走私珍贵动物制品罪对其提起公诉。庄某认为象牙在国外市场上可以随意买卖，出境时也未受限制，也就以为我国允许入境，且自己带回国内的目的是为了收藏、馈赠，并非想以此牟利，所以不认为自己的行为犯法。近日，上海市第一中级人民法院开庭审理了此案，庄某被判处有期徒刑6年并处罚金15万元，象牙及象牙制品均被没收。

请利用所学知识帮助庄某解决她的疑惑。

第三章

海关监管货物报关程序

学习目标

- 了解一般进出口货物、保税货物、特定减免税货物、暂时进出境货物的概念、特征。
- 熟悉各种类型货物的范围。
- 理解一般进出口货物与一般贸易货物的区别。
- 掌握各种类型货物的报关程序。

学习重点

- 各种类型货物的报关程序规范。
- 转关运输货物的3种类型。

案例导入 区分错发货物与无代价抵偿货物

秋实国际贸易集团以 CIF 天津每吨 3 000 美元从英国进口 TW258 型低密度聚氯乙烯 200 吨,按照我国目前政策,该商品属于法检商品目录,且属于自动进口许可管理范畴,实行"一批一证"制度,买卖双方签订合同约定数量机动幅度为正负 5%。

该批货物于 2015 年 10 月 11 日由"长顺"号货轮载运进境。收货单位在申报前看货取样时,发现实际到货 220 吨。其中混装型号为 TW260 的同类商品 30 吨。秋实国际贸易集团立即与外方交涉,外商同意补偿 TW258 型货物 10 吨,并要求将 TW260 型货物留在境内,但秋实国际贸易集团未接受。

请问:外商后来补偿进口的 10 吨 TW258 型货物是否属于无代价抵偿货物? 错发的货物有哪些处理方式?

第一节 海关监管货物概述

一、海关监管货物的含义

海关监管货物是指自向海关申报起到出境止的出口货物,自进境起到办结海关手续止的进口货物,以及自进境起到出境止的过境、转运、通运货物等应当接受海关监管的货物。

实际工作中，"海关监管货物"主要处于2种状态：一是进境货物尚未办理海关进口手续或出境货物虽已办理海关出口手续但尚未装运出口，仍存放于海关监管场所的进出口货物；二是进境货物已办理海关进口放行手续，但仍处于海关监管之下，需要纳入海关后续管理范畴，这一类海关监管货物主要包括保税进口、暂时进口和特定减免税进口的货物等。

无论处于上述哪一种状态的货物都必须接受海关监管，未经海关许可，以任何方式处置这些货物，或者未按照规定办理相关手续，都将中断和破坏海关监管活动，甚至会造成影响国家进出口贸易管制和税费征收的后果，是一种比较严重的违反海关监管规定的行为。

二、海关监管货物的分类

根据货物进出境的目的不同，海关监管货物可以分成六大类。

（一）一般进出口货物

一般进出口货物包括一般进口货物和一般出口货物。一般进口货物是指从境外进口，办结海关手续直接进入国内生产或流通领域的进口货物；一般出口货物是指办结海关手续，到境外生产、消费领域流通的出口货物。

（二）保税货物

保税货物是指经海关批准未办理纳税手续而进境，在境内储存、加工、装配后复运出境的货物。此类货物又分为保税加工货物和保税物流货物两类。

（三）特定减免税货物

特定减免税货物是指经海关依据有关法律准予免税进口的用于特定地区、特定企业、有特定用途的货物。

（四）暂准进出境货物

暂准进出境货物包括暂准进境货物和暂准出境货物。暂准进境货物是指经海关批准，凭担保进境，在境内使用后原状复运出境的货物；暂准出境货物是指经海关批准，凭担保出境，在境外使用后原状复运进境的货物。

（五）过境、转运、通运货物

过、转、通货物是指从境外起运，通过中国境内继续运往境外的货物。

（六）其他进出境货物

其他进出境货物是指上述货物以外尚未办结海关手续的其他进出境货物，如溢卸货物、误卸货物、退运货物等。

三、报关程序

（一）含义

报关程序是指进出口货物的收发货人、运输工具负责人、物品的所有人或其代理人按照海关的规定,办理货物、物品、运输工具进出境及相关海关事务的手续及步骤。

进出境货物须经过 4 个海关作业环节:海关审单、查验、征税、放行。与之相适应,进出口货物收发货人或其代理人应当按照程序办理相对应的进出口申报、配合查验、缴纳税费、提取或装运货物等手续。但是这些程序还不能满足海关对所有进出境货物的实际监管要求。例如,加工贸易原材料进口,海关要求事先备案,因此,不能在"申报"和"审单"这一环节完成上述工作,必须有一个前期办理手续的阶段;如果上述进口原材料加工成成品出口,在"放行"和"装运货物"离境的环节也不能完成所有的海关手续,必须有一个后期办理核销结案的阶段。从海关对进出境货物进行监管的全过程来看,报关程序按时间先后可以分为 3 个阶段:前期阶段、进出口阶段、后续阶段。

(二)基本程序

1. 前期阶段

前期阶段是指进出口货物收发货人或其代理人根据海关对进出境货物的监管要求,在货物进出口之前,向海关办理备案手续的过程,主要包括如下内容。

① 保税加工货物进口之前,进口货物收货人或其代理人办理加工贸易备案手续,申请建立加工贸易电子账册、电子化手册或者申领加工贸易纸质手册。

② 特定减免税货物进口之前,进口货物收货人或其代理人办理货物的减免税备案和审批手续,申领减免税证明。

③ 暂准进出口货物进出口之前,进出口货物收发货人或其代理人办理货物暂准进出境备案申请手续。

④ 其他进出境货物中的加工贸易不作价设备进口之前,进口货物收货人或其代理人办理加工贸易不作价设备的备案手续,出料加工货物出口之前,出口货物发货人或其代理人办理出料加工的备案手续。

2. 进出口阶段

进出口阶段是指进出口货物收发货人或其代理人根据海关对进出境货物的监管要求,在货物进出境时,向海关办理进出口申报、配合查验、缴纳税费、提取或装运货物。

在进出口阶段,进出口货物收发货人或其代理人需要完成 4 个环节的工作。

(1)进出口申报

进出口申报是指进出口货物的收发货人或其代理人在海关规定的期限内,按照海关规定的确定形式,向海关报告进出口货物的情况,提请海关按其申报的内容放行进出口货物的工作环节。

(2)配合查验

配合查验是指申报进出口的货物经海关决定查验时,进口货物的收货人、出口货物的发货人或者办理进出口申报具体手续的报关员应到达查验现场,配合海关查验货物,并负责按照海关的要求搬移、开拆和重封被查验货物的工作环节。

(3)缴纳税费

缴纳税费即进出口货物的收发货人或其代理人接到海关发出的税费缴纳通知书后,向海关指定的银行办理税费款项的缴纳手续,由银行将税费款项划入海关专门账户的工作环节。

(4)提取或装运货物

提取货物即提取进口货物,是指进口货物的收货人或其代理人,在办理了进口申报、配合查验、缴纳税费等手续,海关决定放行后,凭海关加盖放行章的进口提货凭证或海关通过计算机系统发送的放行通知书,提取进口货物的工作环节。

装运货物即装运出口货物,是指出口货物的发货人或其代理人,在办理了出口申报、配合查验、缴纳税费等手续,海关决定放行后,凭海关加盖放行章的出口装货凭证或海关通过计算机系统发送的放行通知书,通知港区、机场、车间及其他有关单位装运出口货物的工作环节。

3. 后续阶段

后续阶段是指进出口货物收发货人或其代理人根据海关对进出境货物的监管要求,在货物进出境储存、加工、装配、使用、维修后,在规定的期限内,按照规定的要求,向海关办理上述进出口货物核销、销案、申请解除监管等手续的过程,主要包括如下内容。

① 保税加工货物,进口货物收货人或其代理人应当在规定期限内办理核销手续。

② 特定减免税货物,进口货物收货人或其代理人应当在海关监管期满后,或者在海关监管期内经海关批准出售、转让、退运、放弃并办妥有关手续后,向海关申请办理解除海关监管的手续。

③ 暂准进出境货物,收发货人或其代理人应当在暂准进出境规定期限内,或者在经海关批准延期暂准进出境期限到期前,办理复运出境或复运进境或正式进出口手续,然后申请办理销案手续。

④ 其他进出境货物中的出料加工货物、修理货物、部分租赁货物等,进出境货物收发货人或其代理人应当在规定的期限内办理销案手续。

五类货物报关程序比较的具体内容如表3-1所示。

表3-1　五类货物报关程序的比较

报关程序 货物类别	前期阶段 （进出境前办理）	进出境阶段 （进出境时办理） 收发货人——海关	后续阶段 （进出境后办理）
一般进出口货物	无	申报————接受申报	无
保税进出口货物	备案,申请登记手册		核销手续
特定减免税货物	特定减免税申请和申领征免税证明	配合查验————查验	解除海关监管手续
暂准进出境货物	行政审批(展览品备案申请)	缴纳税费————征税 （适用一般进出口货物）	销案手续
其他进出境货物	出料加工货物的备案	提取/装运货物——放行	销案手续

思考

下列哪种货物不适用海关后续管理？为什么？

1. 外商在经贸活动中赠送的进口货物。

2. 进料加工进口料件。

3. 进境展览品。

四、电子报关和通关

（一）电子报关

电子报关是指进出口货物收发货人或其代理人通过计算机系统,按照《中华人民共和国海关进出口货物报关单填制规范》的有关要求,向海关传送报关单电子数据,并备齐随附单证的申报方式。

《海关法》第二十五条规定:"办理进出口货物的海关申报手续,应当采用纸质报关单和电子数据报关单的形式。"这一规定确定了电子报关的法律地位,使电子数据报关单和纸质报关单具有同等的法律效力。

在一般情况下,进出口货物收发货人或其代理人应当采用纸质报关单形式和电子数据报关单形式向海关申报,即进出口货物收发货人或其代理人先向海关计算机系统发送电子数据报关单,接收到海关计算机系统发送的"接受申报"电子报文后,凭此打印纸质报关单,并随附有关单证,向海关提交。

特殊情况下经海关同意,允许先采用纸质报关单形式申报,电子数据事后补报。在向尚未使用海关信息化管理系统作业的海关申报时,可以采用纸质报关单形式申报。在特定条件下,进出口货物收发货人或其代理人可以单独使用电子数据报关单向海关申报,保存纸质报关单证。

（二）电子通关系统

我国海关已经在进出境货物通关作业中全面使用计算机,进行信息化管理,成功地开发运用了多个电子通关系统。

1. 海关H883/EDI通关系统

H883/EDI通关系统是中国海关报关自动化系统的简称,是我国海关利用计算机对进出口货物进行全面信息化管理,实现监管、征税、统计三大海关业务一体化管理的综合性信息系统。

2. 海关H2000通关系统

H2000通关系统是对H883/EDI通关系统进行全面更新换代的升级项目。

H2000通关系统在集中式数据库的基础上建立了全国统一的海关信息作业平台,不但提高了海关管理的整体效能,而且使进出口企业真正享受到简化报关手续的便利。进出口企业可以在其办公场所办理加工贸易登记备案、特定减免税证明申领、进出境报关等各种海关手续。

3. 海关H2010通关系统

H2010通关系统是对H2000通关系统的全面更新换代项目。它将大通关与大监控有机地结合起来,既提高了海关的通关效率,又加强了对企业的风险管理。

4. 中国电子口岸系统

中国电子口岸系统又称口岸电子执法系统,简称电子口岸,是与进出口贸易管理有关的国家12个部委利用现代计算机信息技术,将各部委分别管理的进出口业务信息电子底账数据集中存入公共数据中心,向政府管理机关提供跨部门、跨行业联网数据核查,向企业提供网上办理各种进出口业务的国家信息系统。中国电子口岸网页如图3-1所示。

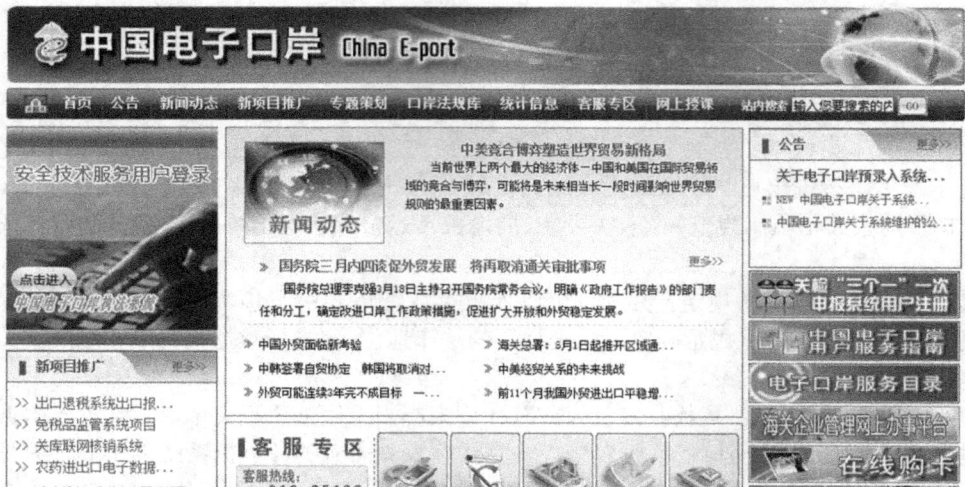

图3-1 中国电子口岸网页

中国电子口岸依托国家电信公网,实现工商、税务、海关、外汇、外贸、质检、银行等部门,以及进出口企业、加工贸易企业、外贸中介服务企业、外贸货主单位的联网,将进出口管理流信息、资金流信息、货物流信息集中存放在一个集中式的数据库中,随时提供国家各行政管理部门进行跨部门、跨行业、跨地区的数据交换和联网核查,并向企业提供应用互联网办理报关、结付汇核销、出口退税、网上支付等实时在线服务。

5. QR系统

QR系统又叫中国电子口岸客户端——通关系统,是由中国电子口岸数据中心开发,并提供给申报单位用于向管理部门进行电子申报及办理相关手续的操作客户端。QR系统具有企业注册管理、加工贸易管理、报关单电子申报等功能,是申报单位与管理部门进行数据沟通的重要平台,可以提高申报单位通关效率,促进国家外贸发展。

第二节 一般进出口货物的报关程序

一、一般进出口货物概述

（一）含义

一般进出口货物是一般进口货物和一般出口货物的合称,是指在进出境环节缴纳了应征的税费并办结了所有必要的海关手续,海关放行后不再进行监管,可以直接进入生产和流通领域的进出口货物。

一般进出口货物与一般贸易货物的区别

一般进出口货物与一般贸易货物有很大的区别。一般进出口货物是按监管制度来分的,监管关心的是征税,一般进出口货物的一个显著特征就是在进出境环节征税;一般贸易货物是按照贸易方式来说的,贸易方式关心的不是税,而是汇,即外汇的结算,不管征不征税都要结汇。

一般贸易货物是指中国境内有进出口经营权的企业单边进口或出口的贸易。一般贸易货物在进口时可按照一般进出口监管制度办理海关手续;也可享受特定减免税优惠,按特定减免税监管制度办理海关手续;还可经海关批准保税,按保税监管制度办理海关手续。但只有按一般进出口监管制度办理海关手续的一般贸易货物才是一般进出口货物。

一般进出口货物是指按照海关一般进出口监管制度监管的进出口货物。

(二)特征

1. 进出境时缴纳进出口税费

一般进出口货物的收发货人应当按照《海关法》和其他有关法律、行政法规的规定,在货物进出境时向海关缴纳应当缴纳的税费。

2. 进出口时提交相关的许可证件

货物进出口应受国家法律、行政法规管制的,进出口货物收发货人或其代理人应当向海关提交相关的进出口许可证件。

3. 海关放行即办结了海关手续

海关征收了全额的税费,审核了相关的进出口许可证件,并对货物进行实际查验(或做出不予查验的决定)以后,按规定签章放行。这时,进出口货物收发货人或其代理人才能办理提取进口货物或者装运出口货物的手续。

对一般进出口货物来说,海关放行就意味着海关手续已经全部办结,海关不再监管,可以直接进入生产和消费领域流通。

(三)范围

一般进出口货物适用于除特定减免税货物外的实际进出口货物,主要包括如下内容。

① 一般贸易进口货物。
② 一般贸易出口货物。
③ 转为实际进口的保税货物。
④ 转为实际进口的暂准进境货物或转为实际出口的暂准出境货物。
⑤ 易货贸易、补偿贸易进出口货物。
⑥ 不批准保税的寄售代销贸易货物。
⑦ 承包工程项目实际进出口货物。
⑧ 外国驻华商业机构进出口陈列用的样品。
⑨ 外国旅游者小批量订货出口的商品。
⑩ 随展览品进境的小卖品。
⑪ 免费提供的进口货物。例如,外商在经济贸易活动中赠送的进口货物,外商在经济贸易

活动中免费提供的试车材料等,我国在境外的企业、机构向国内单位赠送的进口货物。

思考

下列哪几种货物适用一般进出口通关制度？为什么？

1. 某加工贸易企业经批准从英国进口机器设备一套用于加工贸易出口。
2. 某公司经批准以易货贸易方式进口货物一批在境内出售。
3. 天津保税区批准出售橡胶一批给上海汽车轮胎厂。
4. 某境外商人免费提供机器设备一套给境内某企业用以来料加工。

二、一般进出口货物的报关程序

一般进出口货物报关程序没有前期阶段和后续阶段,只有进出口阶段,包括4个环节:进出口申报、配合查验、缴纳税费、提取或装运货物。

（一）进出口申报

1. 概述

（1）申报的含义

申报是指进出口货物收发货人、受委托的报关企业,依照《海关法》及有关法律、行政法规的要求,在规定的期限、地点,采用电子数据报关单和纸质报关单形式,向海关报告实际进出口货物的情况,并接受海关审核的行为。

（2）申报地点

① 进口货物应当由收货人或其代理人在进境地海关申报,出口货物应当由发货人或其代理人在出境地海关申报。

② 经过收发货人申请,海关同意,进口货物可以在设有海关的指运地申报,出口货物可以在设有海关的起运地申报。

③ 保税、特定减免税货物、暂准进境货物,因故改变使用目的从而改变货物的性质为一般进口货物时,进口货物的收货人或其代理人应当在货物所在地主管海关申报。

例如,北京一公司从天津进口一批货物,按规定应当在进境地天津海关申报,但经收货人申请,海关同意后,该批进口货物可以转到北京海关申报。此例中天津是进境地,北京是指运地。又如,北京一公司要从天津口岸出口一批货物,经过申请人的申请,海关同意后,这批货物可以在起运地北京申报,并且在北京办理完整个出口海关手续后,运到天津,由天津海关监管出口。此例中天津属于出境地,北京是起运地。

（3）申报期限

① 进口货物的申报期限为自装载货物的运输工具申报进境之日起14天内(从运输工具申报进境之日的第二天起算,下同)。超期3个月仍未向海关申报的,货物由海关提取并依法变卖。对于不宜长期保存的货物,海关可以根据实际情况提前处理。

② 出口货物的申报期限为货物运抵海关监管区后、装货的24小时以前。

③ 经电缆、管道或其他特殊方式进出境的货物,按照海关规定定期申报。

（4）申报日期

申报日期是指申报数据被海关接受的日期。无论以电子数据报关单方式申报,还是以纸质报关单申报,海关接受申报数据的日期即为申报日期。

① 采用先电子数据报关单申报,后提交纸质报关单,或仅以电子数据报关单方式申报的,申报日期为海关计算机系统接受申报数据时记录的日期。

② 电子数据报关单经过海关计算机检查被退回的,进出口货物收发货人或其代理人应当按照要求重新申报,申报日期为海关接受重新申报的日期。

③ 先用纸质报关单申报,后补报电子数据报关单,或只提供纸质报关单申报的,海关工作人员在报关单上做登记处理的日期为海关接受申报的日期。

（5）申报单证

申报单证分为报关单和随附单证两大类,其中随附单证包括基本单证和特殊单证。

报关单是由报关员按照海关规定格式填制的申报单,是指进出口货物报关单或者带有进出口货物报关单性质的单证,如特殊监管区域进出境备案清单、进出口货物集中申报清单等。一般来说,任何货物的申报,都必须有报关单。

基本单证是指进出口货物的货运单据和商业单据,主要有进口提货单据、出口装货单据、商业发票、装箱单等。一般来说,任何货物的申报,都必须有基本单证。

特殊单证主要有进出口许可证、原产地证明、出口收汇核销单、进出口货物征免税证明等。不是每一种进口货物都有特殊单证,某些货物的申报,才需要有特殊单证。例如,租赁贸易货物进口申报,必须提交租赁合同等。

（6）申报方式

目前,全国海关的全部通关业务全面采用通关作业无纸化申报。

2. 步骤

（1）准备申报单证

准备申报单证是报关员开始进行申报工作的第一步,是整个报关工作能否顺利进行的关键一步。准备申报单证主要包括报关随附单证及相关信息的收集、整理、审核,以及报关单的填制和复核等内容。

准备申报单证的原则是:基本单证、特殊单证必须齐全、有效、合法;填制报关单必须真实、准确、完整;报关单与随附单证数据必须一致。

（2）申报前看货取样

进口货物收货人,在向海关申报前,为了确定货物的品名、规格、型号等,可以向海关提交查看货物或提取货样的书面申请。海关审核同意的,派员到场监管。

涉及动植物及其产品和其他须依法提供检疫证明的货物,如需提取货样,应当按照国家相关法律规定,事先取得主管部门签发的书面批准证明。提取货样后,到场监管的海关工作人员与进口货物的收货人在海关开具的取样记录和取样清单上签字确认。

（3）申报

在全国通关一体化模式下,海关全面推广企业"自主申报、自行缴税",简称"自报自缴"。企业"自报自缴"是指进出口企业、单位自主向海关申报报关单及随附单证、税费电子数据,并自行缴纳税费。

"自报自缴"是"全国通关一体化"3项制度中的一项,是海关总署为了优化营商环境、提高通关时效、降低企业贸易成本、使企业更好地享受改革红利推出的通关便利化改革措施。企业在申报环节选择"自报自缴"模式后,可一次性完成报关、计税和缴纳,使得进出口企业在向海关申报的过程中进一步享受秒放带来的高效通关。

企业自主申报的操作步骤如下。

① 企业登录 QR 系统,使用操作卡登录进入报关单申报界面。

② 企业在新增报关单界面中录入相关的报关数据后,在"业务类型"中选中"自报自缴"复选框,然后单击"确认"按钮。

③ 单击"暂存"按钮后,在确认报关单信息录入无误的情况下,单击"申报"按钮,系统进入计税界面。

④ 单击"计税"按钮,调用系统中自带的计税模块计算税款,进入税费明细单界面。

⑤ 确认税款无误后,单击"确认申报"按钮,向海关申报报关单。

知识拓展

"自报自缴"与现有通关模式的区别

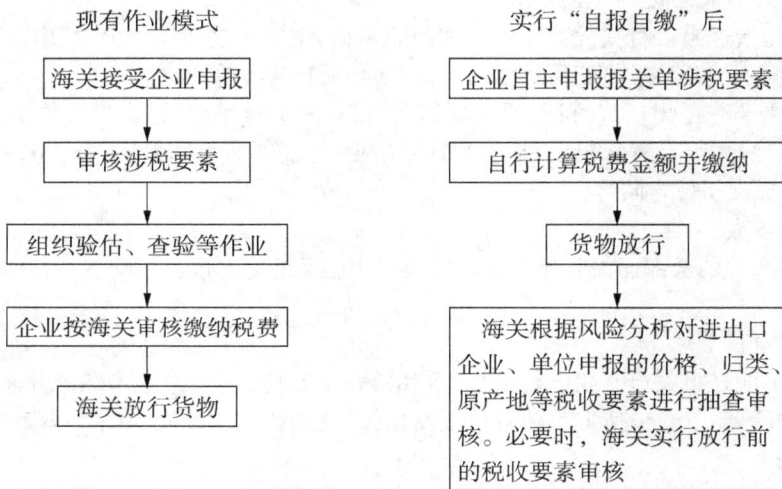

现有作业模式	实行"自报自缴"后
海关接受企业申报	企业自主申报报关单涉税要素
审核涉税要素	自行计算税费金额并缴纳
组织验估、查验等作业	货物放行
企业按海关审核缴纳税费	海关根据风险分析对进出口企业、单位申报的价格、归类、原产地等税收要素进行抽查审核。必要时,海关实行放行前的税收要素审核
海关放行货物	

（二）配合查验

1. 海关查验

（1）含义

海关查验是指海关为确定进出口货物收发货人向海关申报的内容是否与进出口货物的真实情况相符,或者为确定商品的归类、价格、原产地等,依法对进出口货物进行实际核查的执法行为。

海关通过查验,检查报关单位是否伪报、瞒报、申报不实,同时也为海关征税、统计、后续管理提供可靠的资料。

（2）地点

查验应当在海关监管区内实施。特殊情况经进出口货物收发货人或其代理人书面申请,海关可以派员到监管区外实施查验。

（3）查验时间

当海关决定查验时,即将查验的决定以书面通知的形式通知进出口货物收发货人或其代理人,约定查验的时间。查验时间一般约定在海关正常工作时间内,特殊情况海关接受进出口货物收发货人或其代理人的请求,可以在工作时间外实施查验。

对于危险品或者鲜活、易腐、易烂、易失效、易变质等不宜长期保存的货物,以及因其他特殊情况需要紧急验放的货物,经进出口货物收发货人或其代理人申请,海关可以优先实施查验。

（4）查验方法

海关实施查验可以彻底查验,也可以抽查。彻底查验是指对一票货物逐件开拆包装,验核货物实际状况;抽查是指按照一定比例有选择地对一票货物中的部分货物验核实际状况。

海关进行查验时可以采用人工查验,也可以使用X光机等技术手段查验。查验操作可以分为人工查验和设备查验。

① 人工查验。人工查验包括外形查验和开箱查验。外形查验是指对外部特征直观、易于判断基本属性的货物的包装、运输标志和外观等状况进行验核;开箱查验是指将货物从集装箱、货柜等箱体中取出并拆除外包装后对货物实际状况进行验核。

② 设备查验。设备查验是指以技术检查设备为主对货物实际状况进行验核。

（5）复验

复验是指海关认为必要时,依法对已经完成查验的货物进行第二次查验。有下列情形之一的,海关可以进行复验:

① 经初次查验未能查明货物的真实属性,需要对已查验货物的某些性状做进一步确认的;

② 货物涉嫌走私违规,需要重新查验的;

③ 进出口货物收发货人对海关查验结论有异议,提出复验要求并经海关同意的;

④ 其他海关认为必要的情形。

已经参加过查验的查验人员不得参加对同一票货物的复验。

（6）径行开验

径行开验是指海关在进出口货物收发货人或其代理人不在场的情况下,对进出口货物进行开拆包装查验。有下列情形之一的,海关可以径行开验:

① 进出口货物有违法嫌疑的;

② 经海关通知查验,进出口货物收发货人或其代理人届时未到场的。

海关径行开验时,存放货物的海关监管场所经营人、运输工具负责人应当到场协助,并在查验记录上签名确认。

2. 配合查验

海关查验货物时,进出口货物收发货人或其代理人应当到场,配合海关查验。

进出口货物收发货人或其代理人,在配合海关查验过程中应当做好以下工作,如图3-2所示。

① 按海关要求搬运货物,开拆包装及重新封装货物。

② 预先了解和熟悉所申报货物的情况,如实回答查验人员的询问及提供必要的资料。

③ 协助海关提取需要做进一步检验、化验或鉴定的货样,收取海关开具的取样清单。

④ 查验结束后,认真阅读查验人员填写的海关进出境货物查验记录单,并签字确认。

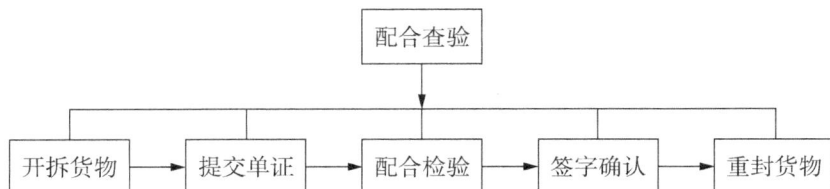

图3-2　配合查验操作步骤

海关查验需要多长时间

为提高效率,维护当事人合法权利,目前各地海关都对查验时间做出了规定。例如,天津新港海关,平均查验业务周期由过去的 3 ～ 4 个工作日缩短到 4 个小时以内;深圳海关规定查验人员自开箱检查开始,每箱次正常查验时间为彻底查验在 3 小时以内完成,抽查在 2 小时以内完成,外形查验在 1 小时以内完成,如果货物有涉嫌走私违规等异常情况,查验时间可视情况而定。

实际上,国内有一些港口往往把很多时间花在货柜从堆场调到查验区上,造成了整个查验时间较长,并非海关查验效率低下。

3. 货物损坏及赔偿

在查验过程中,或者证实海关在径行开验过程中,因为海关查验人员的责任造成被查验货物损坏的,进出口货物收发货人或其代理人可以要求海关赔偿。

（1）海关的赔偿范围

海关的赔偿范围仅限于实施查验过程中(之前和之后损坏,海关不赔偿),由于海关查验人员的责任造成被查验货物损坏的直接经济损失。

（2）不属于海关的赔偿范围

① 进出口货物收发货人或其代理人搬运货物,开拆、封装货物或保管不善造成的损失。

② 易腐、易失效货物在海关正常工作时间内(含扣留或代管期间)所发生的变质或失效。

③ 海关正常查验时产生的不可避免的磨损。

④ 在海关查验之前已经损坏和海关查验之后发生的损坏。

⑤ 不可抗力造成的货物损坏、损失。

进出口货物收发货人或其代理人在海关查验时对货物是否受损坏,未提出异议,事后发现损坏的,海关不负责赔偿。

思考

某中外合资企业从英国购进生产设备一批,在海关依法查验该批进口设备时,陪同查验人员开拆包装不慎,将其中一台设备的某一部件损坏。

请问该例中进口设备的损坏应由谁负责?

（三）缴纳税费

1. 缴纳税费的含义

缴纳税费是指进出口货物收发货人或其代理人在规定的时间内,持海关出具的关税和代征税缴款书或收费专用票据到指定银行办理税费缴付手续的行为。

2. 缴纳税费的方式

（1）银行柜台缴纳

一般来说,海关在货物实际进境并完成海关现场接单审核工作之后,填写税款缴款书。报关人员应持海关填发的税款缴款书在规定时间内到指定银行缴纳税款。缴纳税款后,报关员应当及时将盖有银行已收讫税款业务印章的税款缴款书送交填发海关验核,海关据此办理核注手续。

（2）电子支付系统缴纳

进出口货物收发货人或其代理人可以通过电子口岸接收海关发出的税款缴款书和收费票据,并通过网络向签有协议的银行进行电子支付。现场海关收到电子支付平台转发的银行税费成功扣费回执后,海关业务系统自动核注税费,现场海关即可办理放行手续。

3．缴纳地点

纳税义务人应当在货物的进出境地向海关缴纳税款,经海关批准也可以在纳税义务人所在地向其主管海关缴纳税款。

（四）提取或装运货物

1．海关进出境现场放行和货物结关

① 海关进出境现场放行是指海关接受进出口货物的申报,审核电子数据报关单和纸质报关单及随附单证,查验货物,征收税费或接受担保以后,对进出口货物做出结束海关进出境现场监管的决定,允许进出口货物离开海关监管场所的工作环节。

在"无纸通关"申报方式下,海关做出现场放行决定时,通过计算机向进出口货物收发货人或其代理人和海关监管货物保管人发送放行信息,进出口货物收发货人或其代理人从计算机上自行打印海关放行凭证,凭以提取或装运货物。

② 货物结关是进出口货物办结海关手续的简称。进出境货物由其收发货人或其代理人向海关办理完所有的海关手续,履行了法律规定的与进出口有关的一切义务,就办结了海关手续,海关不再进行监管。

海关进出境现场放行包括 2 种情况:一是放行即结关,对于一般进出口货物放行时进出口货物收发货人或其代理人已经办理了所有海关手续,所以放行就是结关;二是放行不等于结关,对于保税货物、暂准进口货物、特定减免税货物、部分其他进出境货物,放行时进出口货物收发货人或其代理人并未办理完所有的海关手续,海关在一定时期内还须进行监管,所以该类货物放行并不等于结关。

2．提取或装运货物

提取货物是指进口货物收货人或其代理人签收海关加盖海关放行章戳记的进口提货凭证,凭此到货物进境地的港区、机场、车站、邮局等地的海关监管仓库办理提取进口货物的手续。

装运货物是指出口货物发货人或其代理人签收海关加盖海关放行章戳记的出口装货凭证,凭此到货物出境地的港区、机场、车站、邮局等地的海关监管仓库,办理货物装运离境的手续。

3．申请签发报关单证明联

进出口货物收发货人或其代理人办理完毕提取进口货物或装运出口的手续后,如需要海关签发证明的,可以向海关提出申请。常见证明如下。

（1）进口付汇证明/出口收汇证明

对需要的银行和国家外汇管理部门办理进口付汇/出口收汇核销的进/出口货物,报关员应当向海关申请签发进口货物报关单付汇/出口货物报关单收汇证明联。海关经审核对符合规定的,在进/出口货物报关单上加盖海关验讫章,作为进口付汇/出口收汇证明联发给报关员。同时通过海关电子口岸执法系统、银行和国家外汇管理部门发送证明联电子数据。

（2）出口退税证明

对需要在国家税务机构办理出口退税的出口货物。报关员应当向海关申请签发出口货物报关单退税证明联。海关经审核,对符合条件的,予以签发并在证明联上签名、加盖海关验讫章交给报关员。同时通过海关电子口岸执法系统向国家税务机构发送证明联电子数据。

在无纸化通关方式下，海关不再为国家外汇管理机构核定的货物贸易外汇管理企业提供纸质报关单收付汇证明联，海关通过电子口岸执法系统向银行和国家外汇管理部门发送证明联电子数据，企业可通过中国电子口岸自行打印收付汇证明联，并加盖企业公章。

对需要办理出口退税的出口货物，海关也不再为企业签发出口退税证明联。对符合退税规定的，海关通过电子口岸执法系统向国家税务机构发送证明联电子数据。

（3）进口货物证明书

对进口汽车、摩托车等，报关员应当向海关申请签发进口货物证明书，进口货物收货人凭此向国家交通管理部门办理汽车、摩托车的牌照申领手续。

例3-1

天津万兴无线电有限公司是一家民营企业，该公司向德国订购了冷轧不锈钢带一批，委托天津开发区报关行于2019年9月25日向天津海关办理进口报关手续，作为天津开发区报关行的报关员，应按照如下步骤完成此单报关业务。

1. 了解外贸管制政策，查阅海关编码手册，获得冷轧不锈钢带的商品编码为7220.2090。
2. 审核相关资料，填制报关单并录入电脑进行电子申报。
3. 海关接受电子申报后，准备好纸质报关资料，到现场海关办理进口申报。
4. 如需查验做好陪同查验的准备。
5. 计算税费。
6. 到指定银行缴纳税费。
7. 海关的提货单上加盖放行章后，凭此到仓库提货。
8. 向海关申请签发进口付汇证明。

第三节　保税进出口货物的报关程序

一、保税进出口货物概述

（一）含义

保税货物是指经海关批准未办理纳税手续进境，在境内储存、加工、装配后复运出境的货物。

（二）分类

保税货物分为保税加工货物和保税物流货物，具体分类如图3-3所示。

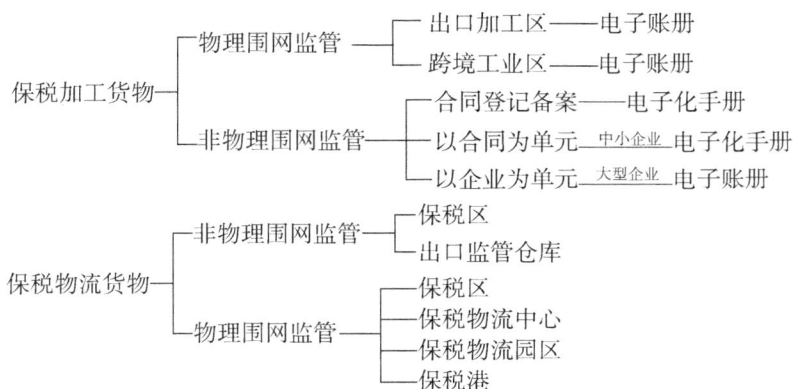

图3-3　保税货物分类

二、保税加工货物

（一）含义

保税加工货物也称加工贸易保税货物，是指经海关批准未办理纳税手续进境，在境内加工、装配后复运出境的货物。

（二）特征

① 料件进口时暂缓纳税，成品出口时除另有规定外无须缴纳关税。
② 料件进口时除国家另有规定外免交进口许可证件，成品出口时涉及许可证件管理的，必须交验出口许可证件。
③ 进出境海关放行并未结关。

（三）范围

保税加工货物包括专为加工、装配出口产品而从国外进口且海关准予保税的原材料、零部件、元器件、包装物料、辅助材料（简称料件），以及用上述料件生产的成品、半成品，还包括在保税加工生产过程中产生的副产品、残次品、边角料和剩余料件。

（四）形式

1. 来料加工
来料加工是指由境外企业提供料件，经营企业不需要付汇进口，按照境外企业要求进行加工或装配，只收取加工费，制成品由境外企业销售的经营活动。
2. 进料加工
进料加工是指经营企业用外汇购买料件进口，制成成品后外销出口的经营活动。

（五）管理

1. 管理模式
海关对保税加工货物的监管模式有两大类，一类是物理围网的监管模式，包括出口加工区和珠海园区，采用电子账册管理；另一类是非物理围网的监管模式，采用纸质手册管理或计算机联网监管。

（1）物理围网监管

物理围网监管是指经国家批准,在关境内或关境线上划出一块地方,让企业在围网内专门从事保税加工业务,由海关进行封闭的监管。在境内的保税加工封闭式监管模式为出口加工区,已经施行了多年,有一套完整的监管制度;在关境线上的保税加工封闭式监管模式为跨境工业区,目前只有一处,即珠澳跨境工业区,分澳门园区和珠海园区两部分,在澳门特别行政区的部分是澳门园区,在珠海经济特区的部分是珠海园区。

（2）非物理围网监管

非物理围网监管是指海关通过电子数据与加工区的保税工厂进行联网,对保税工厂的货物进行管理,包括以下两种监管模式。

① 纸质手册管理。这是一种传统的监管方式,主要是用加工贸易纸质登记手册进行加工贸易合同内容的备案,凭此进出口,并记录进口料件出口成品的实际情况,最终凭此办理核销结案手续。这种监管方式在海关对保税加工货物监管中曾经起过相当大的作用,但随着对外贸易和现代科技的调整发展,逐渐被联网监管模式所替代。纸质手册管理目前尚在一定的范围内使用。

② 计算机联网监管。计算机联网监管是一种高科技的监管方式,主要是应用计算机手段实现海关对加工贸易企业实施联网监管,建立电子账册或电子手册,备案、进口、出口、核销,全部通过计算机进行管理。海关管理科学严密,企业通关便捷高效,计算机联网监管受到普遍欢迎,将成为海关对保税加工货物监管的主要模式。这种监管方式也分为两种,一种是针对大型企业的,以建立电子账册为主要标志,以企业为单元进行管理;另一种是针对中小企业的,以建立电子手册为主要标志,继续以合同为单元进行管理。

2. 海关对各种监管模式的保税加工货物的管理

海关对各种监管模式的保税加工货物的管理主要包括 5 个方面。

（1）商务审批

加工贸易业务必须经过商务主管部门的审批才能进入海关备案程序,可分为两种情况。

① 审批加工贸易合同。加工贸易经营企业在向海关办理加工贸易合同备案手续或者申请设立电子手册之前,先要到商务主管部门办理加工贸易合同审批手续。经审批后,凭"加工贸易业务批准证"和"加工贸易经营企业经营状况和生产能力证明"及商务主管部门审批同意的加工贸易合同到海关办理备案。

② 审批加工贸易经营范围。加工贸易经营企业在向海关申请联网监管和电子账册、电子手册之前,先要到商务主管部门办理审批加工贸易经营范围的手续,凭商务主管部门出具的经营范围批准证和加工贸易经营企业经营状况和生产能力证明到海关申请联网监管并建立电子账册、电子手册。

（2）备案保税

加工贸易料件经海关批准才能保税进口。海关批准保税是通过受理备案来实现的,凡是准予备案的加工贸易料件一律可以不办理纳税手续,即保税进口。

（3）纳税暂缓

国家规定专为加工出口产品而进口的料件,按实际加工复出口成品所耗用料件的数量准予免缴进口关税和进口环节增值税、消费税。但在料件进口时无法确定用于出口产品上的料件的实际数量,因此无法免税,海关只有先准予保税,在产品实际出口并最终确定使用在出口成品上的料件数量后,再确定征免税的范围,即用于出口的不予征税,不出口的征税。

这就引出两个问题。

① 保税加工货物经批准不复运出境,在征收进口关税和进口环节代征税时要征收缓税利息

（边角料和特殊监管区域的保税加工货物除外）。

②料件进境时未办理纳税手续，适用海关事务担保，手续按加工贸易银行保证金台账制度执行。

海关实务担保的核心是对不同地区（分为东部、中西部）的不同信用状况的加工贸易企业（原AA、A、B、C、D类）和加工贸易涉及的进出口商品（禁止类、限制类、允许类）实行分类管理，对部分企业进口的部分料件，由银行按照海关规定根据计算的金额征收保证金，其分类管理内容如表3-2所示。

表3-2　加工贸易银行保证金台账分类管理内容

商品/地区分类 管理分类 企业分类	禁止类商品		限制类商品		允许类商品	
	东部	中西部	东部	中西部	东部	中西部
高级认证企业（原AA类企业）	不准开展加工贸易		空转		不转	
一般认证企业（原A类企业）					空转	
一般信用企业（原B类企业）			半实转	空转		
失信企业（原C类企业）			实转			
特殊监管区域企业			不转			
失信企业（原D类企业）	不准开展加工贸易					

说明：1. 表中"不转"指不设台账，"空转"指设台账不付保证金，"实转"指设台账付保证金，"半实转"指设台账减半支付保证金。

2. 东部地区包括辽宁省、北京市、天津市、河北省、山东省、江苏省、上海市、浙江省、福建省、广东省，中西部地区指东部地区以外的中国其他地区。

企业办理担保业务也可采用保证金或保函等形式。对于同一笔业务应采用同一种形式提供担保。

以保函形式办理担保业务时，企业应向海关提交银行或非银行金融机构的保函正本，海关向企业制发收据。保函担保期限应为手册有效期满后80天。

以保证金形式办理担保业务时，企业应按海关开具的海关交（付）款通知书，以人民币缴纳保证金，将应征保证金款项交至海关指定的代保管款账户。资金到账后海关向企业开具海关保证金专用收据。

因手册变更导致担保金额增加或担保期限延长的，由海关依法为企业办理担保内容变更手续。

手册核销结案后，企业可向海关办理担保退还手续。担保形式为保函的，企业应凭保函收据到海关办理保函退还手续；担保形式为保证金的，企业应凭海关交（付）款通知书编号、海关保证金专用收据（退款联）以及加盖企业财务专用章的合法收据，到海关财务部门办理保证金退还手续。

（4）监管延伸

保税加工货物的海关监管在时间和地点上都必须延伸。

从地点上看，保税加工的料件离开进境地口岸海关监管场所后进行加工、装配的地方都是海关监管的场所。

从时间上看,保税加工的料件在进境地被提取,不是海关监管的结束,而是海关保税监管的开始,海关一直要监管到加工、装配后复运出境或者办结正式进口手续最终核销结案为止。

这里涉及两个期限的概念：准予保税的期限、申请核销的期限。

① 准予保税的期限是指由海关批准保税后在境内加工、装配复运出境的时间限制。

② 申请核销的期限是指加工贸易经营人向海关申请核销的最后日期。

保税加工货物的海关监管期限如表3-3所示。

表3-3　保税加工货物的海关监管期限

保税加工监管方式	保税期限	申请核销期限
电子化手册	原则上为1年,经批准可以延长1年	手册到期之日或最后一批成品出运后30天内核销
联网监管电子账册	企业电子账册记录第一批料件进口之日起到该电子账册被核销止	6个月为1个报核周期：首次报核从海关批准电子账册建立之日起算,满6个月后的30天内报核,以后则从上一次的报核日期算,满6个月后的30天内报核
出口加工区	从加工贸易料件进区到加工贸易成品出区办结海关手续止	每6个月向海关申报1次保税加工货物的进出境、进出区的实际情况
珠海园区		自开展有关业务之日起,每年向海关办理报核1次

（5）核销结关

保税加工货物经过海关核销后才能结关。

（六）报关程序

1. 电子化手册管理下的保税加工货物报关程序

这种管理模式的特征是以合同为单元进行监管,其基本程序主要包括建立手册、进出口报关、合同报核3个步骤。

（1）建立手册

经营企业应当向加工企业所在地主管海关办理加工贸易货物的手册设立手续。

① 提交材料。经营企业在办理建立加工贸易货物手册时,应如实向主管海关申报加工货物贸易的贸易方式、单耗、进出口口岸、进口料件名称和出口成品的商品名称、商品编号、规格型号、价格等信息,并提交加工贸易加工企业生产能力证明、加工贸易合同和海关认为需要提交的其他证明文件和材料。

经营企业按规定提供合格单证材料,申请建立手册的,海关应当自接受企业手册设立申报之日起5个工作日内完成加工贸易手册设立手续。

② 税款担保。经营企业有下列情形之一的,海关可以要求经营企业在办理手册设立手续,提供相当于应缴税款金额的保证金或银行、非银行金融机构的保函：租赁厂房或设备的；首次开展加工贸易业务的；加工贸易手册延期2次（含2次）以上的；涉嫌违规,已被海关立案调查,案件尚未审结的。

③ 与建立手册有关的事宜。自2017年11月20日起,海关总署已经废止《中华人民共和国海关关于异地加工贸易的管理办法》,所有保税物料需要开展跨关区加工的业务,都将以外发加

工的模式开展。

　　加工贸易外发加工是指加工贸易企业因受自身生产工序限制,经海关批准并办理有关手续,委托承揽企业对加工贸易出口产品生产环节的个别工序进行加工,在规定期限内将加工后的产品运回本企业并最终复出口的行为。

　　加工贸易外发作业流程如图3-4所示。

申请单位	承揽单位	进出口部	主管地海关	相关文件与说明

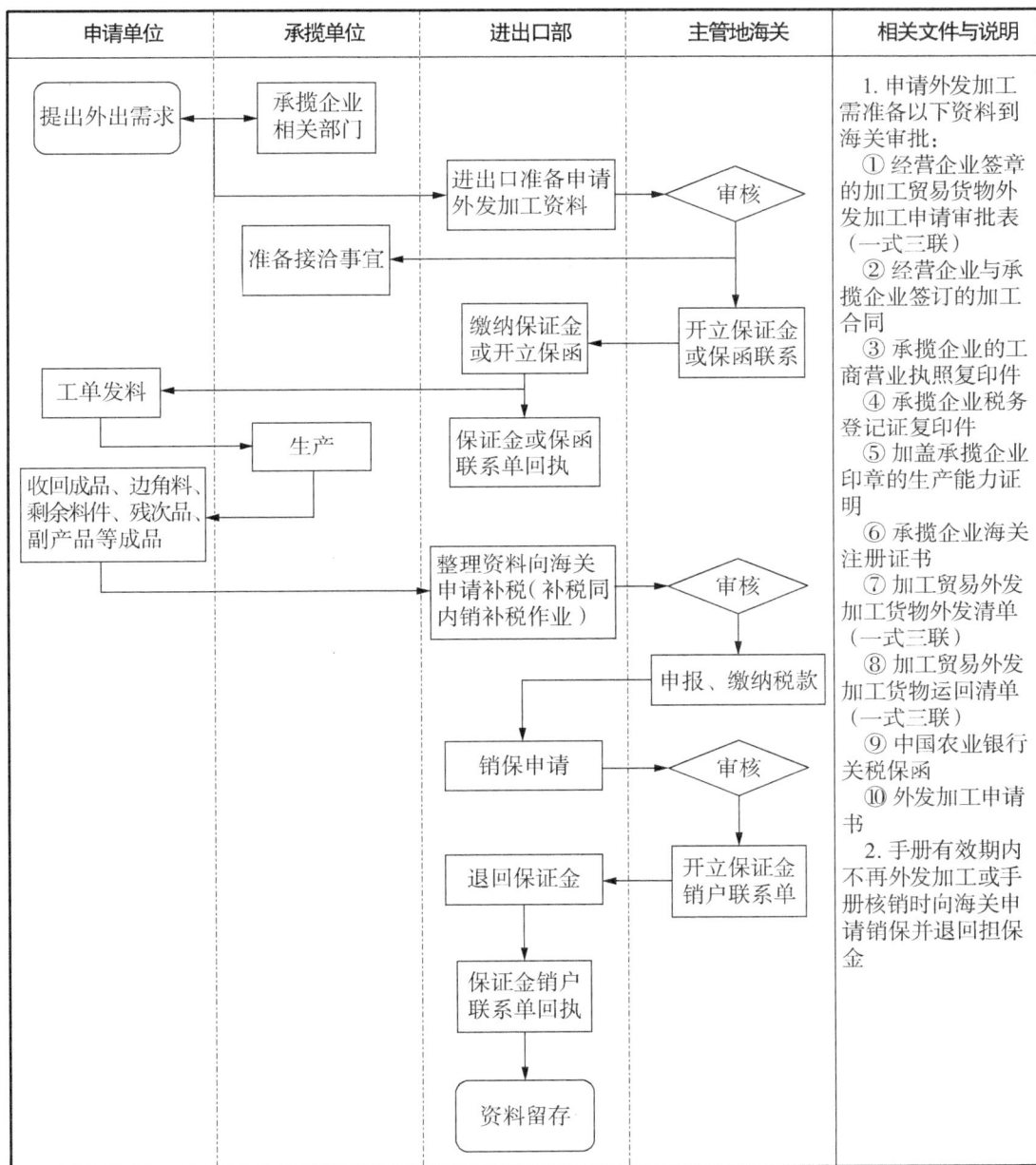

图3-4　加工贸易外发加工作业流程

　　"单耗"是指加工贸易企业在正常生产条件下加工单位成品所耗用的料件量,包括净耗和工艺损耗。"净耗"是指加工后料件通过物理变化或化学反应存在或转化到单位成品中的量。"工艺损耗"是指因加工工艺原因,料件在正常加工过程中除净耗外所必须耗用,但不能存在或转化到成品中的量，包括有形损耗和无形损耗。"工艺损耗率"是指工艺损耗占所耗用料件的百分比。单耗的计算公式为：

$$单耗=\frac{净耗}{（1-工艺损耗率）}$$

单耗申报的具体内容包括加工贸易项下料件和成品的商品名称、商品编号、计量单位、规格型号和品质；加工贸易项下成品的单耗；加工贸易同一料件有保税和非保税料件的，应当申报非保税料件的比例、商品名称、计量单位、规格型号和品质。

加工贸易外发加工是指加工贸易企业因受自身生产工序限制，经海关批准并办理有关手续，委托承揽企业对加工贸易出口产品生产环节的个别工序进行加工，在规定期限内将加工后的产品运回本企业并最终复出口的行为。

外发加工的成品、剩余料件及生产过程中产生的边角料、残次品、副产品等加工贸易货物，经经营企业所在地主管海关批准，可以不运回本企业。

经营企业申请开展外发加工业务，应当向海关提交的单证有经营企业签章的加工贸易货物外发加工申请表，经营企业与承揽企业签订的加工贸易合同或者协议，承揽企业营业执照复印件，经营企业签章的承揽企业经营状况和生产能力证明，海关需要收取的其他单证和材料。

（2）进出口报关

① 进出境货物报关。保税加工货物进出境由加工贸易经营单位或其代理人向海关申报。因为加工贸易企业在主管海关备案时已生成电子底账，所以企业在口岸海关报关时提供的有关单证内容必须与电子底账的数据要一致。

保税加工货物进出境报关的许可证件管理和税收征管要求如表3-4所示。

表3-4   许可证件管理和税收征管要求

货物类型	许可证	税收
进口料件	1. 一般免提交 2. 易制毒及监控化学品、消耗臭氧层物质、原油、成品油不能免	免提交（暂缓纳税）
出口成品	若国家规定需要提交的，不能免	1. 全部用进口料件加工的，免提交 2. 有国产料件的，涉及出口关税则须提交 3. 部分使用进口料件，部分使用国产料件，按海关核定的比例征收出口关税

② 深加工结转申报。深加工结转是指加工贸易企业将保税进口料件加工的产品转至另一加工贸易企业进一步加工后复出口的经营活动。其报关业务具体分为结转计划备案、收发货登记和结转报关3个环节。

加工贸易企业开展深加工结转，转入、转出企业应向各自主管海关提交保税加工货物深加工结转申请表，申报结转计划的过程：应先由转入企业报送进口保税核注清单，再由转出企业报送出口保税核注清单。

转出、转入企业办理结转计划申报手续后，应当按照经双方海关核准后的申请表进行实际收发货。转入、转出企业的每批次收发货记录应当在保税货物实际结转情况登记表上进行如实登记，并加盖企业结转专用名章。结转货物退货的，转入、转出企业应当将实际退货情况在登记表中进行登记，同时注明"退货"字样，并各自加盖企业结转专用名章。

转出、转入企业分别在转出地、转入地海关办理结转报关手续。转出、转入企业可以凭一份申请表分批或者集中办理报关手续。转出(入)企业每批实际发(收)货后,在 90 日内办结该批货物的报关手续。转入企业凭申请表、登记表等单证向转入地海关办理结转进口报关手续,并在结转进口报关后的第 2 个工作日内将报关情况通知转出企业。转出企业自接到转入企业通知之日起 10 日内,凭申请表、登记表等单证向转出地海关办理结转出口报关手续。结转进口、出口报关的申报价格为结转货物的实际成交价格。一份结转进口报关单对应一份结转出口报关单,两份报关单之间对应的申报序号、商品编码、数量、价格和手册号应当一致。结转货物分批报关的,企业应当同时提供申请表和登记表的原件和复印件。

为简化保税货物报关手续,在金关二期保税核注清单系统启用后,企业办理加工贸易货物余料结转、加工贸易货物销毁(处置后未获得收入)、加工贸易不作价设备结转手续的,可不再办理报关单申报手续;海关特殊监管区域、保税监管场所间或与区(场所)外企业间进出货物的,区(场所)内企业可不再办理备案清单申报手续。

（3）合同报核

① 报核和核销。报核是指加工贸易企业在加工贸易合同履行完毕或终止合同并按规定对未出口部分货物进行处理后,按照规定的期限和规定的程序,向加工贸易主管海关申请核销要求结案的行为。核销是指加工贸易经营企业加工复出口并对未出口部分货物办妥有关海关手续后,凭规定单证向海关申请解除监管,海关按规定审核予以办理解除监管的海关行政许可事项。

② 报核时间。经营企业应当在规定的期限内将进口料件加工复出口,并自加工贸易手册项下最后一批成品出口或者加工贸易手册到期之日起 30 日内向海关报核。经营企业对外签订的合同因故提前终止的,应当自合同终止之日起 30 日内向海关报核。

③ 报核单证。企业报核时所需的单证有企业合同核销申报表、加工贸易登记手册、进出口报关单、核销核算表和其他海关需要的资料。

④ 报核步骤如图 3-5 所示。

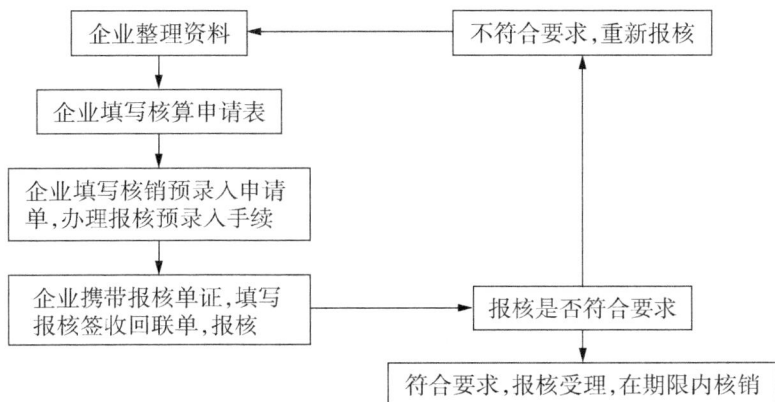

图3-5　报核步骤

⑤ 海关受理报核和核销。海关应当自受理报核之日起 30 日内予以核销。特殊情况需要延长的,经直属海关关长或者其授权的隶属海关关长批准可延长 30 日。

对经核销结案的加工贸易手册,海关向经营企业签发核销结案通知书。

思考

　　某金属制品有限公司 A（加工贸易一般信用管理企业）经批准从日本购进不锈钢材（进口自动许可证管理范围商品、加工贸易限制类商品）8 吨，每吨价值 1 600 美元，加工产品为手表表带。手表表带加工完毕后，由另一关区某钟表制品有限公司 B 装配手表出口。

　　请问：1. 在何地海关备案？
　　　　　2. 设立哪种形式的保证金台账？
　　　　　3. 备案时是否需要提交进口自动许可证？
　　　　　4. 是否需要加工贸易外发加工申请表？

　　2. 电子账册管理下的保税加工货物报关程序

　　（1）电子账册管理定义

　　电子账册管理是加工贸易联网监管中海关以加工贸易企业整体加工贸易业务为单元进行监管的一种加工贸易模式。海关为联网企业建立电子底账，联网企业只设立一个电子账册。根据联网企业的生产情况和海关的监管需要确定核销周期，并按照该核销周期对企业进行核销。

　　电子账册模式的适用对象是加工贸易进出口较为频繁，规模较大，原料和产品较为复杂，管理信息化程度较高且较完善的大型加工贸易企业。

　　电子账册模式联网监管的基本管理原则是：一次审批、分段备案、滚动核销、控制周转、联网核查。

　　（2）特点

　　① 对经营资格、经营范围、加工生产能力一次性审批，不再对加工贸易合同进行逐票审批。

　　② 先备案进口料件，在生产成品出口前，再备案成品及申报实际的单耗情况。

　　③ 建立以企业为单元的电子账册，实行滚动核销制度，取代以合同为单元的纸质手册。

　　④ 对进出口保税货物的总价值按照企业生产能力进行周转量控制，取消对进出口保税货物备案数量控制。

　　⑤ 企业通过计算机网络向商务部门和海关申请办理审批、备案及变更等手续。

　　⑥ 不实行银行保证金台账制度。

　　⑦ 纳入电子账册的加工贸易货物全额保税。

　　⑧ 凭电子身份认证卡实现全国口岸的通关。

　　（3）电子账册的建立

　　① 联网监管申请和审批。申请电子账册管理模式的加工贸易企业，先由商务主管部门对其经营范围依法进行审批后，加工贸易企业向所在地直属海关提出书面申请，并提交有关单证，经审核符合联网监管条件的，主管海关制发海关实施加工贸易联网监管通知书。

　　② 加工贸易业务的申请和审批。联网企业的加工贸易业务由商务主管部门审批，商务主管部门总审定联网企业的加工贸易资格、业务范围和加工生产能力。商务主管部门收到联网企业申请后，对非国家禁止开展的加工贸易业务，予以批准，并签发联网监管企业加工贸易业务批准证。

　　③ 建立商品归并关系和电子账册。联网企业凭商务主管部门签发的联网监管企业加工贸易业务批准证向所在地主管海关申请建立电子账册，取代纸质加工贸易登记手册。

电子账册包括经营范围电子账册和便捷通关电子账册。经营范围电子账册也称 IT 账册,不能直接报关,主要用来检查、控制便捷通关电子账册进出口商品的范围。便捷通关电子账册也称 E 账册,用于加工贸易货物的备案、通关和核销。

电子账册是在商品归并关系确立的基础上建立起来的,没有商品归并关系就不能建立电子账册,所以联网监管的实现依靠商品归并关系的建立。商品归并关系是指海关与联网企业根据监管的需要按照中文品名、HS 编码、价格、贸易管制等条件,将联网企业内部管理的“料号级”商品与电子账册备案的“项号级”商品归并或拆分,建立一对多或多对一的对应关系。“料号级”商品指企业进出口的保税料件和成品。“项号级”是办理便捷通关电子账册时备案的内容。归入同一个联网监管商品项号必须同时满足的条件有:10 位 HS 编码相同;商品名称相同;申报计量单位相同;规格型号虽不同但单价相差不大;根据归并原则基础产生企业物料表及归并关系数据,据此生成电子账册。

(4)报关程序

① 备案。备案具体包括经营范围电子账册备案和便捷通关电子账册备案。

企业凭商务主管部门的批准证通过网络向海关办理经营范围电子账册备案,备案内容为经营单位名称和代码、加工单位名称和代码、批准证件编号、加工生产能力、加工贸易进口料件和成品范围(商品编码前 4 位)。

企业通过网络向海关办理便捷通关电子账册备案手续,备案内容包括企业基本情况表、料件、成品部分、单耗关系。其他部分可以同时备案,也可以分阶段申请备案,但料件的备案必须在相关料件进口前备案。成品和单耗关系最迟在相关成品出口前备案。海关可根据企业的加工能力设定电子账册最大周转金额,并可对部分高风险或需要重点监管的料件设定最大周转数量。每一个企业一般只能申请建立一份便捷通关电子账册,但是如果企业设有无法人资格独立核算的分厂,料件、成品单独管理的,经海关批准,可另建立电子账册。企业须在异地口岸办理进出口报关或异地深加工结转报关手续的,可以向海关申请办理便捷通关电子账册异地报关备案。

② 备案变更。备案变更具体包括经营范围电子账册变更和便捷通关电子账册变更。

企业的经营范围、加工能力发生变更时,经商务主管部门批准后,通过网络向海关办理申请变更,海关予以审核通过的,出具联网监管企业加工贸易业务批准证变更证明。

便捷通关电子账册的最大周转金额、核销期限等需要变更时,企业应向海关提交申请,海关批准后直接变更。基本情况表的内容发生改变,只要未超出经营范围和加工能力,不必报商务主管部门审批,可以通过网络直接向海关申请变更。

③ 进出口报关。进出口报关具体包括进出境货物报关、深加工结转货物报关和其他保税加工货物的报关。

企业从系统导出料号级数据生成归并前的报关清单,通过网络发送到电子口岸。电子口岸将企业报送的报关清单根据归并原则进行归并,并分拆成报关单后发送回企业,由企业填报完整的报关单内容后,通过网络向海关正式申报。申报的数据应与备案的数据一致,企业按实际进出口的料件号和成品号填报报关单,并按照贸易货物的实际性质填报监管方式。在申报方式上,联网企业可根据实际需要选择有纸报关或无纸报关。联网企业进行无纸报关的,海关凭同时盖有申报单位和其代理企业的提货专用章的放行通知书办理“实货放行”手续;报关单位凭盖有经营单位、报关单位及报关员印章的纸质单证办理“事后交单”事宜。联网企业进行有纸报关的,应由本企业的报关员办理现场申报手续。

深加工结转货物报关参照纸质手册管理下的保税加工货物深加工结转报关程序。

其他保税加工货物的报关经主管海关批准,联网监管企业可按月度集中办理内销征税手续。在每个核销周期结束前，必须办结本期所有的内销征税手续。

④ 报核和核销。海关对采用电子账册管理模式的联网企业实行滚动核销的方式，按时间段进行核销。180天为一个报核周期，180天后的30天内报核，以后报核期限从上次报核之日起180天后的30天内。特殊情况可以延期，但延长期限不得超过60天。

企业报核分为预报核和正式报核。预报核是指企业在向海关正式申请核销前，在电子账册本次核销周期到期之日起30天内，将本核销期内申报的所有的电子账册进出口数据按海关要求的内容以电子报文形式向海关申请报核。海关通过计算机将企业的预报核报关单内容与电子账册数据进行比对，对比结果完全相同、计算机反馈"同意报核"的，企业应向海关递交下列单证，可以进入正式报核：企业核销期内的财务报表、纸质报关单、已征税的税款缴纳证复印件、企业电子账册报核总体情况表、保税进口料件盘点资料、归并参数表的纸质文本和海关认为需要的其他单证。正式报核是指企业预报核通过海关审核后，以预报核海关核准的报关数据为基础，准确、详细地填报本期保税进口料件的应当留存数量、实际流存数量等内容，以电子数据向海关正式申请报核。海关认为必要时可以要求企业进一步报送相关资料进行比对，对比不相符且属于企业填报有误的可以退单，要求企业必须重新申报。联网企业不再使用电子账册的，应当向海关申请核销。电子账册核销完毕，海关予以注销。

海关核销的基本目的是掌握企业在某个时段所进口的各项保税加工料件的使用、流转、损耗的情况，确认是否符合以下的平衡关系。

$$进口保税料件（含深加工结转进口）= 出口成品折料（含深加工结转出口）+$$
$$内销料件 + 内销成品折料 + 剩余料件 + 损耗 - 退运成品折料$$

海关除了需要对书面数据进行必要的核算外，还会根据实际情况盘库。经核对，企业报核数据与海关底账数据及盘点数据相符的，海关通过正式审核，打印核算结果，系统自动将本期的结余数作为下一期期初数；企业实际库存多于电子底账核算结果的，海关按实际库存量调整电子底账的当期结余数量；企业实际库存少于电子底账核算结果且可以提供正当理由的，按内销处理，不能提供正当理由的，对短缺部分，移交缉私部门处理。

3. 电子手册管理下的保税加工货物报关程序

电子手册管理是加工贸易联网管理的另一种监管方式。电子手册管理仍然以企业单个加工贸易合同为单元实施对保税加工货物的监管，但不再使用纸质手册。海关为联网企业建立电子底账，一个加工贸易合同建立一个电子手册。

（1）电子手册管理特点

① 以合同为单元进行管理。商务主管部门审批每份加工贸易合同，海关根据合同建立电子底账，企业根据合同的数量建立多本电子手册。

② 企业通过计算机网络向商务主管部门和海关申请办理合同审批和合同备案、变更等手续。

③ 纳入加工贸易银行保证金台账制度管理。

④ 纳入电子手册的加工贸易货物进口时全额保税。

⑤ 凭身份认证卡实现全国口岸的报关。

（2）电子手册的建立

电子手册的建立，要经过加工贸易经营企业的联网监管申请和审批、加工贸易业务的申请和审批、建立商品归并关系和电子手册3个步骤，基本程序同电子账册。

（3）报关程序

① 备案。备案电子手册的备案分为按合同常规备案和分段备案。合同常规备案除不申领纸质手册外，其他要求同纸质手册管理基本一样。分段备案是指将电子手册的相关内容分为合同

备案和通关备案两部分分别备案,通关备案的数据建立在合同备案数据的基础上。

② 备案变更。备案变更具体包括合同备案变更和通关备案变更。

企业办理合同备案变更手续应当通过电子口岸向主管海关发送合同备案变更数据,并提供企业的变更申请与商务主管部门出具的加工贸易业务批准证变更证明,以及相关单证材料。

如果通关备案已通过,在合同备案变更通过后,系统将会通过备案的数据自动进行变更。

③ 进出口报关。进出口报关具体包括进出境货物报关、深加工结转货物报关和其他保税加工货物的报关。

企业从系统导出料号级数据生成归并前的报关清单,通过电子口岸电子手册系统按规定格式录入当次进出境的料号级清单数据,并向电子口岸数据中心报送。数据中心将企业报送的报关清单根据归并原则进行归并生成报关单后发送回企业,由企业填报完整的报关单内容后,向海关正式申报。

深加工结转货物报关参照纸质手册管理下的保税加工货物深加工结转报关程序。

其他保税加工货物的报关参照纸质手册管理下的保税加工货物深加工结转报关程序。

④ 报核和核销。企业通过电子口岸数据中心向主管海关传送相关报核数据。海关对报核的电子手册进行数据核算,核对企业报核的数据与海关底账数据是否相同,核实企业申报的产品单耗与实际耗用量是否相符,企业内销征税情况与实际内销情况是否一致。海关对通过核销核算的电子手册进行结案处理,并打印结案通知书交付企业。

4. 出口加工区进出货物报关程序

(1)出口加工区简介

① 含义。出口加工区是指经国务院批准在我国境内设立的,由海关对保税加工进出口货物进行封闭式监管的特定区域。

② 功能。出口加工区的功能是保税加工、保税物流及研发、检测、维修等业务。

③ 管理。出口加工区是海关监管的特定区域,采用封闭式管理,加工区与境内其他地区之间有隔离设施及闭路电视监控系统,进出区通道有卡口。海关对货物及区内相关场所实行24小时监管。区内不得经营商业零售业务,不得建立营业性的生活消费设施。除安全人员和企业值班人员外,其他人员不得在加工区内居住。区内企业建立符合海关监管要求的电子计算机管理数据库并与海关实行电子计算机联网,进行电子数据交换。

出口加工区与境外之间进出的货物一般不实行进出口许可证管理。境内区外进入加工区货物视同出口,办理出口报关手续。从境外运入出口加工区的加工贸易货物全额保税。加工区内企业开展加工贸易不实行银行保证金台账制度,适用电子账册管理,实行备案电子账册的流动累扣、扣减,每6个月核销一次。区内从境外进口自用的生产、管理所需设备、物资,除交通车辆和生活用品外,予以免税。

(2)报关程序

出口加工区内企业在进出口货物之前,应向出口加工区主管海关申请建立电子账册,包括加工贸易电子账册(H账册)和企业设备电子账册。 出口加工区进出境货物和进出区货物通过电子账册办理报关手续。

① 与境外之间。区内企业从境外运进货物(见图3-6)或运出货物到境外(见图3-7),由收发货人或代理人填写进出境货物备案清单,向出口加工区海关报关。

对于跨关区进出境的出口加工区货物,除邮递物品、个人随身携带物品、跨越关区进口车辆和出区在异地口岸拼箱出口货物外,可按转关运输中的直转转关方式办理转关;同一直属海关关区内的出口加工区进出境货物,可直通式报关。

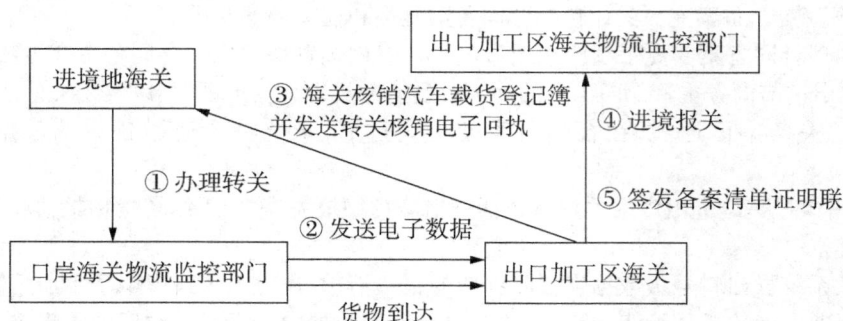

图3-6 境外货物运入出口加工区流程

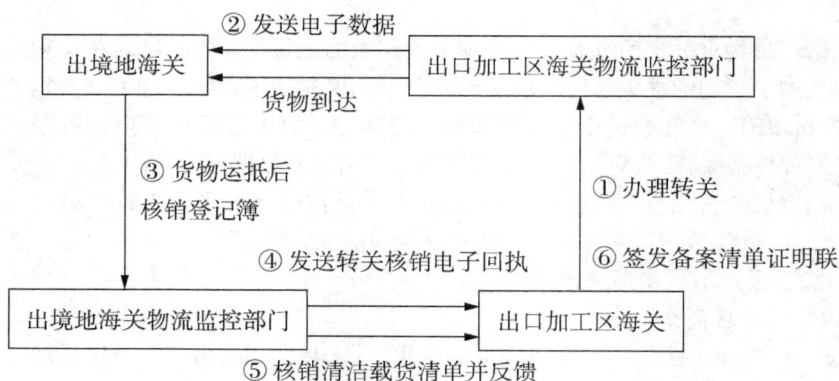

图3-7 出口加工区货物运往境外流程

② 与境内区外其他地区之间。

A. 出口加工区货物运往境内区外——区外企业报进口,区内企业报出口。由区外企业录入进口货物报关单,凭有关单据向出口加工区海关办理进口报关手续,报关结束后区内企业填制出境货物备案清单,办理出区报关手续。出口加工区海关放行货物后,向区外企业签发进口货物报关单付汇证明联,向区内企业签发出口加工区出境货物备案清单收汇证明联。其流程如图 3-8所示。

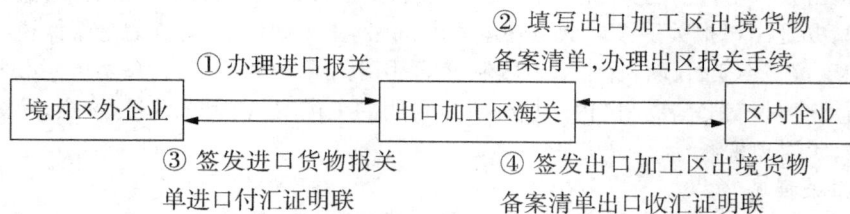

图3-8 出口加工区货物运往境内区外流程图

B. 境内区外货物运入出口加工区——区外企业报出口,区内企业报进口。由区外企业录入出口货物报关单,凭有关单据向出口加工区海关办理出口报关手续,报关结束后区内企业填制进境货物备案清单,办理进区报关手续。出口加工区海关查验、放行货物后,向区外企业签发出口货物报关单收汇证明联,向区内企业签发出口加工区进境货物备案清单付汇证明联。其流程如图 3-9 所示。

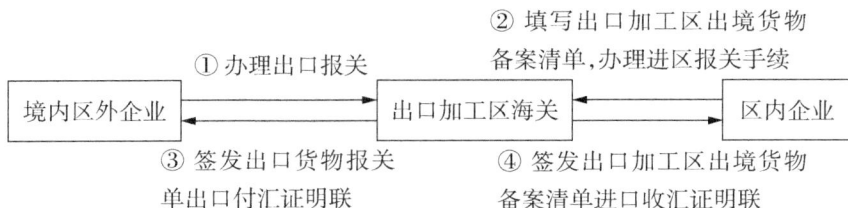

②填写出口加工区出境货物
①办理出口报关　　备案清单,办理进区报关手续

境内区外企业 ——→ 出口加工区海关 ⇄ 区内企业

③签发出口货物报关　　④签发出口加工区出境货物
单出口付汇证明联　　备案清单进口收汇证明联

图3-9　境内区外货物运往出口加工区流程图

③出口加工区货物出区深加工结转。

C.计划备案。转出企业自转入地海关备案之日起30日内向主管海关备案。

D.实际收发货登记。转出、转入企业办理结转备案后,凭双方海关核准的出口加工区深加工结转申请表进行实际收发货。转出企业的每批次发货记录应当在一式三联的出口加工区货物实际结转情况登记表上如实登记,转出地海关在"卡口"签注登记表后,货物出区。

E.结转报关。转出、转入企业每天实际收发货后,可以凭申请表和转出地卡口海关签注的登记表分批或集中办理报关手续,转出、转入企业每批实际收发货后应当在实际收发货日之日起30日内办结该批货物的报关手续,转入企业填报结转进口报关单,转出企业填报结转出口备案清单。一份结转进口报关单对应一份出口备案清单。

思考

出口加工区出区深加工结转与加工贸易保税货物深加工结转的区别。

5.珠海园区进出货物报关程序

（1）珠海园区简介

①含义。珠澳跨境工业区是指经国务院批准设立,在我国珠海经济特区和澳门特别行政区之间跨越珠海和澳门关境线,由中国海关和澳门海关共同监管的海关特殊监管区。

珠澳跨境工业区由珠海园区和澳门园区组成。

②功能。珠海园区具备保税物流、保税加工和国际转口贸易的功能。在珠海园区内可以开展的业务范围有:加工制造;检测、维修和研发;储存进出口货物和其他未办结海关手续的货物;国际转口贸易;国际采购、分销和配送;国际中转;商品展示、展销等。

③管理。珠海园区实行保税区政策,与境内其他地区之间进出货物在税收方面实行出口加工区政策。

法规禁止进出口的货物不得进出珠海园区,不得建立商业性生活消费设施,除安保和企业值班人外,其他人不得居住。区内企业实行电子账册监管制度和计算机联网管理制度。区内企业每年向珠海园区主管海关办理报核手续,海关在受理报核之日起30日内予以核销。区内企业有关账册、原始单证应当自核销结束之日起至少保留3年。区内企业开展加工贸易不实行台账制度,区内加工贸易货物内销不征收缓税利息。

（2）报关程序

①与境外之间。海关对珠海园区与境外之间进出的货物,实行备案制管理,相关人员填写进出境货物备案清单,向海关备案。对于珠海园区和境外之间进出的货物,可以办理集中申报手续,向园区主管海关申报,如货物不在园区主管海关管辖区域的,区内企业应当按照转关运输或者异地报关等方式进行办理。货物不实行进出口配额、许可证件管理。

②与境内区外其他地区之间。

A. 出区。珠海园区内货物运往区外视为进口。由区内企业填写进出境货物备案清单向园区主管海关办理申报手续,区外企业填制进口货物报关单向园区主管海关办理申报手续。需要征税的,按货物出区时实际状态征税;属于许可证件管理的,区内或区外企业还应当提交进口许可证件。

B. 进区。货物从境内区外运入珠海园区视为出口。海关按照货物出口的有关规定办理申报手续。需要征税的,按有关规定征税;属于许可证件管理的,区内或区外企业还应当提交进口许可证件。

三、保税物流货物

（一）含义

保税物流货物是指经海关批准未办理纳税手续进境,在境内进行分拨、配送或储存后复运出境的货物,也称保税仓储货物。

（二）特征

① 进境时暂缓纳税,复运出境免税,内销应当缴纳进口关税和进口环节海关代征税,不征收缓税利息。

② 进出境时除国家另有规定外免予交验进出口许可证件。

③ 进境海关现场放行不是结关,进境后必须进入海关保税监管场所和特殊监管区域,运离这些场所或区域必须办理结关手续。

（三）范围

① 进境经海关批准进入海关保税监管场所或特殊监管区域,保税储存后转口境外的货物。

② 已办理出口报关手续尚未离境,经海关批准进入海关保税监管场所或特殊监管区域储存的货物。

③ 经海关批准进入海关保税监管场所或特殊监管区域保税储存的加工贸易货物,供应国际航行船舶和航空器的油料、物料和维修用零部件,供维修外国产品所进口寄售的零配件,外商进境暂存货物。

④ 经海关批准进入海关保税监管场所或特殊监管区域保税的其他未办结海关手续的进境货物。

（四）管理

海关对保税物流货物的监管模式分为两类:一类是非物理围网的监管模式,包括保税仓库和出口监管仓库;另一类是物理围网的监管模式,包括保税物流中心、保税物流园区、保税区、保税港区和综合保税区。

对各种监管形式的保税物流货物的管理,主要分为以下5点。

1. 设立审批

保税物流货物必须存放在经过法定程序审批设立的保税监管场所或者特殊区域。保税仓库、出口监管仓库、保税物流中心要经过海关审批,并核发批准证书,凭批准证书设立及存放保税物流货物;保税物流园区、保税区、保税港区要经过国务院审批,凭国务院同意设立的批复设立,并经海关等部门验收合格才能进行保税物流货物的运作。

未经法定程序审批同意设立的任何场所或者区域都不得存放保税物流货物。

2. 准入保税

保税物流货物通过准予进入监管场所或监管区域来实现批准保税。以对保税监管场所或者特殊监管区域实施监管成为海关对保税物流货物监管的重要职责,海关应当依法监管场所或者区域,按批准存放范围准予货物进入保税监管场所或者区域,不符合规定存放范围的货物不准进入。

3. 纳税暂缓

凡是进境进入保税物流监管场所或特殊监管区域的保税物流货物在进境时都可以暂不办理进口纳税手续,等到运离海关保税监管场所或特殊监管区域时才办理纳税手续,或者征税,或者免税。

内销时保税物流货物不需要征收缓税利息,而保税加工货物(特殊监管区内的加工贸易货物和边角料外)内销征税时要征收缓税利息。

4. 监管延伸

(1)监管地点延伸

进境货物从进境地海关监管现场,已办结海关出口手续尚未离境的货物从出口申报地海关现场,延伸到保税监管场所或者特殊监管区域。

(2)监管时间延伸

① 保税仓库存放保税物流货物的时间是 1 年,可以申请延长,延长的时间最长为 1 年。

② 出口监管仓库存放保税物流货物的时间是 6 个月,可以申请延长,延长的时间最长为 6 个月。

③ 保税物流中心 A 型存放保税物流货物的时间是 1 年,可以申请延长,延长的时间最长为 1 年。

④ 保税物流中心 B 型存放保税物流货物的时间是 2 年,可以申请延长,延长的时间最长为 1 年。

⑤ 保税物流园区、保税区和保税港区存放保税物流货物的时间没有限制。

各种监管形式的保税物流货物的管理要点如表 3-5 所示。

表3-5 各种监管形式的保税物流货物的管理要点

监管场所区域名称	存货范围	储存期限	服务功能	注册资本不低于	面积(不低于)		审批权限	入区退税	备注
					东部	中西部			
保税仓库	进口	1 年 +1 年	储存	300 万元人民币	公用/维修 2 000m² 液体 5 000 m³		直属海关	否	按月报核
出口监管仓库	出口	半年 + 半年	储存/出口配送/国内结转		配送 5 000 m² 结转 1 000 m²			否	按月报核
保税物流中心	进出口	2 年 +1 年	储存/全球采购配送/国内结转/转口/中转	5 000 万元人民币	100 000m²	50 000m²	海关总署	是	
保税物流园区	进出口	无期限	储存/贸易/全球采购配送/中转/展示				国务院	是	按年报核
保税区	进出口	无期限	物流园区 + 维修/加工				国务院	否	离境退税
保税港区	进出口	无期限	保税区 + 港口				国务院	是	离境退税

说明:1. 出口配送型仓库可以存放为拼装出口货物而进口的货物。

2. 经批准享受入仓即退税政策的除外。

3. 保税物流中心 B 型的经营者不得开展物流业务。

5. 运离结关

除外发加工和暂时运离（维修、测试、展览等）需要继续监管外，每一批货物运离保税监管场所或者特殊监管区域，都必须根据货物的实际流向办结海关手续。

（五）报关程序

1. 保税仓库货物的报关程序

（1）保税仓库简介

① 含义。保税仓库是指经海关批准设立的专门存放保税货物及其他未办结海关手续货物的仓库。我国的保税仓库分为公用型、自用型、专用型三种。

公用型保税仓库由主营仓储业务的我国境内独立企业法人经营，专门向社会提供保税仓储服务。

自用型保税仓库由特定的我国境内独立企业法人经营，仅储存供企业自用的保税货物。

专用型保税仓库是储存具有特定用途或特殊种类商品的保税仓库。

② 功能。保税仓库功能单一，就是仓储，而且只能存放进境货物。经海关批准可以存入保税仓库的货物有加工贸易进口货物，转口贸易，供应国际航行船舶和航空器的油料、物料和维修用零部件，供维修外国产品所进口寄售的零配件，外商进境暂存货物，未办结海关手续的一般贸易进口货物和其他未办结海关手续的进境货物。

保税仓库不得存放国家禁止进境货物，不得存放未经批准的影响公共安全、公共卫生或健康、公共道德或秩序的国家限制进境货物，以及其他不得存入保税仓库的货物。

③ 设立。保税仓库应当设立在设有海关机构、便于海关监管的区域。申请设立保税仓库的企业应当是已在海关办理进出口收发货人注册登记，符合海关要求的企业。

企业申请设立保税仓库的，应向仓库所在地主管海关提交书面申请，提供能够符合海关要求的相关文件，由主管海关受理并报直属海关审批。

（2）报关程序

① 进仓报关。保税仓库货物在进境地入仓，除易制毒化学品、监控化学品、消耗臭氧层物质外，其他免领进口许可证。

如果保税仓库主管海关与进境口岸海关不是同一直属海关的，经营企业可以按照"提前报关转关"方式，先到仓库主管海关申报，再到口岸海关办理转关手续，货物运到仓库，由主管海关验放入仓；或者按照"直接转关"方式，先到口岸海关转关，货物运到仓库，向主管海关申报，验放入仓。

如果仓库主管海关与进境口岸海关是同一直属海关的，经直属海关批准，可不按转关运输方式办理，由经营企业直接在口岸海关办理报关手续，放行后企业自行提取货物入仓。

② 出仓报关。保税仓库货物出仓可能出现进口报关和出口报关两种情况，可逐一报关，也可集中报关。

进口报关是指保税仓库货物出仓运往境内其他地方转为正式进口的，必须经主管海关保税监管部门审核同意。转为正式进口的同一批货物，要填制两张报关单。一张办结出仓报关手续，填制出口货物报关单；一张办理进口申报手续，按实际进口监管方式，填制进口货物报关单。

保税仓库货物出仓办理进口手续分类如表 3-6 所示。

表3-6　保税仓库货物出仓办理进口手续分类表

类　型	进口报关手续办理
用于加工贸易	加工贸易企业或其代理人按保税加工货物的报关程序办理进口报关手续
用于可以享受特定减免税的特定地区、特定企业和特定用途	享受特定减免税的企业或其代理人按特定减免税货物的相关程序办理进口报关手续
进入国内市场或用于境内其他方面	收货人或其代理人按一般进口货物的报关程序办理进口报关手续
保税仓库内的寄售维修配件申请在保修期内免税出仓	保税仓库经营企业办理进口报关手续,填制进口货物报关单,贸易方式栏填写"无代价抵偿货物",并确认免税出仓的维修件在保修期内且不超过原设备进口之日起3年,维修件由外商免费提供,更换下的零部件合法处理

出口报关是指保税仓库货物出仓复运出境,按照转关运输方式办理出仓手续。仓库主管海关与进境口岸海关是同一直属海关的,经直属海关批准,可不按转关运输方式办理,由经营企业自行提取货物出仓到口岸海关办理出口报关手续。

保税货物出仓批量少,批次频繁的,经海关批准可以办理定期集中报关手续。集中报关出仓的,保税仓库经营企业应当向主管海关提出书面申请,主管海关审批后方可办理。为保证海关有效监管,企业当月出仓的货物最迟应在次月前5个工作日内办理报关手续,并且不得跨年度申报。

③ 流转报关。保税仓库与海关特殊监管区域或其他海关保税监管场所往来流转的货物,按转关运输有关规定办理相关手续。

保税仓库和特殊监管区域或其他海关保税监管场所是同一直属海关的,经直属海关批准,可以不按转关运输方式办理。

保税仓库货物转往保税仓库的,应当各自在仓库主管海关报关,报关时应先办理进口报关,再办理出口报关。

2. 出口监管仓库货物的报关程序

（1）出口监管仓库简介

① 含义。出口监管仓库是指经海关批准设立的,对已办结海关出口手续的货物进行储存、保税货物配送、提供流通性增值服务的海关专用监管仓库。

② 分类。出口监管仓库分为出口配送型和国内结转型两种。出口配送型仓库是指储存以实际离境为目的的出口货物仓库。国内结转型仓库是指储存用于国内结转的出口货物仓库。

③ 功能。出口监管仓库的功能只有仓储功能,用于存放出口货物。其存放货物的范围如表3-7所示。

表3-7　出口监管仓库存放货物范围表

允许存放	禁止存放
一般贸易出口的货物	国家禁止进出境的货物
加工贸易出口的货物	未经批准的国家限制进出境的货物
从其他海关特殊监管区域、场所转入的出口货物	海关规定不得存放的货物
其他已办结海关出口手续的货物	
为拼装出口货物而进口的货物	

④ 设立。出口监管仓库的设立应当符合区域物流发展和海关对出口监管仓库布局的要求，符合国家相关行政法规的规定。企业申请设立出口监管仓库，应当向仓库所在地主管海关提交书面申请，提供海关要求的有关文件。对符合条件的，海关做出准予设立的决定，并出具批准文件；对不符合条件的，做出不予设立的决定，并书面告知申请企业。其审批流程如图3-10所示。出口监管仓库验收合格后，经直属海关注册登记并核发中华人民共和国出口监管仓库注册登记证书，可以投入运营。

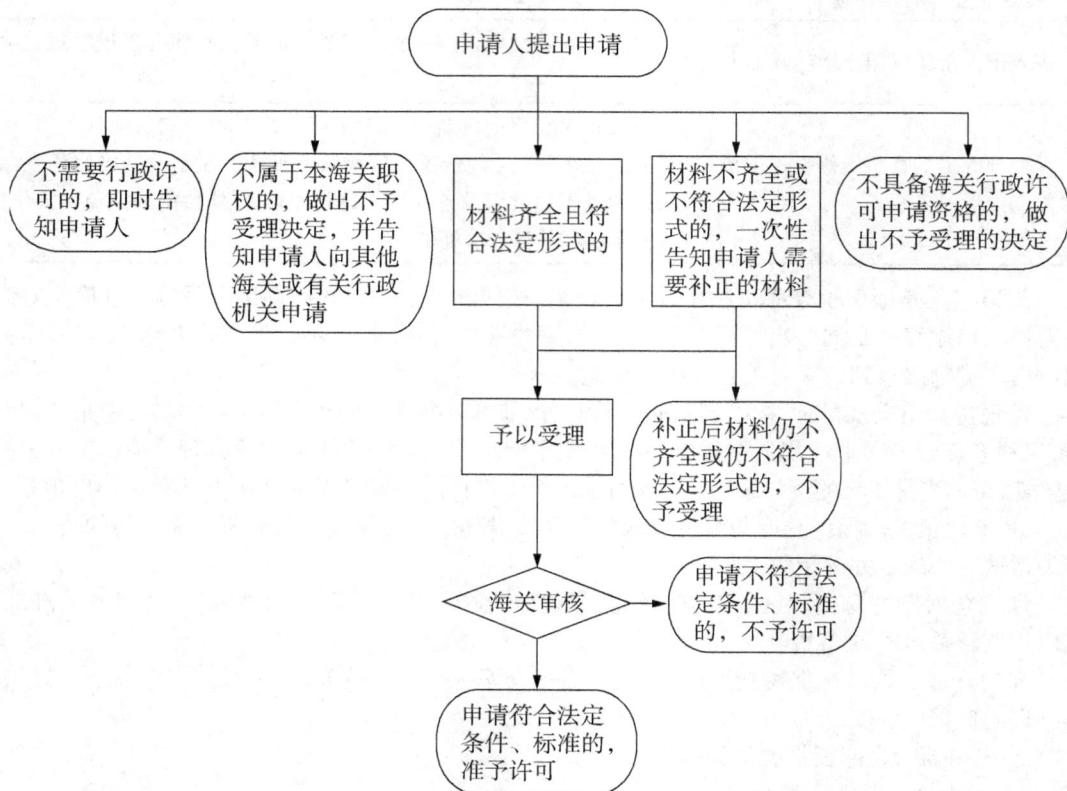

图3-10　出口监管仓库保税仓库设立审批流程

（2）报关程序

① 进仓报关。出口货物存入出口监管仓库时，发货人或其代理人应当向主管海关办理出口报关手续，填制出口货物报关单，按照国家规定应当提交出口许可证件和缴纳出口关税的，发货人或其代理人必须提交出口许可证件和缴纳出口关税。

发货人或其代理人按照海关规定提交报关必需的单证和仓库经营企业填制的出口监管仓库货物入仓清单。

对经批准享受入仓即退税政策的出口监管仓库，海关在货物入仓办结海关手续后即可退税，对不享受入仓即退税政策的出口监管仓库，海关在货物实际离境后办理退税手续。

经主管海关批准，对批量少、批次频繁的入仓货物，可以办理集中报关手续。

② 出仓报关。出口监管仓库货物出仓可能出现出口报关和进口报关两种情况。

出口报关是指出口监管仓库货物出仓离境时，仓库经营企业或者其代理人应当向主管海关申报，按海关规定提交报关必需的单证和仓库经营企业填制的出口监管仓库货物出仓清单。

为进一步便利企业办理出口监管仓库货物出入仓海关手续，海关总署自2018年7月6日决定,对已使用保税核注清单(或核增核扣表)办理出口监管仓库货物出入仓手续的,无须向海关提交出口监管仓库货物入仓清单、出口监管仓库货物出仓清单。

进口报关是指出口监管仓库货物转为进口,经海关批准后按照进口货物的有关规定办理相关手续。

出口监管仓库货物出仓办理进口手续如表3-8所示。

表3-8　出口监管仓库货物出仓办理进口手续分类表

类　型	进口报关手续办理
用于加工贸易	加工贸易企业或其代理人按保税加工货物的报关程序办理进口报关手续
用于可以享受特定减免税的特定地区、特定企业和特定用途	享受特定减免税的企业或其代理人按特定减免税货物的相关程序办理进口报关手续
进入国内市场或用于境内其他方面	收货人或其代理人按一般进口货物的报关程序办理进口报关手续

③ 结转报关。经转入、转出方所在地主管海关批准,并按照转关运输的规定办理相关手续后,出口监管仓库之间,出口监管仓库与保税区、出口加工、珠海园区、保税物流园区、保税港区、保税物流中心、保税仓库等特殊监管区域和保税监管场所之间可以进行货物流转。

④ 更换报关。对已存入出口监管仓库因质量等原因要求更换的货物,经仓库所在地主管海关批准可以进行更换。被更换货物出仓前,更换货物应当先行入仓,并应当与原货物的商品编码、品名、规格型号、数量和价值相同。

出口监管仓库货物与保税仓库货物监管比较如表3-9所示。

表3-9　出口监管仓库货物与保税仓库货物监管比较

类型 区别	保税仓库	出口监管仓库
相同点	均为直属海关批准设立的监管场所,注册资本不低于300万元	
	所有货物都为海关监管货物,不得擅自处理。货物在仓库储存期间发生损毁或灭失,应补税并承担相应的法律责任	
	可以在仓库内进行品质检验、分级分类、分拣分装、印刷运输标志、改换包装等流通性增值服务,但不得进行实质性加工	
	在每月初5个工作日之前或定期向主管海关申报,由海关核销	
	出仓出口报关,免出口关税和出口许可证件;出仓进口报关,按货物的实际去向办理相关海关手续	
不同点	专门存放保税货物及其他未办结进口海关手续货物	专门存放已办结海关出口手续进行储存、保税货物配送、流通性增值服务的货物
	储存期限为1年,经批准可延长1年	储存期限为6个月,经批准可延长6个月
	货物进库报关,免税、免许可证件	货物进仓报关,必须缴纳出口关税,提交许可证件
	货物实际离境,不能出口退税	货物实际离境,即可退税

思考

天津某设备进出口公司向海关申请设立寄售维修保税仓库。海关审批后同意设立。该公司从大连口岸进境一批设备维修零配件存入保税仓库。两个月后，因一批在保修期内的原进口设备维修需要，保税仓库经营企业向主管海关办理进口报关手续。

请问：1. 维修零配件的进仓报关应如何办理？

　　　2. 存入保税仓库的期限是多长？

3. 保税物流中心货物的报关程序

（1）保税物流中心简介

① 含义。保税物流中心是指经海关总署批准，由中国境内一家企业法人经营，多家企业进入并从事保税仓储物流服务的海关集中监管场所。

② 功能。保税物流中心是保税仓库和出口监管仓库功能的叠加，既可以存放进口货物，也可以存放出口货物，还可以开展多项增值服务，如表3-10所示。

表3-10 保税物流中心功能一览

存放货物的范围	可开展的业务	不得开展的业务
1. 国内出口货物 2. 转口货物和国际中转货物 3. 外商暂存货物 4. 加工贸易进出口货物 5. 供应国际航行船舶和航空器的物料、维修用零部件 6. 供维修外国产品所进口寄售的零配件 7. 未办结海关手续的一般贸易进口货物 8. 经海关批准的其他未办结海关手续的货物	1. 保税储存 2. 对所存货物开展流通性简单加工和增值服务 3. 全球采购和国际分拨、配送 4. 转口贸易和国际中转货物 5. 经批准的其他国际物流业务	1. 商业零售 2. 生产和加工制造 3. 维修、翻新和拆解 4. 储存国家禁止进出口货物，以及危害公共安全、公共卫生或者健康、公共道德或者秩序的国家限制进出口货物 5. 储存法律、法规明确规定不能享受保税政策的货物 6. 其他与物流中心无关的业务

③ 设立。保税物流中心应当设在靠近海港、空港、陆路枢纽及内陆国际物流需求量大，交通便利，设有海关机构且便于海关集中监管的地方。

保税物流中心的经营企业及其物流中心申请设立必须符合海关规定的条件。物流中心验收合格后，由海关总署向企业核发保税物流中心验收合格证书和保税物流中心注册登记证书，颁发保税物流中心标牌，方可开展有关业务。

（2）报关程序

① 与境外之间进出的货物报关。保税物流中心与境外之间进出货物，应向物流中心主管海关办理相关手续。保税物流中心与境外之间进出的货物，除实行出口配额管理和我国参加或缔结的国际条约及国家另有明确规定的以外，不实行进出口配额、许可证件管理。

从境外进入物流中心内的货物，凡属于规定存放货物范围内的货物予以保税；属于保税物流中心企业进口自用的办公用品、交通运输工具、生活消费品等，以及保税物流中心开展综合物流服务所需进口的机器、装卸设备、管理设备等，按照进口货物的有关规定和税收政策办理相关手续。

② 与境内之间的进出货物报关。保税物流中心内的货物运往所在关区外,或者跨越关区提取保税物流中心内的货物,可以在保税物流中心主管海关办理进出中心的报关手续,也可以按照境内监管货物转关运输的方式办理相关手续。

A. 出中心。出中心进入关境内其他地区视同进口,按货物进入境内的实际流向和实际状态填制进口报关单,办理进口报关手续。出中心运往境外填制出口货物报关单,办理出口报关手续。

B. 进中心。货物从境内进入物流中心视同出口,办理出口报关手续。从境内运入物流中心已办结报关手续或者从境内运入物流中心供中心内企业自用的国产设备及转关出口货物,海关签发出口退税报关单证明联。从境内运入物流中心的供中心企业自用的生活消费品、交通运输工具,供中心企业自用的各种进口设备和特殊监管区域之间往来的货物,海关不签发出口退税报关单证明联。

4. 保税物流园区进出货物的报关程序

(1) 保税物流园区简介

① 含义。保税物流园区是指经国务院批准设立,在保税区规划面积内或者毗邻保税区的特定港区内设立的,专门发展现代国际物流的海关特殊监管场所。

② 功能。保税物流园区的主要功能是保税物流,可以开展的保税物流业务包括:储存进出口货物及其他未办结海关手续的货物;对所存货物开展流通性简单加工和增值服务;进口贸易,包括转口贸易;国际采购、分配和配送;国际中转;商品展示和经海关批准的其他国际物流业务。

保税物流园区有以下禁止事项:除安全人员和相关部门、企业值班人员外,其他人员不得在园区内居住;园区内设立仓库、堆场、查验场和必要的业务指挥调度操作场所,不得建立工业生产加工场所和商业性消费设施;不得开展商业零售、加工制造、翻新、拆解及其他与园区无关的业务;法律、法规禁止进出口的货物、物品不得进出园区。

(2) 报关程序

① 与境外之间进出货物的报关。海关对园区与境外之间进出货物,除园区自用的免税进口货物、国际中转货物外,实行备案管理制度,填写进出境货物备案清单。

境外进入园区,除法律、法规另有规定外,不实行许可证件管理。

从园区运往境外的货物,除法律、法规另有规定外,免征出口关税,不实行许可证件管理。

② 与境内区外之间进出货物的报关。园区和区外之间进出货物,由区内或区外企业在园区主管海关办理申报手续。园区货物运往区外,视同进口。园区企业或者区外收货人或其代理人按照进口货物的有关规定向园区主管海关申报,海关按货物出园区时的实际监管方式办理相关手续,具体如表 3-11 所示。

表3-11　保税物流园区货物运往境内区外办理进口手续分类表

类　型	进口报关手续办理
进入国内市场	按一般进口货物报关,提供相关的许可证件,照章缴纳进口关税,进口环节增值税和消费税
用于加工贸易	按保税加工货物的报关程序办理进口报关手续
用于可以享受特定减免税的特定地区、特定企业和特定用途	享受特定减免税的企业或其代理人按特定减免税货物的相关程序办理进口报关手续

运往区外检测、维修的机器、设备和办公用品等不得留在区外使用,并自运出之日起 60 天内

运回区内。特殊情况应于期限届满前 10 天内申请延期，最多可延期 30 天。

区外货物运入园区，视同出口。由园区企业或者区外收货人或其代理人在园区主管海关办理出口申报手续，属于应当缴纳出口关税的商品，应当照章纳税；属于许可证件管理的商品，应当同时向海关出具有效的许可证件。具体分类如表 3-12 所示。

表3-12　区外货物运入保税物流园区办理出口手续分类表

类　型	出口报关手续办理
供区内企业开展业务的国产货物及其包装材料	区内企业或者区外发货人及其代理人填写出口货物报关单，海关按照对出口货物的有关规定办理
供区内行政管理机构及其经营主体和区内企业使用的国产基建物资、机器、装卸设备、管理设备等	海关按照对出口货物的有关规定办理
供区内行政管理及其经营主体和区内企业使用的生活消费品、办公用品、交通运输工具等	海关不予签发出口货物报关单退税证明联
原进口货物、包装物料、设备、基建物资等	区外企业应当向海关提供上述货物或者物品的清单，按照出口货物的有关规定办理申报手续，原已缴纳的关税、进口环节增值税和消费税不予退还
除已经流通性简单加工的货物外，区外进入园区的货物，因质量、规格型号与合同不符等原因，须原状返还出口企业进行更换的	园区企业应当在货物申报进入园区之日起 1 年内向园区主管海关申报办理退换手续，更换的货物进入园区时，可以免领出口许可证件，免征出口关税

③ 与其他特殊监管区域、保税监管场所之间往来货物的报关。海关对于园区与海关其他特殊监管区域或者保税监管场所之间往来的货物，继续实行保税监管。但货物从未实行国内货物入区、入仓环节出口退税制度的海关特殊监管区域或者保税监管场所转入园区的，按照货物实际离境的有关规定办理申报手续。

园区与其他特殊监管区域、保税监管场所之间的货物交易、流转，不征收进出口环节和国内流通环节的有关税费。

5. 保税区进出货物的报关程序

（1）保税区简介

① 含义。保税区是指经国务院批准设立，在中华人民共和国境内设立的由海关进行监管的特定区域。

知识拓展

中国的保税区

1990 年 6 月，经中央批准，在上海创办了中国第一保税区——上海外高桥保税区。自 1992 年以来，国务院又陆续批准设立了 15 个保税区和 1 个享有保税区优惠政策的经济开发区，即天津港、大连、张家港、深圳沙头角、深圳福田、福州、海口、厦门象屿、广州、青岛、宁波、汕头、深圳盐田港、珠海保税区及海南洋浦经济开发区。目前全国 15 个保税区隔离设施已全部经海关总署验收合格，正式投入运营。

② 功能。保税区具有出口加工、转口贸易、商品展示、仓储运输等多种功能,既有保税加工的功能,又有保税物流的功能。

③ 管理。保税区与境内其他地区之间,应当设置符合海关监管要求的隔离设施。保税区的禁止事项及物流管理内容与保税物流园区基本一致,关于加工贸易管理有如下规定。

A. 保税区企业开展加工贸易,除进口易制毒化学品、监控化学品、消耗臭氧层物质要提供进口许可证件,生产激光光盘要主管部门批准外,其他加工贸易料件进口免予交验许可证件。

B. 保税区内企业开展加工贸易,不实行银行保证金台账制度。

C. 区内加工企业加工的制成品及加工过程中产生的边角余料运往境外时,免征出口关税。

D. 运往非保税区时,应当按照国家有关规定向海关办理进口报关手续,并依法纳税,免交缓税利息。

（2）报关程序

保税区进出货物报关分为进出境报关和进出区报关,具体内容如表3-13所示。

表3-13　保税区货物报关程序分类表

报关类别	货物类别		报关程序要求
进出境	进出境自用货物	报关制——填写进出口货物报关单	许可证件:除进口易制毒化学品、监控化学品、消耗臭氧层等国家特殊货物外,不实行进出口许可证件管理
	进出境非自用货物	备案制——填写出境货物备案清单	税收:除交通车辆和生活用品外,其他区内企业及行政管理机构自用的办公用品、设备物资等,都予以免税
进出区	保税加工货物进出区	进区	报出口——填写出口报关单,提交手册及相关许可证件
		出区	报进口——根据货物不同流向,填写不同的进口报关单
	进出区外发加工	进区加工	凭外发加工合同向保税区海关备案,加工出区后核销。不填写进出口报关单,不缴纳税费
		出区加工	由区外经营企业在加工企业所在地海关办理加工贸易备案手续,办理手册及设立台账。加工期限6个月,特殊情况可延长6个月
	设备进出区	进出区	向保税区海关备案,不填写进出口报关单。 进区——不缴纳关税,国外进口已缴纳进口关税的货物不退还进口税 出区——向海关办理销案

6. 保税港区进出货物的报关程序

（1）保税港区简介

① 含义。保税港区是指经国务院批准,设立在国家对外开放的口岸港区和与之相连的特定区域内,具有口岸、物流、加工等功能的海关特殊监管区域。

知识拓展

中国的保税港区

我国已经设立了 14 个保税港区，按国务院批复的时间顺序分别是 2005 年成立的上海洋山港保税港区，2006 年成立的天津东疆保税港区、大连大窑湾保税港区，2007 年成立的海南洋浦保税港区，2008 年成立的宁波梅山保税港区、广西钦州保税港区、厦门海沧保税港区、青岛前湾保税港区、深圳前海湾保税港区、广州南沙保税港区、重庆两路寸滩保税港区和张家港保税港区，2009 年成立的烟台保税港区，2010 年成立的福州保税港区。

② 功能。保税港区具备中国海关所有特殊监管区域具备的全部功能，可开展的业务有：储存进出口货物和其他未办结海关手续的货物；国际转口贸易；国际采购、分销和配送；国际中转；检测和售后服务维修；商品展示；研发、加工、制造；港口作业；经海关批准的其他业务。

③ 管理。保税港区实行封闭式管理，保税港区享受保税区、出口加工区相关的税收和外汇管理政策。但也有下列禁止事项：区内不得居住人员；不得建立商业性生活消费设施和开展商业零售业务；禁止进出口的货物、物品不得进出保税港区；不得开展高耗能、高污染和资源性产品及列入《加工贸易禁止类商品目录》商品的加工贸易业务。

（2）报关程序

① 与境外之间。海关对保税港区与境外之间进出的货物实行备案制管理，对从境外进入保税港区的货物予以免税。货物收发货人应当如实填写进出境货物备案清单，向海关备案。

② 与区外非特殊监管区域或场所之间。保税港区与区外非特殊监管区域或场所之间进出的货物，分为出区和进区两种情形。

A. 一般贸易货物出区。一般贸易货物出区直接进入生产和消费领域流通的，按一般进口货物的报关程序办理海关手续。一般贸易货物出区符合保税和特定减免税条件的，可以按保税货物或者特定减免税货物的报关程序办理海关手续。

B. 加工贸易货物出区。区内加工贸易成品及残次品、副产品出区内销的，按一般进口货物办理进口手续，海关按内销时的实际状态征税，须提交许可证件。区内企业在加工生产过程中产生的边角料、废品，区内企D业提出书面申请并经海关批准，可以运往区外，海关按出区时的实际状态征税，免交许可证件。区内企业生产的加工贸易成品出区深加工结转按出口加工区结转程序办理海关手续。

C. 出区展示。参照海关对暂准进出境货物的管理规定办理有关手续。

D. 出区检测、维修。运往区外进行检测、维修的机器、设备、模具和办公用品等，不得在区外用于加工生产和使用，并且自运出之日起 60 天内运回保税港区，特殊情况应于期限届满前 7 天内申请延期，最多可延期 30 天。

E. 出区外发加工。委托区外企业加工的期限不得超过 6 个月，加工完毕后的货物应当按期运回保税港区。

F. 进区。区外货物进入保税港区，按货物出口的有关规定办理缴税手续。

③ 与其他海关特殊监管区域或者保税监管场所之间。保税港区与其他海关特殊监管区域或者保税监管场所之间往来的货物，实行保税监管。但对未实行退税的海关监管区域入区的，视同货物实际离境。

思考

　　天津大华皮革制造有限公司是"两头在外"的出口加工型企业。该公司的出口货物先报关出口,将货物运往香港等自由贸易区,实现出口退税。再将该批货物由境外进口到天津兴盛有限公司,形成所谓的"境外游"现象。整个流程既费时,又费钱。
　　请问:如何理解和克服"境外游"?

　　综上所述,对保税进出口货物的监管,不同围网监管区域、场所功能比较如图 3-11 所示。

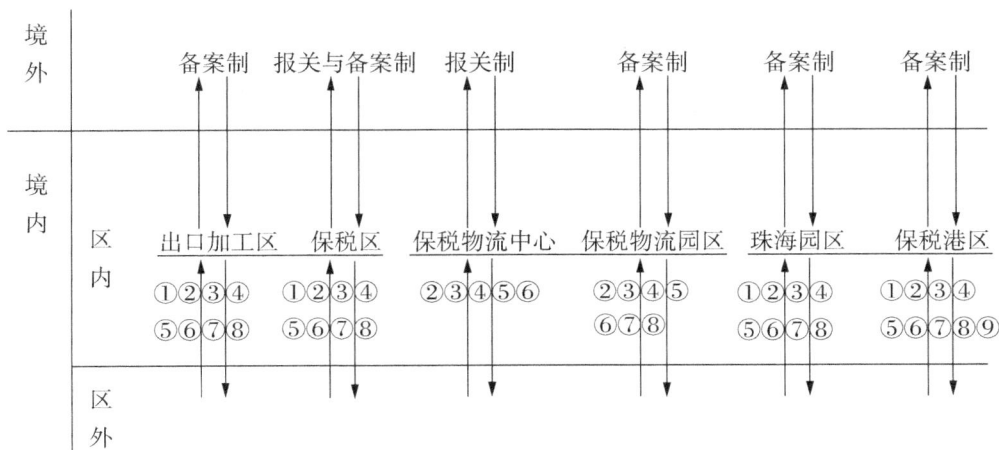

图3-11　不同围网监管区域、场所功能比较

各围网监管区域与境外进出关系:保税,免许可证件管理
各围网监管区域与境内区外视为进出口:征税,提供许可证件
注:① 保税加工　② 保税储存　③ 流通性简单加工和增值服务　④ 全球采购和国际分拨、配送
　　⑤ 国际中转　⑥ 转口贸易　⑦ 进出口贸易　⑧ 商品展示　⑨ 港口作业

第四节　特定减免税货物的报关程序

一、特定减免税货物概述

(一)含义

　　特定减免税货物是指海关根据国家政策规定对特定地区、特定企业、特定用途的进出口货物,给予减免进出口税收的优惠政策。
　　特定地区是指我国关境内由行政法规规定的某一特别限定区域,享受减免税优惠的进口货物只能在这一特别限定的区域内使用。
　　特定企业是指由国务院制定的行政法规专门规定的企业,享受减免税优惠的进口货物只能由这些专门规定的企业使用。

特定用途是指国家规定可以享受减免税优惠的进口货物只能用于行政法规专门规定的用途。

特定减免税货物类别如图 3-12 所示。

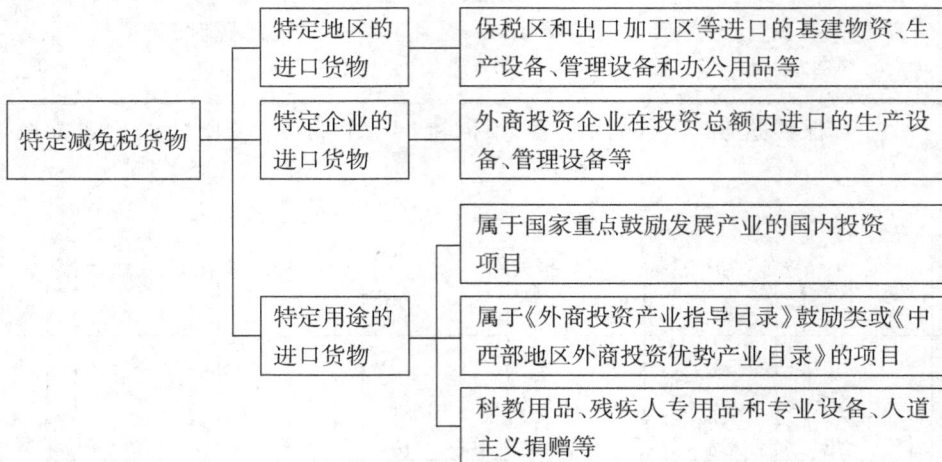

图3-12 特定减免税货物类别

（二）特征

1. 特定条件下减免进口关税

特定减免税是我国关税优惠政策的重要组成部分，是国家无偿向符合条件的进口货物使用企业提供的关税优惠，其目的是优先发展特定地区的经济，鼓励外商在我国的直接投资，促进国有大中型企业和科学、教育、文化、卫生事业的发展。这种关税优惠具有鲜明的特定性，只能在国家行政法规规定的特定条件下使用。

2. 进口申报应当提交进口许可证件

特定减免税货物是实际进口货物。按照国家有关进出境管理的法律、法规，凡属于进口需要交验许可证件的货物，收货人或其代理人都应当在进口申报时向海关提交进口许可证件。

3. 进口后在特定的海关监管期限内接受海关监管

进口货物享受特定减免税的条件之一就是在规定的期限，用于规定的地区、企业和用途，并接受海关监管。特定减免税进口货物的海关监管期限按照货物种类各有不同。其中，船舶、飞机为 8 年，机动车辆为 6 年，其他货物为 5 年。监管期限自货物进口之日起计算。

（三）范围

特定减免税货物大体分为特定地区减免税货物、特定企业减免税货物和特定用途减免税货物三类。

（四）管理

① 减免税备案、审批、税款担保和后续管理等相关手续应当由进口货物减免税申请人或其代理人办理。

② 减免税申请人有下列情形之一,可向海关申请凭税款担保先予办理货物放行手续。

A. 主管海关按照规定已经受理减免税备案申请或者审批申请但未办理完毕。

B. 有关进口税收优惠政策已经国务院批准,具体措施尚未明确,海关总署已确认减免税申请人属于享受该政策范围的。

C. 其他经海关总署核准的情况。

③ 在海关监管年限内,减免税申请人应当自进口减免税货物放行之日起,每年第一季度向主管海关递交减免税货物使用情况报告书,报告货物情况。海关监管年限及其后 3 年内,海关要进行稽查。

④ 减免税进口货物可以在两个享受特定减免税优惠的企业之间结转。结转时不予恢复减免税货物转出申请人的减免税额度,减免税货物转入申请人的减免税额度按照海关审定的货物结转时的价格、数量或者应缴税款扣减。

二、特定减免税货物的报关程序

特定减免税货物的报关程序分为减免税备案和审批、进口报关、后续处置和解除监管 3 个阶段。

(一)减免税备案和审批

为深入推进全国海关通关一体化改革,进一步提高通关效率,海关总署决定,自 2017 年 12 月 15 日起,在全国海关推广减免税申请无纸化,同时取消减免税备案。减免税申请人向投资项目所在地海关申请办理减免税备案。投资项目所在地涉及多个海关的,可以向其所在地海关或者有关海关的共同上级海关申请办理减免税备案、审批手续。有关海关的共同上级海关可以指定海关办理减免税备案、审批手续。

1. 减免税备案

减免税申请人向主管海关办理减免税备案手续,海关对其资格进行确认并对项目是否符合减免税政策要求进行审核并确定项目的减免税额度。

2. 减免税审批

① 除海关总署有明确规定外,减免税申请人或其代理人(以下简称申请人)可通过中国电子口岸 QP 预录入客户端减免税申报系统(以下简称 QP 系统)向海关提交减免税申请表及随附单证资料电子数据,无须以纸质形式提交。

② 申请人可在首次办理进口货物减免税手续时一并向海关提交涉及主体资格、项目资质、免税进口额度(数量)等信息(以下简称政策项目信息)相关材料,无须提前单独向海关办理政策项目备案。

其具体上传内容如下。

① 随附单证中涉及申请人主体资格、免税额度(数量)以及进口商业发票等,应全文上传。

② 进口合同页数较多的,含有买卖双方及进口代理人的基本信息,进口货物的名称、规格型号、技术参数、单价及总价、生产国别,合同随附的供货清单,运输方式及付款条件,价格组成条款,双方签字等内容的页面应当上传。进口合同有电子文本的,可上传合同的 PDF 格式文件,同时上传纸质合同的第一页和所有签章页。进口合同为外文的,应将以下条款翻译成中文,并将翻译文本签章扫描上传。

③ 进口货物相关技术资料和说明文件中,属于判定该货物能否享受优惠政策的内容应当

上传。

主管海关进行审核,确定其所申请货物的免税方式,依据其是否符合减免税政策要求决定签发进出口货物征免税证明。

进出口货物征免税证明的有效期一般为6个月,特殊情况可以向海关申请延长一次,延长的最长期限为6个月。实行"一批一证""一证一关"制。

（二）进口报关

特定减免货物进口报关程序可参照一般进出口货物报关程序中的有关内容。但特定减免税货物进口报关的有些具体手续和一般进出口货物的报关程序有所差异。

① 特定减免税货物进口报关时,进口货物收货人或其代理人除了提交一般要求的单证外,还必须提交进出口货物征免税证明。

② 特定减免税货物进口填制报关单时,要在报关单的"备案号"栏填写进出口货物征免税证明上的12位编号。

③ 特定减免税货物进口报关时,海关一般不豁免进口许可证件,但对外资企业和港澳台胞及侨资企业进口本企业自用的机器设备,可免交验进口许可证;外资企业在投资总额内进口涉及机电产品自动进口许可管理的,也可免交验有关许可证件。

（三）后续处置和解除监管

1. 后续处置

在海关监管年限内,减免税申请人有时改变货物当初的使用用途,这就需要后续处置。具体内容如表3-14所示。

表3-14   特定减免税货物后续处置

改变情形	后续处置
变更使用地点	向主管海关申请办理异地监管手续,经主管海关审核同意并通知转入地海关后,才可将减免税货物运至转入地海关管辖地,并由其进行异地监管
结转	转出、转入减免税货物的申请人应当分别向各自的主管海关办理减免税货物的出口、进口报关手续,先转出再转入
转让	应当事先向减免税申请人的主管海关申请办理减免税货物补缴税款和解除监管手续
移作他用	应当事先向主管海关提出申请,经海关批准,方可移作他用。减免税申请人应当按照移作他用的时间补缴相应税款
变更	减免税申请人发生分立、合并、股东变更、改制等变更情形的,须自营业执照颁发之日起30日内向主管海关汇报。是否补征税款或继续享受减免税待遇视情况而定
终止	因破产、改制或者其他情形导致减免税申请人终止,没有承受人的,应当自财产清算之日起30日内向主管海关申请办理减免税货物的补缴税款和解除监管手续
退运境外	须退运出境,应当报主管海关核准,退运出境后,持出口货物报关单向主管海关办理原进口减免税货物的解除监管手续,但不补征税款
贷款抵押	只能向金融机构抵押贷款,须向海关提供担保,并经主管海关同意

2. 解除监管

（1）自动解除监管

特定减免税进口货物期限届满时,减免税申请人不必向海关申请领取"中华人民共和国海关进口减免税货物解除监管证明"（以下简称解除监管证明）,有关减免税货物自动解除海关监管,可以自行处置。

（2）申请解除监管

① 期满申请解除监管。特定减免税进口货物监管期届满时,减免税申请人需要解除监管证明的,可以自监管年限届满之日起 1 年内,持有关单证向海关申领解除监管证明。海关应当自收到申请之日起 20 日内核实情况,填发解除监管证明。

② 期内申请解除监管。特定减免税货物在海关监管期内,因特殊原因出售、转让、放弃,或者企业破产清算的,原进出口货物征免税证明的申请人在办理有关进口货物的结关手续后,应当向原签发征免税证明的海关提出解除监管申请,主管海关审核后,签发解除监管证明。

知识拓展

特定减免税货物与保税货物的异同

1. 性质不同

特定减免税货物是实际进口货物,针对 3 个特定在符合条件的情况下给予的税收优惠措施。保税货物是针对进境又复运出境的特点简化了关税、证件手续的一种制度。

2. 前期准备不同

特定减免税货物：申领减免税证明。

保税货物：向海关备案,由海关核发加工贸易登记手册。

3. 监管不同

特定减免税货物：监管期满解除监管（时效）。

保税货物：根据去向不同分别办理相应的手续。

例3-2 南开大学减免税进口科研设备

南开大学邀请国外一学术代表团来华讲学,从天津国际机场口岸运进一批讲学必需用的设备。货物进口时,南开大学作为收货人委托天津开发区报关行在机场海关办理该批设备的进口手续。讲学结束后,南开大学和外国代表团协商决定留购该设备中一个国内没有的智能机器人,并以科教用品的名义办妥减免税手续,其余设备在规定期限内经天津国际机场复运出口。

该批设备进口时,由于属于国内外学术交流活动所需物品范畴,应按暂准进境货物申报进口。作为科教用品的机器人,属于减免税范畴的货物,应首先取得主管部门的批准,然后凭相关单证向海关申领征免税证明,以此办理机器人的进口减免税手续。

第五节　暂时进出境货物的报关程序

一、暂时进出境货物概述

（一）含义

暂时进出境货物是指为了特定的目的，经海关批准暂时进（出）境，按规定的期限原状复运出（进）境的货物。

（二）特征

1. 有条件的暂时免予缴纳税费

暂时进出境货物在向海关申报进出境时，不必缴纳进出口税费，但收发货人须向海关提供担保。

2. 一般免予提交进口许可证件

暂时进出境货物不是实际进出口货物，除我国缔结或参加的国际条约、协定以及国家法律、行政法规和海关总署规章另有规定外，暂时进出境货物免予交验许可证件。但涉及公共道德、公共安全、公共卫生所实施的进出境管制制度的暂准进出境货物应当凭许可证件进出境。

3. 规定期限内按原状复运进出境

暂时进出境货物除因正常使用而产生的折旧或损耗外，应当自进境或出境之日起6个月内复运出境或复运进境，经收发货人申请，海关可以根据规定延长复运出境或者复运进境期限。

4. 按货物实际使用情况办结海关手续

暂准进出境货物都必须在规定期限内，由货物的收发货人根据货物的不同情况向海关办理核销结关手续。

（三）范围

① 在展览会、交易会、会议以及类似活动中展示或使用的货物。
② 文化、体育交流活动中使用的表演、比赛用品。
③ 进行新闻报道或摄制电影、电视节目使用的仪器、设备及用品。
④ 开展科研、教学、医疗活动使用的仪器、设备和用品。
⑤ 上述4项活动中使用的交通工具及特种车辆。
⑥ 货样。
⑦ 慈善活动使用的仪器、设备及用品。
⑧ 供安装、调试、检测、修理设备时使用的仪器及工具。
⑨ 盛装货物的包装材料。
⑩ 旅游用自驾交通工具及其用品。
⑪ 工程施工中使用的设备、仪器及用品。
⑫ 测试用产品、设备、车辆。
⑬ 海关总署规定的其他暂时进出境货物。

思考

　　台湾某歌星到北京来开个人演唱会,为保障演出效果,将演唱会所需音响装在两个40英尺集装箱中,先行到京,演出结束后,这两个集装箱又返回台湾。

　　请问:海关将用何种监管方式对这两个集装箱办理入境手续?

二、暂准进出境货物的报关程序

　　ATA单证册持证人、非ATA单证册项下暂时进出境货物收发货人(以下简称持证人、收发货人)可以在申报前向主管地海关提交暂时进出境货物确认申请书,申请对有关货物是否属于暂时进出境货物进行审核确认,并且办理相关手续,也可以在申报环节直接向主管地海关办理暂时进出境货物的有关手续。

(一)使用ATA单证册的暂准进出境货物

　　1. ATA单证册概述

　　(1)含义

　　ATA单证册是暂准进口单证册的简称,是指由世界海关组织通过的《货物暂准进口公约》及其附约A和《关于货物暂准进口的ATA单证册海关公约》中规定的,用于替代各缔约方海关暂准进出口货物报关单和税费担保的国际通用的海关报关单证。

　　(2)格式

　　一份ATA单证册一般由8页ATA单证组成,包括绿色封面单证、黄色出口单证、白色进口单证、白色复出口单证、两页蓝色过境单证、黄色复进口单证、绿色封底。

　　我国海关只接受中文或者英文填写的ATA单证册。

　　(3)适用范围

　　在我国,ATA单证册仅限于展览会、交易会、会议及类似活动项下的货物。

　　(4)管理

　　① 出证担保机构。中国国际商会是我国ATA单证的出证和担保机构,负责签发出境ATA单证册,向海关报送所签发单证册的中文电子文本,协助海关确认ATA单证册的真伪,并且向海关承担ATA单证册持证人因违反暂时进出境规定而产生的相关税费、罚款。

　　② 管理机构。海关总署在北京海关设立ATA核销中心,对ATA单证册的进出境凭证进行核销、统计和追索,应成员方担保人的要求,依据有关原始凭证,提供ATA单证册项下进出境货物已经进境或者从我国复运出境的证明。

　　③ 延期审批。ATA单证册有效期限为自货物进出境之日起6个月,超过6个月的,向海关申请延期,延期最多不超过3次,每次延长期限不超过6个月。

　　ATA单证册项下货物需要延长复运出境期限的,持证人、收发货人应当在规定期限届满前向主管地海关办理延期手续,并且提交货物暂时进/出境延期办理单及相关材料。

　　直属海关受理延期申请的,于受理申请之日起20个工作日内制发"中华人民共和国海关货物暂时进/出境延期申请批准决定书"(或不批准决定书)。

　　④ 追索。ATA单证册项下暂时进境货物未能按照规定复运出境或过境的,ATA核销中心应当向中国国际贸易促进委员会(中国国际商会)提出追索。自提出追索之日起9个月内,中国

国际贸易促进委员会（中国国际商会）向海关提供货物已经在规定期限内复运出境或已经办理进口手续证明的，ATA 核销中心可以撤销追索；9 个月期满后未能提供上述证明的，中国国际贸易易促进委员会（中国国际商会）应当向海关支付税费和罚款。

2. 报关程序

（1）进出口申报

持 ATA 单证册向海关申报进出境货物，不需要向海关提交进出口许可证件，也不需要另外再提供担保。

① 进境申报。进境货物收货人或其代理人持 ATA 单证册向海关申报进境展览品，先在核准的出证协会即中国国际商会及其他商会，将 ATA 单证册上的内容先预录入海关与商会联网的 ATA 单证册电子核销系统，然后向展览会主管海关提交纸质 ATA 单证册、提货单等单证。

海关在白色进口单证上签注，并留存白色进口单证（正联），将存根联和 ATA 单证册其他各联退还给货物收货人或其代理人。

使用 ATA 单证册正常暂准进境流程如图 3-13 所示。

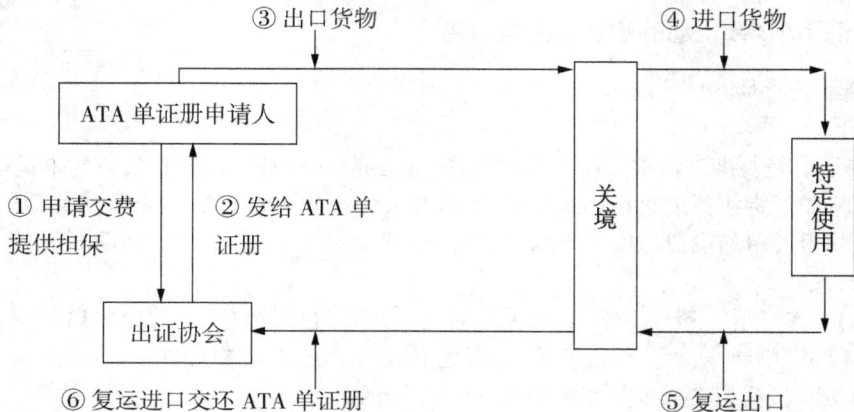

图3-13　使用ATA单证册正常暂准进境

② 出境申报。出境货物发货人或其代理人持 ATA 单证册向海关申报出境展览品时，向出境地海关提交国家主管部门的批准文件、纸质 ATA 单证册、装货单等单证。

海关在绿色封面单证和黄色出口单证上签注，并留存黄色出口单证（正联），退还其存根联和 ATA 单证册其他各联给出境货物发货人或其代理人。

③ 异地复运出境、过境申报。使用 ATA 单证册进出境的货物异地出境、过境申报，ATA 单证册持证人应当持主管海关签章的海关单证向复运出境地、过境地海关办理手续。主管海关凭出境地、过境地海关签章的海关单证办理核销结案手续。

④ 过境货物。承运人或其代理人持 ATA 单证册向海关申报将货物通过我国转运至第三国参加展览会的，不必填制过境货物报关单。海关在两份蓝色过境单证上分别签注后，留存蓝色过境单证（正联），退还其存根联和 ATA 单证册其他各联给运输工具的承运人或其代理人。

（2）结关

① 正常结关。持证人在规定的期限内，将进境展览品和出境展览品复运出境或复运进境，海关在白色复出口单证和黄色复进口单证上分别签注、留存单证正联，存根联随 ATA 单证册其他各联退持证人，正式核销结关。

② 非正常结关。持证人不能在规定期限内将展览品复运进出境的，我国海关向担保协会与中国国际商会提出索赔。

未正常使用一般有两种情况：一是货物未在规定的期限内复运出境,产生了暂时进境国(地区)海关对货物征税的问题；二是 ATA 单证册持证人未遵守暂时进境国(地区)海关的有关规定,产生了暂时进境国(地区)海关对持证人罚款的问题。ATA 单证册未正常使用的情况如图 3-14 所示。

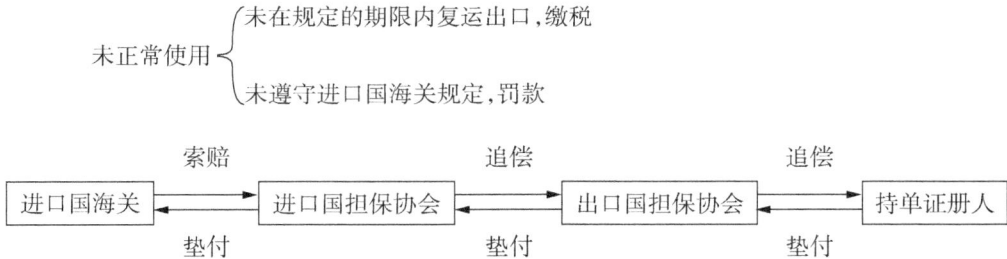

图3-14　ATA单证册未正常使用

使用 ATA 单证册暂准进出境货物因不可抗力的原因受损,无法原状复运出境、进境的,ATA 单证持证人应当及时向主管地海关报告,可以凭有关部门出具的证明材料办理复运出境、进境手续；因不可抗力的原因灭失或者失去使用价值的,经海关核实后可以视为该货物已经复运出境、进境。

因不可抗力以外的原因灭失或者受损的,ATA 单证持证人应当按照货物进出口的有关规定办理海关手续。

（二）不使用ATA单证册报关的展览品

1. 进出境展览品的范围

（1）进境展览品

进境展览品包括：在展览会中展示或示范用的货物、物品；为示范展出的机器或器具所需用的物品；展览者设置临时展台的建筑材料及装饰材料；供展览品做示范宣传用的电影片、幻灯片、录像带、录音带、说明书、广告、光盘、显示器材等。

以下与展出活动有关的物品也可按展览品申报进境：在展览活动中的小件样品；未展出的机器或者器件进行操作示范被消耗或者损坏的物料；布置、装饰临时展台消耗的低值货物；展览期间免费向观众散发的有关宣传品；供展览会使用的档案、表格及其他文件。

展览用品中使用的酒精饮料、烟叶制品、燃料,不适用有关免税规定。

展览会期间出售的小卖品,属于一般进口货物,进境时应当缴纳进口关税和进口环节代征税,属于许可证件管理的商品,应当交验许可证件。

（2）出境展览品

出境展览品包括国内单位赴国外举办展览会或参加外国博览会、展览会而运出的展览品,以及与展览活动有关的宣传品、布置品、招待品及其他公用物品。

与展览活动有关的小卖品、展卖品,可以按展览品报关出境,不按规定期限复运进境的,办理一般出口手续,交验出口许可证,缴纳出口关税。

2. 展览品的暂准进出境期限

展览品的暂准进出境期限参照 ATA 单证册要求。

3. 进出境申报

（1）备案

境内／境外举办展览会的办展人或参加展览会的办展人、参展人应在展览品进／出境20个工作日前,向主管地海关提交有关部门备案证明或批件、展品清单等相关单证,办理备案手续。

（2）申报

展览品进境申报可在展出地海关办理申报手续。如从非展出地进境,可在进境地办理转关运输手续,出境申报应在出境地海关办理。

展览品主办单位和其代理人,应当向海关提交报关单、展览品清单、提货单/装货单、发票、装箱单等。

（3）税款担保及许可证件

对于展览品,展览会主办单位和其代理人应向主管地海关提供担保。在海关指定场所或者海关派专人监管的场所举办展览会的,经主管地直属海关批准,参展的展览品可免予向海关提供担保。展览品中涉及检验检疫等管制的,还应当向海关提交有关许可证件。

出境展览品属于应缴纳出口关税的,参展企业需向海关缴纳相当于税款的保证金,属于两用物项用品及相关技术的出口管制商品,应当交验出口许可证。

（4）查验

海关对进出境展览品进行开箱查验,核对展览品清单。展览品开箱前,展览会主办单位或其代理人应当通知海关。海关查验时,展览品所有人或其代理人应当到场,负责搬移、开拆、封装货物。

4. 核销结关

暂准进出境货物核销结关分类的具体内容如表3-15所示。

表3-15　暂准进出境货物核销结关分类表

实际流向	报关程序
复运进出境	展览品所有人或其代理人凭海关签发的报关单证明联办理核销结关
转为正式进出口	展览会的主办单位或其代理人补办正式进出口手续,属于许可证件管理的,应当提交进出口许可证件
放弃	海关依法变卖后将款项上缴国库
进口展览品赠送	接受单位办理进口申报、纳税手续
进口展览品毁坏	报告海关,估价征税
进口展览品丢失、被窃	按进口同类货物征收进口税
不可抗力灭失、损毁	根据受损情况,减征或免征进口税

（三）其他暂时进出境货物

可以暂不缴纳税款的12项暂时进出境货物,除使用ATA单证册报关的货物,不使用ATA单证册报关的展览品、集装箱箱体按各自的监管方式由海关进行监管外,其余的均按其他暂时进出境货物进行监管,均属于其他暂时进出境货物的范围。

其他暂时进出境货物进出境核准属于海关行政许可事项,应当按照海关行政许可的程序办理。海关根据收发货人的申请,做出是否批准的决定。

其他暂时进出境货物报关程序和核销结关都与展览品相同。

例3-3

某市杂技团赴泰国演出,其主要道具是一个由多个零部件组成的巨型铁球。根据《中华人民共和国海关暂时进出境货物管理办法》等的规定,这些道具在出境时需要进行临时出境报关手续,并缴纳相当于税款的保证金或者海关依法认可的其他担保。在国外进境时同样需要按照泰国海关的规定办理烦琐的入境报关单、缴纳担保金等手续。此次演出前,该杂技团在货物运输代理的建议下,向当地贸促会申请了 ATA 单证册,提交了申请、货物清单表等纸质材料及相应担保金后,很快拿到了单证册,顺利通关。在回国后,又根据贸促会要求提交了核销申请,全额取回了担保金。

第六节　其他进出境货物的报关程序

一、过境货物

（一）概述

1. 含义

过境货物是指从境外起运,在我国境内(不论是否换装运输工具)通过陆路运输,继续运往境外的货物。

2. 范围

过境货物分为准予过境的货物,禁止过境的货物,具体内容如表 3-16 所示。

表3-16　过境货物分类

准予过境的货物	禁止过境的货物
与我国签有过境货物协议的国家的货物	来自或运往我国停止或禁止贸易的国家和地区的货物
与我国签有铁路联运协定的国家收发货的过境货物	各种武器、弹药、爆炸品及军需品(通过军事途径运输的除外)
未与我国签有过境货物协议但经商务部门、运输部门批准的,并向入境地海关备案后准予过境的货物	各种烈性毒药、麻醉品和鸦片、吗啡、海洛因、可卡因等毒品
	我国法律、法规禁止过境的其他货物、物品

3. 管理

海关对过境货物监管的目的是为了防止过境货物在运输途中滞留在我国境内,或将我国境内的货物混入过境货物随运出境,防止禁止过境的货物从我国过境。

（1）对过境货物经营人的要求

过境货物经营人应持批准文件和营业执照,向海关办理注册登记手续;装载过境货物的运输工具应当具有海关认可的加封条件或装置;运输部门或经营人应当负责保护海关封志的完整,任何人不能擅自开启或损毁。

（2）对过境货物管理的规定

① 民用爆炸品、医用麻醉品等的过境运输,应经海关总署及有关部门批准后,方可过境。

② 有伪报货名和国别,借以运输我国禁止过境货物的,以及其他违反我国法律、行政法规情形的,海关可依法将货物扣留。

③ 海关可以对过境货物实施查验,海关在查验过境货物时,经营人或承运人应当到场,负责搬移货物,开拆、封装货物。

④ 过境货物在境内发生损毁或者灭失的(除不可抗力原因造成外),经营人应当负责向出境地海关补办进口纳税手续。

（二）报关程序

1. 进出口报关
（1）进境报关

过境货物进境时,过境货物经营人或报关企业应当向海关递交过境货物报关单和运单、转载清单、载货清单及发票装箱清单,办理过境手续。

海关审核无误后,进境地海关在提运单上加盖"海关监管货物"戳记,并将过境货物报关单和过境货物清单制作成"关封"后加盖海关监管货物专用章,交经营人或报关企业。

（2）出境报关

过境货物出境时,过境货物经营人或报关单位应当及时向出境地海关申报,并递交进境地海关签发的"关封"和其他单证。

出境地海关审核有关单证、"关封"和货物,确认无误后,加盖放行章,监管货物出境。

2. 过境期限
过境货物的过境期限为6个月,如有特殊原因,可以向海关申请延期,经海关同意后,最长可延期3个月。如果超过规定的期限3个月仍未过境的,海关依法提取变卖,变卖后的货款按有关规定处理。

3. 在境内暂存和运输
① 因换装运输工具需要卸下储存时,应经海关批准并在海关监管下存入指定的仓库或场所。

② 在进境后、出境以前,应按照运输主管部门规定的路线运输,无规定的,由海关指定。

③ 海关可根据情况派员押运过境货物。

二、转运货物

（一）概述

1. 含义
转运货物是指从境外起运,通过我国境内设立海关的地点换装运输工具,不通过境内陆路运输,继续运往境外的货物。

2. 范围
进境运输工具载运的货物必须具备下列条件之一,方可办理转运手续。

① 持有转运或联运提单的。

② 进口载货清单上注明是转运货物的。

③ 持有普通提货单,但在卸货前向海关声明转运的。

④ 误卸下的进口货物,经运输工具经营人提供确实证件的。

⑤ 因特殊原因申请转运,获海关批准的。

3. 管理

海关对转运货物实施监管的目的在于防止货物在口岸换装过程中误进口或误出口。

海关对转运货物有以下监管规定。

① 外国转运货物在中国口岸存放期间,不得开拆、改换包装或进行加工。

② 转运货物必须在 3 个月之内办理海关有关手续并转运出境,超过规定期限 3 个月仍未转运出境或办理其他海关手续的,海关将提取依法变卖处理。

③ 海关对转运的外国货物有权进行查验。

（二）报关程序

① 转关货物的收发货人或其代理人、承运人或其代理人,以及监管作业场所经营人,凭海关转关货物电子放行信息,办理转关货物的提货和发运手续。

② 经海关同意后,在海关指定地点换装运输工具。

③ 在规定时间内运送出境。

三、通运货物

（一）含义

通运货物是指从境外起运,不通过境内陆路运输,运进境后由原运输工具载运出境的货物。

（二）报关程序

① 运输工具进境时,运输工具负责人应凭注明货物名称和数量的船舶进口报告书或国际民航机使用的进口载货舱单向进境地海关申报。

② 进境地海关接受申报后,在运输工具抵、离境时对申报的货物予以核查,并监管货物实际离境。

运输工具因装卸货物需要搬运或倒装货物时,应向海关申请并在海关的监管下进行。

过境、转运、通运货物的比较如表 3-17 所示。

表3-17　过境、转运、通运货物的比较

货物类型	运输形式	是否在我国境内换装运输工具	起运地和目的地	期　限
过境货物	通过我国境内陆路运输	不论是否换装	我国境外	6+3 个月
转运货物	不通过我国境内陆路运输	换装		3 个月
通运货物	由原装载航空器、船舶载运出境	不换装		无规定

思考

请对从莫斯科到河内的载货国际列车过境时应办理的手续进行排序。

1. 入境地海关在运单上加盖"海关监管货物"戳记。

2. 出境地海关审核有关单证、"关封"，核对货物无误后，加盖海关放行章，监管出境。

3. 入境地海关将过境货物报关单和过境货物清单制作"关封"后加盖海关监管货物专用章，连同运单一并交给列车负责人带交出境地海关。

4. 进境时列车负责人向进境地海关递交过境货物报关单及相关单证。

四、货样、广告品

（一）概述

1. 含义

货样是指专供订货参考的进出口货物样品，广告品是指用以宣传有关商品内容的进出口广告宣传品。

2. 分类

① 货样广告品 A：有进出口经营权的企业购买或售出的货样、广告品。

② 货样广告品 B：没有进出口经营权的企业（单位）进出口及免费提供进出口的货样、广告品。

（二）报关程序

进出口货样、广告品的报关程序除暂准进出境的货样、广告品外只有进出口报关阶段的 4 个环节，即申报、配合查验、缴纳税费、提取或装运货物。

1. 证件管理

① 有进出口经营权的企业，在其经营范围内进口非许可证件管理的货样、广告品（不论价购、价售或免费提供），凭经营权向海关申报。

没有进出口经营权的单位进口数量合理且价值在人民币 1 000 元以下的非许可证件管理的货样、广告品，凭其主管司、局级以上单位证明向海关申报。数量不合理或价值在人民币 1 000 元以上的，凭省级商务主管部门的审批证件向海关申报。

② 进口属于许可证管理的货样、广告品，凭进口许可证向海关申报。

③ 进口自动进口许可管理的机电产品和一般商品的货样、广告品，属每批次价值人民币 5 000 元以下的免领自动进口许可证。进口的货样、广告品属旧机电产品，须经程序审批并按有关旧机电产品进口的规定申报。

④ 出口货样每批次货值人民币 30 000 万元以下的免领出口许可证。运出境外的两用物项和技术的货样或实验用样品，按规定办理两用物项和技术出口许可证，凭两用物项和技术出口许可证向海关申报。

⑤ 列入《法检目录》范围内的进出口货样、广告品，凭出入境检验检疫部门签发的出入境货物通关单向海关申报。

2. 税收管理

进出口货样、广告品经海关审核数量合理且每次总值在人民币 400 元及以下的,免征关税和进口环节海关代征税。每次总值在人民币 400 元以上的,征收超出部分的关税和进口环节海关代征税。

五、租赁货物

（一）概述

1. 含义

租赁是指所有权和使用权之间的一种借贷关系,即由资产所有者(出租人)按契约约定,将租赁物件租给使用人(承租人),使用人在规定期限内支付租金并享有对租赁物件使用权的一种经济行为。跨越国(地区)境的租赁称为国际租赁。以国际租赁方式进出境的货物,即为租赁进出口货物。

2. 范围

国际租赁大体分为两种:一种是金融租赁,带有融资性质;一种是经营租赁,带有服务性质。

金融租赁进口货物一般不复运出境,租赁期满,以很低的名义价格转让承租人,承租人按合同约定分期支付租金,租金的总额一般都大于货价;经营租赁进口货物一般是暂时性的,按合同约定的期限复运出境,承租人按合同约定支付租金,租金总额一般都小于货价。

（二）报关程序

根据《关税条例》的规定,租赁进口货物的纳税义务人对租赁进口货物应当按照海关审定的租金作为完税价格缴纳进口税款,租金分期支付的可以选择一次性缴纳税款或者分期缴纳税款。选择一次性缴纳税款的可以按照海关审定的货物的价格作为完税价格,也可以按照海关审定的租金总额作为完税价格。

租赁进口货物的报关程序要根据纳税义务人对缴纳税款的完税价格的选择来决定。

1. 金融租赁进口货物的报关程序

金融租赁进口货物由于租金大于货价,纳税义务人会选择一次性按货价缴纳税款或者选择按租金分期缴纳税款,不可能选择一次性按租金的总额缴纳税款,这样,金融租赁进口货物的报关会出现以下 2 种情况。

（1）按货物的完税价格缴纳税款

收货人或其代理人在租赁货物进口时应当向海关提供租赁合同,按进口货物的实际价格向海关申报,提供相关的进口许可证件和其他单证,按海关审定的货物完税价格计算税款数额缴纳进口关税和进口环节海关代征税。

海关现场放行后,不再对货物进行监管。

（2）按租期分期缴纳税款

收货人或其代理人在租赁货物进口时应当向海关提供租赁合同,按照第一期应当支付的租金和按照货物的实际价格分别填制报关单向海关申报,提供相关的进口许可证件和其他单证,按海关审定的第一期租金的完税价格计算税款数额缴纳进口关税和进口环节海关代征税,海关按照货物的实际价格统计。

海关现场放行后,对货物继续进行监管。纳税义务人在每次支付租金后的 15 日内(含 15 日)按支付租金额向海关申报,并缴纳相应的进口关税和进口环节海关代征税,直到最后一期租金支付完毕。

需要后续监管的金融租赁进口货物租期届满之日起 30 日内,纳税义务人应当申请办结海关手续,将租赁进口货物退运出境;如不退运出境,以残值转让,则应当按照转让的价格审定完税价格计征进口关税和进口环节海关代征税。

2. 经营租赁进口货物的报关程序

经营租赁进口货物由于租金小于货价,货物在租赁期满应当返还出境,纳税义务人只会选择按租金缴纳税款,具体报关程序同金融租赁进口货物报关程序中的按租金分期缴纳税款。

六、加工贸易不作价设备

（一）概述

1. 含义

加工贸易不作价设备是指与加工贸易经营企业开展加工贸易的境外厂商,免费向经营单位提供的加工生产所需设备。

2. 范围

加工贸易境外厂商免费提供的不作价设备,如属于国家禁止进口商品和《外商投资项目不予免税的进口商品目录》所列商品,海关不能受理加工贸易不作价设备申请。除此以外的其他商品,加工贸易企业可以向海关提出加工贸易不作价设备免税进口的申请。

3. 特征

① 加工贸易不作价设备与保税加工货物的区别在于前者进境后使用时一般不改变形态,国家政策不强调复运出境;后者是加工贸易生产料件,进境后使用时一般改变形态,国家政策强调加工后复运出境。

② 加工贸易不作价设备与特定减免税设备的区别在于前者按保税货物管理,后者按特定减免税货物管理。

③ 加工贸易不作价设备与保税加工货物、特定减免税货物一样,在进口放行后需要继续监管。

（二）报关程序

加工贸易不作价设备的基本程序包括备案、报关、核销 3 个阶段。

1. 备案

加工贸易不作价设备的备案合同应当是订有加工贸易不作价设备条款的加工贸易合同或者加工贸易协议,单独的进口设备合同不能办理加工贸易不作价设备的合同备案。

加工贸易不作价设备的备案手续如下。

① 凭商务主管部门批准的加工贸易合同和批准件及加工贸易不作价设备申请备案清单向加工贸易合同备案地主管海关办理合同备案申请手续。

② 主管海关根据加工贸易合同、批准件、加工贸易不作价设备申请备案清单及其他有关单证,对照《外商投资项目不予免税的进口商品目录》,审核准予备案后,核发登记手册。

海关核发的加工贸易登记手册有效期为 1 年,1 年到期前,加工贸易经营企业向海关提出延期申请,延长期一般为 1 年,可以申请延长 4 次。

加工贸易不作价设备不纳入加工贸易银行保证金台账管理范围,因此不需要设立台账。海关可以根据情况对加工贸易不作价设备收取相当于进口设备应纳进口关税和进口环节海关代征税税款金额的保证金或者银行或非银行金融机构的保证函。

不在加工贸易合同或者协议里订明的单独进口的不作价设备及其零配件、零部件不予备案。

2. 报关

企业凭登记手册向口岸海关办理进口报关手续,口岸海关凭登记手册验放。

加工贸易不作价设备除国家另有规定外,进境时进口免税,不免进口环节增值税,如涉及许可证件管理的,可免交进口许可证件。

加工贸易不作价设备进口申报时,报关单"贸易方式"一栏填写"不作价设备"(代码0320)。

对临时进口(期限在6个月以内)加工贸易生产所需的不作价模具、单台设备,按暂准进境货物办理进口手续。

3. 核销

加工贸易不作价设备属于海关监管货物,海关监管期限根据特定减免税货物期限来对待,一般是5年。

申请解除监管有2种情况。

(1)监管期内

监管期限未满,企业申请提前解除监管,核销分类如表3-18所示。

表3-18 加工贸易不作价设备监管期内核销分类表

类 型	核销手续
结转	设备在享受同等待遇的不同企业之间结转或者转为征免税货物,转入和转出企业要填制报关单
转让	给不享受减免税优惠或者不能进口加工贸易不作价设备的企业,要经原加工贸易合同商务主管部门批准,并按规定办理进口报关手续,填制进口货物报关单,提供相关许可证件,缴纳进口关税
留用	监管期未满,本企业移作他用或未满监管期但加工贸易合同已经履约本企业留用,须由原备案加工贸易合同或者协议的商务主管部门审批,并按照规定办理进口海关手续,填制进口货物报关单,提供相应的证件,缴纳进口关税
修理、退换	可使用加工贸易不作价设备登记手册办理进出境手续,也可按照出境修理货物或无代价抵偿货物办理海关进出境手续
退运	由原备案加工贸易合同或者协议的商务主管部门审批,凭批准件和加工贸易不作价登记手册办理退运出境的海关手续

(2)监管期满

加工贸易不作价设备5年监管期满,如不退运出境,可以留用,也可以向海关申请放弃。

① 留用。监管期限已满的不作价设备,要求留在境内继续使用,企业可以向海关申请解除监管,也可以自动解除海关监管。

② 放弃。监管期满既不退运也不留用的加工贸易不作价设备,可以向海关申请放弃,海关比照放弃货物办理有关手续。放弃货物要填制进口货物报关单。

七、出料加工货物

（一）概述

1. 含义

出料加工货物是指我国境内企业运到境外进行技术加工后复运进境的货物。

2. 原则

出料加工的目的是为了借助国外先进的加工技术提高产品的质量和档次,因此,只有国内现有的技术手段无法或难以达到产品质量要求而必须运到境外进行某项加工的情况下,才可开展出料加工业务。

出料加工原则上不能改变原出口货物的物理形态。对完全改变原出口货物物理形态的出境加工,属于一般出口。

3. 管理

出料加工货物自运出境之日起 6 个月内应当复运进境,经海关批准,可以延期,延长的期限不得超过 3 个月。

（二）报关程序

出料加工货物的报关程序包括备案、进出口申报、核销 3 个阶段,具体内容如表 3-19 所示。

表3-19　出料加工货物的报关

阶段范围		报关程序
报关前期备案阶段		开展出料加工的经营企业应到主管海关办理出料加工合同的备案申请手续,海关核发出料加工登记手册
进出口阶段	出境申报	向海关提交登记手册、出口货物报关单、货运单据及其他海关需要的单证申报出口,属许可证件管理的商品,免交许可证件;属于应征出口税的,应提供担保
	进境申报	向海关提交登记手册、出口货物报关单、货运单据及其他海关需要的单证申报出口,以境外加工费、材料费、复运进境的运输及其相关费用和保险费审查确定完税价格征收进口关税和进口环节海关代征税
报关后续核销阶段		出料加工货物全部复运进境后,经营人应当向海关报核,退还保证金或者撤销担保。出料加工货物未按海关允许期限复运进境的,海关按一般进口货物办理,将货物出境时收取的税款担保金转为税款,货物进境时按一般进口货物征收进口关税和进口环节海关代征税

八、无代价抵偿货物

（一）概述

1. 含义

无代价抵偿货物是指进出口货物在海关放行后,因残损、缺少、品质不良或规格不符,由进出口货物的发货人、承运人或者保险公司免费补偿或更换的与原货物相同或者与合同约定相符的货物。

收发货人申报进出口的无代价抵偿货物,与退运出境或者退运进境的原货物不完全相同或者与合同约定不完全相符的,经收发货人说明理由,海关审核认为理由正当且税则号列未发生改变的,仍属于无代价抵偿货物范围。

收发货人申报进出口的免费补偿或者更换的货物,其税则号列与原进出口货物不一致的,不属于无代价抵偿货物范畴,属于一般进出口货物的范围。

2. 特征

① 免交进出口许可证件。

② 不征收进口关税和进口代征税,出口无代价抵偿货物不征收出口关税。

③ 现场放行后,海关不再进行监管。

(二)报关程序

无代价抵偿大体可以分为两种情况:一种是短少抵偿;一种是残损、品质不良或规格不符抵偿。

因短少抵偿,无须将货物退运进出境,直接将短少部分货物再运出境或运进境,由于前面都已申报过,无须征税和交验许可证件。

因残损、品质不良或规格不符引起的无代价抵偿货物,进出口前应先办理有关海关手续。如不放弃也不退运则按一般进出口货物办理相关手续。无代价抵偿货物报关的具体内容如表3-20所示。

表3-20　无代价抵偿货物的报关

情　形	报关程序
无代价抵偿货物报关程序	应办理被更换货物的原进出口货物中残损、品质不良或规格不符货物的退运进出境的报关手续;被更换的原进口货物中残损、品质不良或规格不符的货物不退运出境,但愿意放弃交由海关处理的,凭海关提供的依据申报进口无代价抵偿货物;不退运出境也不放弃的,按一般进出口货物办理,缴纳进出口税费,交验相应的许可证件
无代价抵偿货物的实质	免费补偿或更换原货物必须相同或相符的货物;直接赔偿;被更换货物必须退运进出境或放弃交海关处理,否则视为一般进出口货物
报关应提供的单证	原进出口货物报关单,原货物退运进出境的报关单或海关处理证明,税款缴纳书或征免税证明,索赔协议,检验证明(海关认为需要时提供)
期限	应在原进出口合同约定的索赔期限内且不超过原货物进出口之日起3年

思考

天津某航运公司完税进口一批驳船,使用不久后发现大部分驳船油漆剥落,于是向境外供应商提出索赔,供应商同意减价60万美元,并应进口方的要求以等值的驳船用润滑油补偿。

请问:该批润滑油进口时应按"无代价抵偿货物"报关,还是按"一般进出口货物"报关?

九、进出境修理货物

进出境修理货物是指运进(出)境进行维护修理后复运出(进)境的机械设备、运输工具或其他货物,以及为维修这些货物所需的进(出)口原材料、零部件。进出境修理货物的报关程序如表3-21所示。

表3-21　进出境修理货物

货物类型		海关监管特征	规定期限	备　注
进境修理货物		免缴进口关税和代征税,但要提供担保并接受海关后续监管	进出境修理之日起6个月,可申请延长6个月。超过规定期限复运进出境的,按一般进出口货物计征税费,并交验进出口许可证件	进出境修理货物属海关监管货物,复运进出境后应办理销案手续,未复运进出境的,按一般进出口申报纳税
出境修理货物	保修期内	由境外免费维修的,免征进口税费,免交验许可证件;收取费用的,以修理费和材料费审定完税价格计征进口税费		
	保修期外	按境外修理费和材料费审定完税价格计征进口税费,免交验许可证件		

思考

符合出境修理货物和出料加工货物海关规定的表述有_____。

1. 两者在境外的期限都为6个月,可申请延长但不超过3个月
2. 两者都须在规定的期限内复运进境,否则按一般进口货物计征进口关税和进口环节税
3. 两者出境申报都可免征出口税,免交验许可证件,但应提供担保
4. 两者复运进境时都应以境外的实际费用为完税价格计征进口税费

十、电子商务进出境货物、物品

（一）概念界定

①"电子商务企业"是指通过自建或者利用第三方电子商务交易平台开展跨境贸易电子商务业务的境内企业,以及提供交易服务的跨境贸易电子商务第三方平台提供企业。

②"个人"是指境内居民。

③"电子商务交易平台"是指跨境贸易电子商务进出境货物、物品实现交易、支付、配送并经海关认可且与海关联网的平台。

④"电子商务通关服务平台"是指由电子口岸搭建,实现企业、海关及相关管理部门之间数据交换与信息共享的平台。

⑤"电子商务通关管理平台"是指由中国海关搭建,实现对跨境贸易电子商务交易、仓储、物流和通关环节电子监管执法的平台。

（二）企业注册登记及备案管理

① 开展电子商务业务的企业，如需向海关办理报关业务，应按照海关对报关单位注册登记管理的相关规定，在海关办理注册登记。上述企业需要变更注册登记信息、注销的，应按照注册登记管理的相关规定办理。

② 开展电子商务业务的海关监管场所经营人应建立完善的电子仓储管理系统，将电子仓储管理系统的底账数据通过电子商务通关服务平台与海关联网对接；电子商务交易平台应将平台交易电子底账数据通过电子商务通关服务平台与海关联网对接；电子商务企业、支付企业、物流企业应将电子商务进出境货物、物品交易原始数据通过电子商务通关服务平台与海关联网对接。

③ 电子商务企业应将电子商务进出境货物、物品信息提前向海关备案，货物、物品信息应包括海关认可的货物 10 位海关商品编码及物品 8 位税号。

（三）电子商务进出境货物、物品通关管理

① 电子商务企业或个人、支付企业、物流企业应在电子商务进出境货物、物品申报前，分别向海关提交订单、支付、物流等信息。

② 电子商务企业或其代理人应在运载电子商务进境货物的运输工具申报进境之日起 14 日内，电子商务出境货物运抵海关监管场所后、装货 24 小时前，按照已向海关发送的订单、支付、物流等信息，如实填制货物清单，逐票办理货物通关手续。个人进出境物品，应由本人或其代理人如实填制物品清单，逐票办理物品通关手续。

除特殊情况外，货物清单、物品清单、进出口货物报关单应采取通关无纸化作业方式进行申报。

③ 电子商务企业或其代理人应于每月 10 日前（当月 10 日是法定节假日或法定休息日的，顺延至其后的第一个工作日，第 12 月的清单汇总应于当月最后一个工作日前完成），将上月结关的货物清单依据清单表头同一经营单位、同一运输方式、同一起运国 / 运抵国、同一进出境口岸，以及清单表体同一 10 位海关商品编码、同一申报计量单位、同一法定计量单位、同一币制规则进行归并，按照进、出境分别汇总形成进出口货物报关单向海关申报。电子商务企业或其代理人未能按规定将货物清单汇总形成进出口货物报关单向海关申报的，海关将不再接受相关企业以"清单核放、汇总申报"方式办理电子商务进出境货物报关手续，直至其完成相应的汇总申报工作。

④ 电子商务企业在以货物清单方式办理申报手续时，应按照一般进出口货物有关规定办理征免税手续，并提交相关许可证件；在汇总形成进出口货物报关单向海关申报时，无须再次办理相关征免税手续及提交许可证件。个人在以物品清单方式办理申报手续时，应按照进出境个人邮递物品有关规定办理征免税手续，属于进出境管制的物品，须提交相关部门的批准文件。

⑤ 电子商务企业或个人修改或者撤销货物清单、物品清单，应参照现行海关进出口货物报关单修改或撤销等有关规定办理，其中货物清单修改或撤销后，对应的进出口货物报关单也应做相应的修改或撤销。

⑥ 进出口货物报关单上的"进出口日期"以海关接受进出口货物报关单申报的日期为准。

⑦ 电子商务进出境货物、物品放行后，电子商务企业应按有关规定接受海关开展后续监管。

十一、集装箱箱体

（一）范围

集装箱箱体既是一种运输设备又是一种货物。当用集装箱装载进出口货物时，集装箱箱体作为运输设备申报；当一个企业购买进口和销售出口集装箱时，集装箱箱体就是普通的进出口货物。

集装箱箱体作为货物进出口是一次性的，而在通常情况下是作为运输设备暂准进出境的。

本书介绍的是后一种情况。

（二）报关程序

暂准进出境的集装箱箱体报关有以下 2 种情况。

① 境内生产的集装箱及我国营运人购买进口的集装箱在投入国际运输前向所在地海关办理登记手续。海关准予登记并符合规定的集装箱箱体，无论是否装载货物，海关准予暂时进境和异地出境，营运人或其代理人无须对箱体单独向海关办理报关手续，进出境时也不受规定的期限限制。

② 境外集装箱箱体暂准进境，无论是否装载货物，承运人或其代理人都应当向海关申报。并应当自入境之日起 6 个月内复运出境，特殊情况延期不超过 3 个月。

十二、溢卸货物和误卸货物

（一）概述

1. 含义

溢卸货物是指未列入进口载货清单、提单、运单的货物，或多于进口载货清单、提单或运单所列数量的货物。

误卸货物是指将运境外港口、车站或其他境内港口、车站而在本港卸下的货物。

2. 管理

经海关核实的溢卸货物和误卸货物，自运输工具卸货之日起 3 个月内，由载运该货物的原运输工具负责人向海关申请办理退运出境手续，或由该货物的收发货人向海关申请办理退运或者申报进口手续，特殊情况下经海关批准，可延期 3 个月办理手续，超出上述期限的，海关提取依法变卖处理。属于危险品或鲜活、易腐、易烂、易失效、易变质、易贬值等不宜长期保存的货物，海关可根据实际情况提前提取依法变卖处理。

（二）报关程序

溢卸货物和误卸货物报关程序是根据该货物的处置来决定的，具体内容如表 3-22 所示。

表3-22　溢卸货物和误卸货物

情　形	报关程序
适用溢卸货物	1. 就地进口：由原收货人接受的，向进境地海关按一般进口货物报关程序办理进口手续 2. 溢短相补：将溢卸货物抵补短卸货物的，限于同一运输工具、同一品种货物。非同一运输工具或同一运输工具非同一航次的，限于同一运输公司、同一发货人、同一品种的进口货物。短卸货物原收货人按照无代价抵偿货物的报关程序办理相关手续
适用误卸货物	物归原主：属于应运往国内其他口岸的，向进境地海关办理进口申报手续或办理转关运输手续
同时适用溢卸货物和误卸货物	1. 退运境外：属于应运往国外的，当事人可向海关申请办理直接退运手续，退运境外 2. 境内转售：原收货人不接受的，运输工具负责人或其代理人要求在国内进行销售的，由购货单位向海关办理相应的进口手续

十三、退运货物

退运货物是指原出口货物或原进口货物因各种原因造成退运进口或退运出口的货物，分为一般退运货物和直接退运货物。

（一）一般退运货物

1. 含义

一般退运货物是指已办理申报手续且海关已放行出口或进口，因各种原因造成退运进口或出口的货物。

2. 报关

一般退运货物报关的具体内容如表3-23所示。

表3-23　一般退运货物的报关

情　形		报关程序	免退税情况
退运进口	原出口货物已收汇、已核销	填写进口货物报关单向进境地海关申报，提供原货物出口报关单、已盖核销专用章的外汇核销单出口退税专用联或税务局出具的出口商品退运已补税证明、保险公司证明或承运人溢装、漏卸的证明	因品质或规格原因，出口货物自出口之日起1年内原状退货复运进境的，海关核实后，不予征收进口税，原出口时已经征收出口关税的，只要重新缴纳因出口而退还的国内环节税，自缴纳出口税款之日起1年内准予退还
	原出口货物未收汇	填写进口报关单申报进口，提交原出口货物报关单、出口收汇核销单	
	原出口货物部分退运进口	海关在原出口报关单批注退运的实际数量、金额，核实后放行	

（续表）

情　形	报关程序	免退税情况
退运出口	填写出口报关单申报出境,并提供原货物进口时的进口报关单、保险公司证明或承运人溢装、漏卸证明,海关核实无误后,验放有关货物出境	因品质或规格原因,进口货物自进口之日起1年内原状退货复运出境的,经海关核实后可以免征出口关税,已征收进口关税和代征税的,自缴纳进口税款之日起1年内准予退还

（二）直接退运货物

直接退运是指在进境后、办结海关放行手续前,进口货物收发货人、原运输工具负责人或者其代理人（以下统称当事人）申请直接退运境外,或者海关根据国家有关规定责令直接退运境外的全部或者部分货物。

1. 当事人申请直接退运的货物

（1）范围

① 因国家贸易管理政策调整,收货人无法提供相关证件的。

② 属于错发、误卸或者溢卸货物,能够提供发货人或者承运人书面证明文书的。

③ 收发货人双方协商一致同意退运,能够提供双方同意退运的书面证明文书的。

④ 有关贸易发生纠纷,能够提供法院判决书、仲裁机构仲裁决定书或者无争议的有效货物所有权凭证的。

⑤ 货物残损或者国家检验检疫不合格,能够提供相关检验证明文书的。

对在当事人申请直接退运前,海关已经确定查验或者认为有走私违规嫌疑的货物,不予办理直接退运,待查验或者案件处理完毕后,按照海关有关规定处理。

（2）报关程序

当事人向海关申请直接退运,应当按照海关要求提交进口货物直接退运申请书,证明进口实际情况的合同、发票、装货清单,已报关货物的原报关单、提运单或者载货清单等相关单证,符合申请条件的相关证明文书及海关要求当事人提供的其他文件。海关按行政许可程序做出受理或者不予受理的决定,受理并批准直接退运的,制发准予直接退运决定书。

直接退运一般先申报出口,再申报进口,在填制进口货物报关单时,报关单的"标记唛码及备注"栏填报关联报关单（出口报关单）号。

直接退运的货物不需要交验进出口许可证件或者其他监管证件,免予征收各种税费及滞报金,不列入海关统计。

进口货物直接退运应从原进境地口岸退运出境,须改变运输路线的,由原进境地海关批准后,以转关运输方式出境。

2. 海关责令直接退运的货物

（1）范围

① 进口国家禁止进口的货物,已经海关依法处理的。

② 违反国家检验检疫政策法规,已经海关依法处理的。

③ 未经许可擅自进口属于限制进口的固体废物,经海关依法处理的。

④ 违反国家有关法律、行政法规,应当责令直接退运的其他情形。

对进口货物需要责令直接退运的,由海关根据相关政府行政主管部门出具的证明文书,向当事人制发责令直接退运通知书。

（2）报关程序

办理进口货物直接退运手续,应当按照报关单填制规范填制进出口货物报关单,并符合下列要求。

① "标记唛码及备注"栏填写责令直接退运通知书编号。

② "贸易方式"栏填写"直接退运"（代码 4500）。

其他手续与当事人申请直接退运的货物相类似。

十四、退关货物

（一）含义

退关货物又称出口退关货物,是指向海关申报出口并获准放行,但因故未能装上运输工具,经发货单位请求,将货物退运出海关监管区域不再出口的货物。

（二）海关手续

① 出口货物的发货人或其代理人应当在得知出口货物未装上运输工具,并决定不再出口之日起 3 天内,向海关申请退关。

② 经海关核准且撤销出口申报后方能将货物运出海关监管场所。

③ 已缴纳出口税的退关货物,可以在缴纳税款之日起 1 年内,提出书面申请,向海关申请退税。

④ 出口货物的发货人或其代理人办理出口货物退关手续后,海关应对所有单证予以注销,并删除有关报关电子数据。

十五、放弃货物

（一）概述

1. 含义

放弃货物也称放弃进口货物,是指进口货物收货人或所有人申明放弃,由海关提取依法变卖处理的货物。

2. 范围

① 没有办结海关手续的一般进口货物。

② 保税货物。

③ 在监管期内的特定减免税货物。

④ 暂准进境货物。

⑤ 其他没有办结海关手续的进口货物。

国家禁止或限制进口的货物、对环境造成污染的货物不得声明放弃。

（二）处理

放弃进口货物由海关依法提取变卖处理。

由海关依法提取变卖处理的放弃进口货物所得的价款,优先拨付变卖处理实际支付的费用后,再扣除运输、装卸、储存等费用。如不足以支付运输、装卸、储存等费用的,按比例支付。

变卖价款扣除相关费用后尚有余款的,上缴国库。

十六、超期未报关货物

（一）概述

1. 含义

超期未报关货物是指在规定的期限内未办结海关手续的海关监管货物。

2. 范围

① 自运输工具申报进境之日起,超期 3 个月未向海关申报进口的货物。

② 在海关批准的延长期满仍未办结海关手续的溢卸和误卸的货物。

③ 超过规定期限 3 个月未办理复运出境或其他海关手续的保税货物。

④ 超过规定期限 3 个月未向海关办理复运出境或其他海关手续的暂准进境货物。

⑤ 超过规定期限 3 个月未运输出境的过境、转运、通运货物。

（二）处理

超期未报关进口货物由海关依法提取变卖处理。

① 被决定变卖处理的货物如属于《法检目录》范围的,海关应当在变卖前进行检验检疫,检验检疫费用与其他变卖处理实际支付的费用从变卖价款中支付。

② 变卖所得价款,在优先拨付变卖处理支出的费用后,按照运费、装卸、储存费用、进口关税、进口环节海关代征税、滞报金的顺序扣除相关费用和税款,所得价款不足以支付同一顺序相关费用的,按照比例支付。

③ 按照规定扣除相关费用和税款后,有余款的,自货物依法变卖之日起 1 年内,经进口货物收发货人申请,予以返还;其中被变卖货物属于许可证件管理的,应当提交许可证件,不能提供的,不予返还;不符合进口货物收货人资格、不能证明其对进口货物享有权利的,申请不予受理。逾期无进口货物收货人申请、申请不予受理或者不予返还的,余款上缴国库。

④ 经海关审核符合被变卖进口货物收货人资格的返还余款的申请人应当按照海关对进口货物的申报规定,补办进口申报手续。

第七节 海关监管货物的特殊申报程序

一、进出境快件申报程序

（一）快件概述

1. 含义

进出境快件是指进出境快件运营人，以向客户承诺的快速商业运作模式承揽、承运的进出境货物、物品。

进出境快件运营人是指在中华人民共和国境内依法注册，在海关登记备案的从事进出境快件运营业务的国际货物运输代理企业。

2. 分类

进出境快件分为文件类、个人物品类和货物类。

① 文件类进出境快件是指法律、行政法规规定予以免税的无商业价值的文件、单证、单据及资料。

② 个人物品类进出境快件是指海关法规规定自用、合理数量范围内的进出境旅客分离运输行李物品、亲友间相互馈赠物品和其他个人物品。

③ 货物类进出境快件是指除前两类以外的进出境货物。

（二）报关程序

进出境快件报关程序的具体内容如表3-24所示。

表3-24 进出境快件报关程序

类 别	时 间	方 式	期 限	适用报关单
文件类	进出境快件通关应当在海关正常办公时间内进行，如需在海关正常办公时间以外进行的须事先征得所在地海关同意	运营人应当按照海关的要求采用纸质文件方式或电子数据交换方式向海关办理进出境快件的报关手续	进境快件应当自运输工具申报进境之日起14日内，出境快件在运输工具离境3小时以前，向海关申报	中华人民共和国海关进出境快件KJ1报关单
个人物品类				进出境快件个人物品报关单
货物类				对关税税额在人民币50元以下的货物和海关规定准予免税的货样广告品，使用中华人民共和国海关进出境快件KJ2报关单
				对应予征税的货样广告品，使用中华人民共和国海关进出境快件KJ3报关单
				其他进境的货物类快件，一律按进口货物相应的报关程序提交申报单证

二、进出境货物集中申报程序

（一）概述

1. 含义

集中申报是指经海关备案，进出口货物收发货人在同一口岸多批次进出口规定范围内的货物，可以先以集中申报清单申报货物进出口，再以报关单集中办理海关手续的特殊通关方式。

2. 范围

① 图书、报纸、期刊类出版物等时效性较强的货物。

② 危险品或者鲜活、易腐、易失效等不宜长期保存的货物。

③ 公路口岸进出境的保税货物。

3. 管理

（1）备案

① 地点。进出口货物收发货人应当在货物所在地海关，加工贸易企业应当在主管地海关办理集中申报备案手续。

② 单证。提交适用集中申报通关方式备案表。

③ 备案担保。提供符合海关要求的担保，担保有效期最短不得少于 3 个月。

④ 备案有效期。按照收发货人提交的担保有效期核定。

⑤ 备案变更、延期和终止。申请适用集中申报通关方式的货物，担保情况等发生变更时，收发货人应当向原备案地海关书面申请变更。

备案有效期届满可以延续，收发货人需要继续适用集中申报方式办理通关手续的，应当在备案有效期届满 10 日前向原备案地海关书面申请延期。备案有效期届满未延期的，备案表效力终止。

（2）报关管理

进出口货物收发货人可以委托一般信用（原 B 类）企业以上（含原 B 类）管理级别的报关企业办理集中申报有关手续。

（二）申报程序

1. 电子申报

进入境货物集中申报电子申报方式如表 3–25 所示。

表3–25　进出境货物集中申报电子申报方式

项　目	申报方式
申报时间	进口：载运进口货物的运输工具自申报进境之日起 14 日内 出口：自货物运抵海关监管区后、装货的 24 小时前
申报单证	进口：进口货物集中申报单，按清单格式录入电子数据申报 出口：出口货物集中申报单，按清单格式录入电子数据申报
退单	海关审核发现清单电子数据与备案数据不一致的，应退单。凡被退单的，收发货人应当以报关单方式向海关申报

2. 纸质单证申报

（1）提交集中申报清单及随附单证

① 提交期限。收发货人自海关审结清单电子数据之日起 3 日内，持清单和单证到货物所在地海关办理交验验放手续，属于许可证件管理的，交验相应的许可证件。

② 修改或撤销集中申报清单。收发货人在清单申报后申请修改或撤销集中申报清单的，按报关单修改或按撤销规定办理。

（2）报关单集中申报

① 期限。收发货人应当对一个月以内集中申报清单申报的数据进行归并，填制进出口报关单，一般贸易货物在次月 10 日之前，保税货物在次月底之前到海关办理集中申报手续。

② 报关单填制要求。集中申报清单归并为同一份报关单的，各清单中的进出境口岸、经营单位、境内收发货人、贸易方式（监管方式）、起运国（地区）、装货港、运抵国（地区）、运输方式栏目适用的税率、汇率必须一致。

各清单中规定项目不一致而无法归并的，收发货人应当填写单独的报关单进行申报。

③ 办理相应的手续。收发货人对集中申报清单的货物以报关单方式办理海关手续时，应当按照海关规定对涉税的货物办理税款缴纳手续。涉及许可证件管理的，应当提交海关批注过的相应许可证件。

④ 申领报关单证明联。收发货人办理集中申报海关手续后，海关按集中申报进出口货物报关单签发报关单证明联。进出口日期以海关接受报关单申报的日期为准。

三、海关监管货物转关申报程序

（一）转关概述

1. 含义

转关是指海关监管货物在海关监管下，从一个海关运至另一个海关办理某项海关手续的行为，包括货物由进境地入境，向海关申请转关，运往另一个设关地点进口报关；货物在起运地出口报关运往出境地，由出境地海关监管出境；已经办理入境手续的海关监管货物从境内一个设关地点运往境内另一个设关地点报关。

2. 范围

① 多式联运货物，以及具有全程提（运）单需要在境内换装运输工具的进出口货物，其收发货人可以向海关申请办理多式联运手续，有关手续按照联程转关模式办理。

② 进口固体废物满足以下条件的，经海关批准后，其收发货人方可申请办理转关手续，开展转关运输：

A. 按照水水联运模式进境的废纸、废金属；

B. 货物进境地为指定进口固体废物口岸；

C. 转关运输指运地已安装大型集装箱检查设备；

D. 进口废金属的联运指运地为经国家环保部门批准设立、通过国家环保等部门验收合格、已实现海关驻点监管的进口固体废物"圈区管理"园区；

E. 联运至进口固体废物"圈区管理"园区的进口废金属仅限园区内企业加工利用。

③ 易受温度、静电、粉尘等自然因素影响或因其他特殊原因，不宜在口岸海关监管区实施查验的进出口货物，满足以下条件的，经主管地海关（进口为指运地海关，出口为起运地海关）批准

后,其收发货人方可按照提前报关方式办理转关手续:

A. 收发货人为高级认证企业;

B. 转关运输企业最近一年内没有因走私违法行为被海关处罚;

C. 转关起运地或指运地与货物实际进出境地,不在同一直属关区内;

D. 货物实际进境地已安装非侵入式查验设备。

进口转关货物应当直接运输至收货人所在地,出口转关货物应当直接在发货人所在地起运。

④ 邮件、快件、暂时进出口货物(含 ATA 单证册项下货物)、过境货物、中欧班列载运货物、市场采购方式出口货物、跨境电子商务零售进出口商品、免税品以及外交、常驻机构和人员公自用物品,其收发货人可按照现行相关规定向海关申请办理转关手续,开展转关运输。

⑤ 除上述情况外,海关不接受转关申报。

3. 转关方式

转关有提前报关转关、直转转关和中转转关 3 种方式。

（1）提前报关转关

提前报关转关是指进口货物在指运地先申报,再到进境地办理进口转关手续,出口货物在未运抵起运地监管场所前先申报,货物运抵监管场所后再办理出口转关手续的转关方式。

（2）直转转关

进口直转转关是指进口货物在进境地海关办理转关手续,货物运抵指运地再在指运地海关办理申报手续的转关方式。

出口直转转关是指出口货物在运抵起运地海关监管场所申报后,在起运地海关办理出口转关手续再到出境地海关办理出境手续的转关方式。

（3）中转转关

进口中转转关是指持全程提运单须换装境内运输工具的进口中转货物,由收货人或其代理人先向指运地海关办理进口申报手续,再由境内承运人或其代理人批量向进境地海关办理转关手续的转关方式,其具体流程如图 3-15 所示。

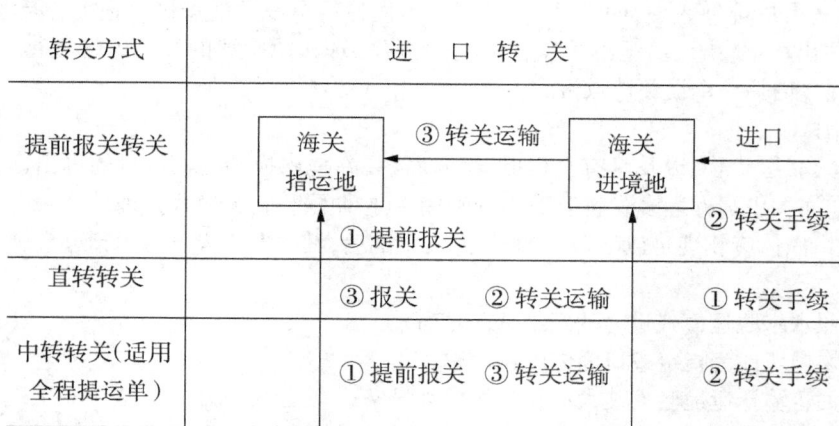

转关方式	进 口 转 关		
提前报关转关	海关 指运地 ←③ 转关运输 海关 进境地		← 进口
	① 提前报关		② 转关手续
直转转关	③ 报关	② 转关运输	① 转关手续
中转转关(适用 全程提运单)	① 提前报关	③ 转关运输	② 转关手续

图3-15 进口货物转关

出口中转转关是指持全程提运单须换装境内运输工具的出口中转货物,由发货人或其代理人先向指运地海关办理出口申报手续,再由境内承运人或其代理人批量按出境工具分列舱单向起运地海关批量办理转关手续,并到出境地海关办理出境手续的转关方式,其具体流程如图 3-16 所示。

转关方式	出 口 转 关		
提前报关转关	海关起运地	③转关运输 → 海关出境地	出口 →
	①提前报关 ②转关手续		④核查后放行
直转转关	①报关	②转关手续	④核查后放行
中转转关(适用全程提运单)	①报关	②转关手续	④核查后放行

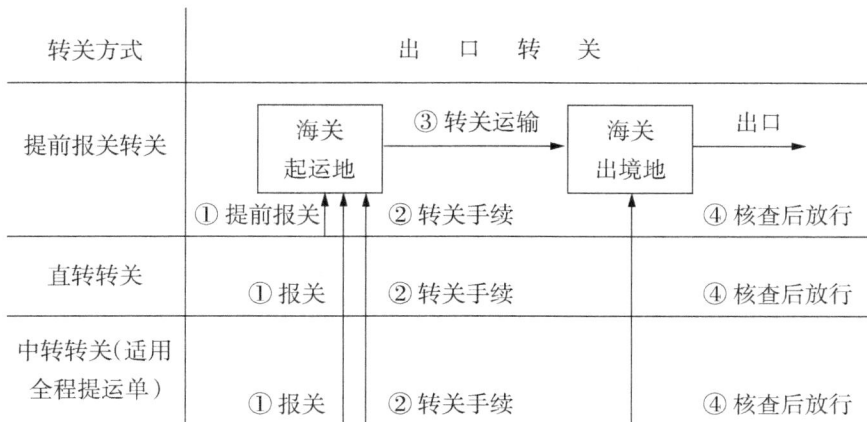

图3-16 出口货物转关

4. 转关管理

① 提前报关转关的进口货物应在电子数据申报之日起5日内,向进境地海关办理转关手续;出口货物应在电子数据申报之日起5日内,运抵起运地海关监管场所,办理转关和验放等手续。

② 直转转关的进口货物应当自运输工具申报进境之日起14日内,向进境地海关办理转关手续;货物运抵指运地之日起14日内,向指运地海关办理报关手续。

③ 中转转关的收发货人或其代理人向指运地或起运地海关办理进出口报关手续后,由境内承运人或其代理人统一向进境地或起运地海关办理进口或出口转关手续,此方式适用全程提运单,必须换装境内运输工具。

思考

西安某企业向香港出口服装一批,该批货物运抵西安海关监管现场前,该企业先向西安海关录入出口货物报关电子数据,货物运至海关监管现场后,转至天津口岸装运出境。

请问:这属于转关运输的哪种方式?为什么?

（二）申报程序

根据海关总署2018年第193号公告的要求,为进一步规范和简化转关货物海关监管手续,海关总署决定全面推行转关作业无纸化。

① 转关作业无纸化是指海关运用信息化技术,对企业向海关申报的转关申报单或汽车载货清单电子数据进行审核、放行、核销,无须收取纸质单证、签发纸质关封、签注相关监管簿,实现全流程无纸化管理的转关作业方式。企业无须再以纸质提交转关申报单或汽车载货清单,交验汽车载货登记簿、中国籍国际航行船舶进出境(港)海关监管簿、司机签证簿。

海关需要验核相关纸质单证资料的,企业应当按照要求提供。

② 承运转关货物的厢式货车车厢或集装箱箱门施加有完整商业封志的,企业应当在转关申报单或汽车载货清单电子数据"关锁号"数据项中填入商业封志号,并在"关锁个数"数据项中填入商业封志个数。

承运转关货物的厢式货车车厢或集装箱箱门施加有安全智能锁的,企业应当在转关申报单或汽车载货清单电子数据"安全智能锁号"数据项中填入安全智能锁号。

③ 转关货物的收发货人或其代理人、承运人或其代理人，以及监管作业场所经营人，凭海关转关货物电子放行信息，办理转关货物的提货和发运手续。

进口转关货物运抵指运地海关监管作业场所、出口转关货物运抵起运地海关监管作业场所后，监管作业场所经营人应当向海关申报转关运抵报告电子数据。

④ 出口转关货物运抵出境地海关监管作业场所后，出境运输工具名称、航次（班）、提／运单号待定或已发生变化时，企业可以向海关申请将相关电子数据数据项变更为实际出境的运输工具名称、航次（班）、提／运单号。

⑤ 转关申报单或者汽车载货清单已通过系统放行后，无法修改变更转关电子数据或者因故不开展转关运输的，企业应当向海关申请办理转关退运或作废手续。

⑥ 如遇网络故障或其他不可抗力因素，企业无法向海关申报转关货物电子数据的，经海关同意，可以凭相关纸质单证材料办理转关手续；待故障排除后，企业应当及时向海关补充传输相关电子数据。

因此下列阐述转关货物报关时所需单证均为电子数据形式。

1. 进口货物的转关

（1）提前报关的转关

进口货物的收货人或其代理人在进境地海关办理进口货物转关手续前，向指运地海关传送进口货物报关单电子数据。指运地海关提前受理电子申报，接受申报后，计算机自动生成进口转关货物申报单，向进境地海关传输有关数据。

提前报关的转关货物收货人或其代理人应向进境地海关提供进口转关货物申报单编号办理转关手续。

提前报关的进口转关货物，进境地海关因故无法调阅进口转关数据时，可以按直转方式办理转关手续。

（2）直转方式的转关

货物的收货人或其代理人在进境地录入转关申报数据，直接办理转关手续。

（3）中转方式转关

具有全程提运单、需要换装境内运输工具的进口中转转关货物的收货人或其代理人向指定地海关办理进口报关手续后，由境内承运人或其代理人向进境地海关办理进口转关货物申报单、进口货物中转通知书、按指运地目的港分列的纸质舱单（空运方式提交联程运单）等单证办理货物转关手续。

2. 出口货物的转关

（1）提前报关的转关

由货物的发货人或其代理人在货物未运抵起运地海关监管场所前，先向起运地海关传送出口货物报关单电子数据，由起运地海关提前受理电子申报，生成出口转关货物申报单数据，传输至出境地海关。

发货人或其代理人应持出口货物报关单、汽车载货登记簿和船舶监管簿等单证，向起运地海关办理出口转关手续。

货物到达出境地后，发货人或其代理人应持起运地海关签发的出口货物报关单、出口转关货物申报单或出境汽车载货清单、汽车载货登记簿和船舶监管簿等单证，向出境地海关办理转关货物出境手续。

（2）直转方式的报关

由发货人或其代理人在货物运抵地海关监管场所后，向起运地海关传送出口货物报关单电子数据,起运地海关受理电子申报,生成出口转关货物申报单数据,传输至出境地海关。

发货人或其代理人应持出口货物报关单、汽车载货登记簿和船舶监管簿等单证向起运地海关办理出口转关手续。

直转的出口转关货物到达出境地后,发货人或其代理人应持起运地海关签发的出口货物报关单、出口转关货物申报单或出境汽车载货清单、汽车载货登记簿和船舶监管簿等单证,向出境地海关办理转关货物出境手续。

（3）中转方式的转关

具有全程提运单,需要换装境内运输工具的出口中转转关货物的发货人或其代理人向起运地海关办理出口报关手续后,由境内承运人或其代理人向起运地海关传送和提交出口转关货物申报单,凭出境运输工具分列的电子或纸质舱单、汽车载货登记簿和船舶监管簿等单证,向起运地海关办理货物出口转关手续。

上述3种转关方式申报时所应提交的单证如表3-26所示。

表3-26　3种转关方式申报时所应提交的单证对照

转关方式	应提交的单证		
	进口货物转关	出口货物转关	
		出口报关时	出口转关时
提前报关转关	进口转关货物核放单	出口货物报关单	
	汽车载货登记簿或船舶监管簿	汽车载货登记簿或船舶监管簿	
	提货单	出口转关货物申报单或出境汽车载货清单	出境汽车载货清单（广东省内）
直转转关	进口转关货物申报单	出口货物报关单	
	汽车载货登记簿或船舶监管簿	汽车载货登记簿或船舶监管簿	
中转转关	进口转关货物申报单	出口转关货物申报单	出口货物中转通知书
	进口货物中转通知书	电子或纸质舱单	
	纸质舱单（空运方式提交联程运单）	汽车载货登记簿或船舶监管簿	

3. 境内监管货物的转关

境内监管货物的转关运输,除加工贸易深加工结转按有关规定办理外,均应按进口转关方式办理。

① 提前报关。提前报关的,由转入地(相当于指运地)货物收货人或其代理人在转出地(相当于进境地)海关办理监管货物转关手续前,向转入地海关传送进口货物报关单电子数据报关。

由转入地海关提前受理电子申报,并生成进口转关货物申报单,向转出地海关传输。

转入地海关收货人或其代理人应持进口转关货物核放单和汽车载货登记簿或船舶监管簿,并提供进口转关货物申报单编号,向转出地海关办理转关手续。

② 直接转关。直转的,由转入地货物收货人或其代理人在转出地录入转关申报数据,持进口转关货物申报单和汽车载货登记簿或船舶监管簿,直接向转出地海关办理转关手续。

货物运抵转入地后,海关监管货物的转入地收货人或其代理人向转入地海关办理货物的报关手续。

本章小结

一般进出口货物不同于一般贸易货物,对于一般进出口货物的报关程序可从海关和收发货人两方面来看。从海关方面看,海关对一般进出口货物的监管程序为接受申报、查验货物、征收税费、结关放行。作为进出口货物的收发货人,相应的报关手续应为提出申报、接受查验、缴纳税费、凭单取货或装船出运。

保税进出口货物是在世界经济发展的新形势下,建立的一种新型海关监管制度。保税货物分为保税加工货物和保税物流货物。掌握这两类保税货物的概念、特点及通关程序,在办理保税货物的进出口过程中至关重要。

特定减免税货物有其适用的特定范围,即特定地区、特定企业和特定用途。对特定减免税货物有前期减免税申请和后续申请解除监管阶段。

暂准进出境货物的报关分为使用 ATA 单证册和不使用 ATA 单证册两种形式,其适用范围有所不同。

其他进出境货物主要包括过境、转运和通运货物,以及误卸、溢卸、退运和退关货物等。这些货物较为特殊,一是数量零星,二是涉及部门多,所以在办理通关时应严格遵守报关规范。

海关监管货物的特殊申报主要包括进出境快件申报,进出境货物集中申报及海关监管货物的转关申报。报关程序不同,应加以区别。

思考题

1. 简述一般进出口货物、保税加工货物、特定减免税货物的特征。
2. 简述一般进出口货物与一般贸易货物的区别。
3. 什么是 ATA 单证册? 使用 ATA 单证册的暂准进出境货物如何报关?
4. 简述保税物流货物的报关程序。

实训题

辽宁某国际物流有限公司(一般认证企业,原 A 类企业)受辽宁某进出口有限公司(一般信用企业,原 B 类企业)的委托,凭 C 字头备案号的登记手册向大连海关申报进口未缝制整张狐皮 1 000 张及辅料一批,以履行狐皮大衣的出口合同。货物进口后,交由辽宁某服饰有限公司(一般信用企业,原 B 类企业)进行加工。合同执行期间,因加工企业生产规模有限,经与境外订货商协商后更改出口合同,故狐皮耗用数量减为 600 张。经批准,剩余的 400 张狐皮中的 300 张结转至另一加工贸易合同项下,100 张出售给辽宁某服饰有限公司(失信企业,原 C 类企业)用于生产内销产品。

请问:1 000 张进口狐皮是否应设加工贸易银行保证金台账并交付保证金? 300 张狐皮结转至另一加工贸易合同项下应符合什么规定?

第四章

进出口商品归类

学习目标

- 了解商品归类的依据。
- 熟悉《协调制度》的基本结构。
- 熟悉我国海关进出口商品分类目录的主要内容。
- 掌握进出口商品归类总规则。
- 掌握商品归类的操作程序。

学习重点

进出口商品归类的方法。

案例导入　商品归类

天津开发区盛兴服装进出口公司从欧洲进口男式开衫。

商品描述：面料为针织纯棉线，V领，有扣，无衬里，袖口收紧，适合春秋季节穿着。

请问：对该商品应如何进行商品归类？

进出口商品归类是报关员必须掌握的基本技能。在海关管理过程中，对不同类别的进出口货物适用不同的监管条件，按照不同的税率征收关税，海关统计中也将不同商品的类别作为一项重要的统计指标，即对进出口商品进行归类是海关监管、征税和统计的基础。

第一节　《商品名称及编码协调制度》

一、《协调制度》的产生

海关进出口商品归类是建立在商品分类目录基础上的。早期的国际贸易商品分类目录结构较为简单，只是进出口商品征收关税时使用。但随着进出口商品品种和数量的不断增加，以及海关贸易统计的需要,世界海关组织在《海关合作理事会商品分类目录》(CCCN)和联合国《国际贸易标准分类》(SITC)的基础上,参照国际上主要国家的税则、统计、运输等分类目录,制定了一个多用途的国际贸易商品分类目录,即《商品名称及编码协调制度》(*The Harmonized Commodity Description and Coding System*, HS)(以下简称《协调制度》)。

为适应国际贸易的发展,世界海关组织(WCO)每4至6年对《协调制度》进行一次较大范围的修改。《协调制度》自1988年1月1日生效以来,共修订了5次,形成了1988年、1992年、1996年、2002年、2007年、2012年和2017年7个版本。目前,全球已有200多个国家(地区)采用《协调制度》作为对外贸易通关过程中的重要依据。

二、《协调制度》的基本结构

《协调制度》将国际贸易涉及的各种商品按照生产部类、自然属性和不同功能用途等分为21类97章。每一章由若干品目构成,品目项下又细分出若干级子目和二级子目。为了避免各品目和子目所列商品发生交叉归类,在类、章下加有类注、章注和子目注释。为了保证《协调制度》解释的统一性,设立了归类总规则,作为整个《协调制度》商品归类的总原则。《协调制度》的基本结构如图4-1所示。

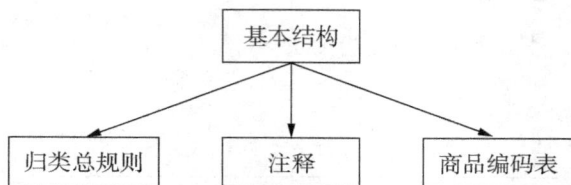

图4-1 《协调制度》的基本结构

《协调制度》是一部系统的国际贸易商品分类目录,所列商品名称的分类和编排是有一定规律的。

从"类"来看,《协调制度》基本上按社会生产的分工(或称生产部类)进行分类,它将属于同一生产部类的产品归在同一类里。例如,农业在第1、2类,化学工业在第6类,纺织工业在第11类,机电制造业在第16类,等等。

从"章"来看,基本上按商品的自然属性或用途(功能)来划分。第1章至第83章(第64章至第66章除外),是按商品的自然属性来分章,如第1章至第5章是活动物和动物产品,第6章至第14章是活植物和植物产品,第25章至第27章是矿产品等。另外,第64章至第66章和第84章至第97章是按货物的用途和功能来分章的,其中第64章是鞋,第65章是帽,第84章是机械设备,第85章是电气设备,第87章是车辆,第88章是航空航天器,第89章是船舶等。这样就形成了系统、完整的商品分类体系,而且《协调制度》几乎涵盖了目前进出口的所有商品种类。

从品目的排列看,一般也是原材料先于成品,加工程度低的产品先于加工程度高的产品,列名具体的品种先于列名一般的品种。例如,在第44章中,税目号4403是原木,税目号4404 ~ 4408是经过简单加工的木材,税目号4409 ~ 4413是木的半制成品,税目号4414 ~ 4421是木制品。

第二节　我国海关进出口商品分类目录简介

一、我国海关进出口商品分类目录的产生

我国海关自 1992 年 1 月 1 日起开始采用《协调制度》,进出口商品归类工作成为我国海关最早实现与国际接轨的执法项目之一。

根据海关征税和海关统计工作的需要,我国在《协调制度》的基础上增设了本国子目(三级和四级子目),形成了我国海关进出口商品分类目录,据此分别编制出《中华人民共和国海关进出口税则》(以下简称《进出口税则》)和《中华人民共和国海关统计商品目录》(以下简称《海关统计商品目录》)。

为了明确增设的本国子目的商品含义和范围,我国又制定了《本国子目注释》,作为归类时确定三级子目和四级子目的依据。

根据《商品名称及编码协调制度的国际公约》对缔约国权利义务的规定,我国《进出口税则》和《海关统计商品目录》与《协调制度》的各个版本同步修订。自 2012 月 1 月 1 日起,我国采用 2012 年版《协调制度》,并据此编制了 2014 年版《进出口税则》和《海关统计商品目录》。

二、我国海关进出口商品分类目录的基本结构

《进出口税则》中商品的号列称为税号,每项税号后列出了该商品的税率;《海关统计商品目录》中的商品号列称为商品编号,为统计需要,每项商品编号后列出该商品的计量单位,并增加了第 22 类"特殊交易品及未分类商品"。

《协调制度》中的编码只有 6 位数,我国《进出口税则》中的编码为 8 位数,其中第 7、8 位就是我国根据实际情况增设的"本国子目"。

编码的编排是有一定规律的,以 0301.9310 "鲤鱼苗"为例说明如下:

编码:	0 3	0 1	9	3	1	0
位数:	1 2	3 4	5	6	7	8
含义:	章号	顺序号	一级子目	二级子目	三级子目	四级子目

从以上可以看出,第 5 位编码代表一级子目,第 6 位编码代表二级子目,第 7 位编码代表三级子目,第 8 位编码代表四级子目。

需要指出的是,若第 5 ~ 8 位上出现数字 9,则它并不一定代表在该级子目的实际顺序号,通常情况下代表未具体列名的商品,即在 9 的前面一般留有空序号,以便用于修订时增添新商品。例如,0407.0029 中第 8 位的 9 并不代表实际顺序号,而是代表除鸡蛋、鸭蛋、鹅蛋以外未具体列名的其他带壳鲜禽蛋。在商品编码表中的商品名称前分别用"–""––""–––""––––",代表一级子目、二级子目、三级子目和四级子目。例如,品目 02.07 – 鸡(一级子目), –– 整只鲜或冷的(二级子目), ––– 块(三级子目), –––– 带骨的(四级子目)。

三、各类、章的主要内容

第 1 类　活动物；动物产品

第 93 章　武器、弹药及其零件、附件
第 20 类　杂项制品
第 94 章　家具；寝具、褥垫、弹簧床垫、软坐垫及类似的填充制品；未列名灯具及照明装置；发光标志、发光铭牌及类似品；活动房屋
第 95 章　玩具、游戏品、运动用品及其零件、附件
第 96 章　杂项制品
第 21 类　艺术品、收藏品及古物
第 97 章　艺术品、收藏品及古物
第 22 类　特殊交易品及未分类商品
第 98 章　特殊交易品及未分类商品

知识拓展

商品编码顺口溜

自然世界动植矿，一二五类在取样；三类四类口中物，矿产物料翻翻五；
化工原料挺复杂，打开六类查一查；塑料制品放第七，橡胶聚合脂烷烯；
八类生皮合成革，箱包容套皮毛造；九类木秸草制品，框板柳条样样行；
十类木桨纤维素，报刊书籍纸品做；十一税则是大类，纺织原料服装堆；
鞋帽伞杖属十二，人发羽毛大半归；水泥石料写十三，玻璃石棉云母粘；
贵金珠宝十四见，硬币珍珠同类现；十五查找贱金属，金属陶瓷工具物；
电子设备不含表，机器电器十六找；光学仪器十八类，手表乐器别忘了；
武器弹药特别类，单记十九少劳累；杂项制品口袋装，家具文具灯具亮；
玩具游戏活动房，体育器械二十讲；二十一类物品贵；艺术收藏古董类；
余下运输工具栏，放在十七谈一谈；商品归类有点难，记住大类第一环。

第三节　《协调制度》归类总规则

《协调制度》将国际贸易中种类繁多的商品，分成若干类、章、分章和商品组。为使人们在对各种商品进行归类时遵循统一的原则，并使各类商品能够准确无误地归入《协调制度》适宜的税目项下，不发生重复、交叉和归类不一致，《协调制度》将商品归类的普遍规律加以归纳总结，作为规则列出，形成了《协调制度》的 6 个商品归类总规则。

一、《协调制度》归类总规则

（一）规则一

类、章及分章的标题，仅为查找方便而设；具有法律效力的归类，应按项目条文和有关类注或章注确定；如项目、类注或章注无其他规定，按以下规则确定。

（二）规则二

① 品目所列货品，应视为包括该货品的不完整品或未制成品，只要在进口或出口时该项不完整品或未制成品具有完整品或制成品的基本特征，还应视为包括该项货品的完整品或制成品在进口或出口时未组装件或拆散件。

② 品目中所列材料或物质，应视为包括该种材料或物质与其他材料或物质混合或组成的物品。品目所列某种材料或物质构成的货品，应视为包括全部或部分由该种材料或物质构成的货品。由一种以上材料或物质构成的货品，应按规则三归类。

（三）规则三

当货品按规则二第②条或由于其他原因看起来可归入两个或两个以上品目时，应按以下规则归类。

① 列名比较具体的品目，优先于列名一般的品目。但是，如果两个或两个以上品目都仅述及混合或组合货品所含的某部分材料或物质，或零售的成套货品中的某些货品，即使其中某个品目对该货品描述得更为全面、详细，这些货品在有关品目的列名应视为同样具体。

② 混合物、不同材料构成或不同部件组成的组合物及零售的成套货品，如果不能按照规则三第①条归类时，在本款可适用的条件下，应按构成货品基本特征的材料或部件归类。

③ 货品不能按照规则三第①条或第②条归类时，应按号列顺序归入其可归入的最末一个税目。

（四）规则四

根据上述规则无法归类的货品，应归入与其最相类似的货品的品目。

（五）规则五

除上述规则外，本规则适用于下列货品的归类。

① 制成特殊形状仅适用于盛装某个或某套物品并适合长期使用的照相机套、乐器盒、枪套仪器、绘图仪器盒、项链盒及类似容器，如果与所装物品同时进口或出口，并通常与所装物品一同出售的，应与所装物品一样归类。但本款不适用于本身构成整个货品基本特征的容器。

② 除本规则第①条规定的以外，与所装货品同时进口或出口的包装中的包装容器，如果通常是用来包装这类货品的，应与所装货品一并归类。但明显可重复使用的包装材料和包装容器可不受本款限制。

（六）规则六

货品在某一品目项下各子目的法定归类，应按子目条文或有关的子目注释及以上各条规则来确定，但子目的比较只能在同一数级上进行。除本目录另有规定的以外，有关的类注、章注也适用于本规则。

二、商品归类的方法和步骤

（一）商品归类的前期工作

要想准确快速地对商品进行归类，前期的准备工作是必要的。概括来说，商品归类的前期工作就是进行"语言化"。

1. 对所需归类的商品进行认知

对商品的认知是指对商品的成分、用途、特性、加工方式、加工程度、包装方式等相关内容的认识。对于进出口货物的经营者来讲,对其所进出口的商品认知是应当的,但对社会实践、商品知识不甚丰富的学生来说,并不很容易。

例4-1 全棉针织女式大衣

【解析】对上述货品分析如下:

成分:全棉

用途:女式

加工方式:针织

品名:大衣

在此基础上,根据针织服装这一特征,将其试归入第61章,其商品名称为"针织或钩编的女式大衣、短大衣……",对应列名的税号6102.2000。

例4-2 初榨的豆油(未经化学改性)

【解析】对上述货品分析如下:

成分:植物油

加工方式:初榨

加工程度:未经化学改性

品名:豆油

在对货品认识的基础上,根据油这一特征将其归入第15章,其商品名称为"豆油及其分离品,不论是否精制,但未经化学改性",对应列名的税号1507.1000。

2. 用"商品归类语言"来思考

《协调制度》是中国学者翻译过来的,在翻译过程中学者更多地考虑忠于原文。基于此,我们会发现"商品归类语言"和我们的"日常语言"有些不同,所以我们要学会把"日常语言"转化为"商品归类语言"。例如,"计算机"应语言化为"数据处理设备";"手机"应语言化为"无线网络通信设备",等等。

(二)商品归类的方法

根据《协调制度》归类总规则,商品归类的方法可归纳为六句话:有列名归列名,没有列名归用途,没有用途归成分,没有成分归类别,不同成分比多少,相同成分要从后。

1. 有列名归列名

"有列名"是指《海关进出口税则》中税(品)目条文或者子目条文中列名具体或比较具体的商品名称,即商品表现出的特征与商品归类的语言基本吻合。

(1)规则一

规则一的意思是类、章及分章的标题不是归类的法律依据,不可因为某货品符合某一类、章及分章的标题,就确定归入该类、章及分章。归类的法律依据应是税(品)目条文、类注、章注或子目注释。

例4-3 已冲洗并已配音的供教学用的35毫米电影胶片

【解析】电影胶片应归第 37 章"照相及电影用品"，已冲洗并已配音的电影胶片归入品目 3706，教学专用的 35 毫米及以上的应归入税号 3706.1010。

✏ **例4-4** 规格及形状适于安装在船舶舷窗上的安全玻璃（钢化）

【解析】"玻璃及其制品"应归入第 70 章，钢化或层压玻璃制的安全玻璃归 7007 品目，适合船舶用的应归入税号 7007.1110。

（2）规则二

① 规则二的第①条可总结为"三未产品"，按完整品或制成品来归类。"三未产品"是指不完整品、未制成品和未组装件或拆散件（成套）。

✏ **例4-5** 缺少鞍座的山地自行车

【解析】应作为完整品归入税号 8712.0030。

✏ **例4-6** 已剪裁成形未缝制的机织面料分指手套

【解析】应作为制成品归入税号 6216.0000。

✏ **例4-7** 高速摄影机成套散件

【解析】应作为制成品归入税号 9007.1910。

② 规则二的第②条可总结为：某种材料或物质与其他材料或物质混合或组合的物品，但不得改变原来材料或物质构成货品的基本特征的，即添加有其他材料或物质的物品未改变性质按原物品归类。

✏ **例4-8** 加碘的食用盐

【解析】应归入税号 2501.0011。

✏ **例4-9** 加糖的牛奶

【解析】应归入税号 0402.9900。

✏ **例4-10** 加有着色剂的砂糖

【解析】应归入税号 1701.9910。

通过上述例子，我们不难理解"有列名"即是由品目条文及子目条文组合而成的商品名称，已完整或者基本描绘出我们进行归类的进出口商品的特征，显示出的商品列名与实际商品已经具体。

2. 没有列名归用途

没有列名是指所须归类商品的语言不能与《进出口税则》中品目、子目条文所列名的内容相吻合。在这种情况下，我们应将归类方法顺序转为第二种——按用途归类的方法，即按照该商品的主要用途进行归类。该归类方法应从对商品的用途分析入手，使之产生《进出口税则》所认可的语言。这种方法特别适用所归类商品已构成商品的基本特征的各类商品，如动植物类、机器、电气、仪器仪表类。

（1）规则三第①条

列名比较具体的税（品）目，优先于列名一般的税（品）目，即如果货品归类时有 2 个或 2

个以上品目选择时,应按具体列名原则进行归类,这就是列名优先的原则。列名优先的原则是进出口商品归类的第一原则,也是首选的归类方法。

因此,在我们进行商品归类练习时,首先要根据所归类商品的特征(如商品的主要成分、加工方式、规格、用途、等级、包装方式、功能作用等)进行综合分析,再根据分析结果找出其相适合的品目,最后以"列名优先"的原则进行归类。

例4-11 纯棉妇女用针织紧身胸衣

【解析】(1)商品分析

成分:纯棉

用途:妇女用

加工方式:针织

品名:紧身胸衣

(2)品目归类

根据对成分及加工方式的分析,我们会轻易地将该项商品归入第61章:针织或钩编的服装及衣着附件。但仔细阅读第61章注释:二、本章不包括:(一)62.12品目的商品。62.12品目条文:胸罩、束腰带、紧身胸衣、吊裤带、吊袜带……因此,可以初步将"紧身胸衣"归入品目62.12。

(3)简易方法适用

根据"列名优先"的原则,我们查看62.12品目中所包含的子目6212.3090,可以看出,该税号符合所须归类商品的特定意义。因此,"纯棉妇女用针织紧身胸衣"应归入税号6212.3090。

例4-12 脲($CO(NH_2)_2$),进口状态为毛重大于10千克,袋装

【解析】(1)商品成分分析

包装方式:毛重大于10千克,袋装

品名:脲,即尿素(氮肥)(根据《辞海》注释)

(2)品目归类

根据成分及商品名称:尿素(氮肥),我们不难将该商品归入第31章"肥料"。阅读第31章注释所述:二、品目31.02只适用于下列货品,但未制成品目31.05所述形状或包装;(一)符合下列任何一条规定的货品:8.尿素,不论是否纯净。

由此认定,脲应归入本章。继续查阅本章各品目,品目31.02包括:矿物氮肥及化学氮肥。而脲属于化学氮肥类。31.05品目所示:……每包重量不超过10公斤的本章各项商品。综合分析本题商品特征及品目31.02、31.05条文,"脲"应归入品目31.02。

(3)简易方法适用

根据"列名优先"的原则,再看看相应的子目是否有具体列名,税号3102.1000符合该商品的特定意义,因此,应将包装大于10千克的化学氮肥——尿素归入税号3102.1000。因包装方式的原因,不能将其错误地归入税号3105.1000。

(2)规则三第②条

这一条可总结为组合物或成套货品按最能反映其基本特征的商品归类。

例4-13 由面饼、调味包、塑料小叉构成的碗装方便面

【解析】由于其中的面饼构成了这个零售成套货品的基本特征,所以应按面归类,归入税号 1902.3030。

例4-14 盥洗用醋（美容盥洗用,带香味）

【解析】醋及用醋酸制成的代用品归入品目 2209,但归第 22 章的醋只用于调味或腌制食品,不符合题目要求,因此不能按列名归类。根据没有列名归用途的方法,应归第 33 章。盥洗用醋的用途是美容护肤,所以应归入护肤品,即税号 3304.9900。

例4-15 弦乐乐器弦（羊肠线制）

【解析】根据对成分及用途的分析,可知羊肠线的用途非常广泛,可以编织羽毛球、网球球拍,也可以制成机器零件,以及弦乐乐器弦、外科缝合线等。查阅品目 42.06,"羊肠线"已有具体列名。若我们所须归类的商品仅为"羊肠线",因其归类语言与子目条文非常吻合,即可按列名优先的原则,归入税号 4206.1000。但现在需要归类的商品是"由羊肠线制成的弦乐乐器用的琴弦",而不是"羊肠线",也就是子目 4206.1000 条文与商品归类语言不相吻合,所以,不能将"由羊肠线制成的弦乐乐器用的琴弦"归入税号 4206.1000。根据第 42 章注释1（1）、（9）所示,该商品按用途归入品目 92.09。

3. 没有用途归成分

成分一般是指化合物或组合物中所含有物质（元素或化合物）的种类。"没有用途归成分"的归类方法,是指当某种商品的归类语言无法与《进出口税则》相吻合,既没有具体列名,并且用途特征也不明显时,应顺序按其主要"成分"归类。也就是要按照归类规则二第②条、规则三第③条所示规则进行归类。

在实际操作中,可以按照成分归类的商品基本分为两大类。

第一类,由某种材料制成的商品。例如,针叶木制、阔叶木制、钢铁制、铝制、铜制、塑料制、纸制、化学纤维制、天然动物纤维制、天然植物纤维制等。对于这一类的商品,我们应当理解为完全由该类物质加工而成,或以该类物质占有绝对比例的物质构成。

第二类,按重量计含有某种材料与其他材料混合的制成品。例如,女式针织毛衣含铅99.9%、含银 0.01%、含其他金属 0.09%的精炼铝;按重量计含棉 90%、含化学短纤维 10%的棉纱线。

需要注意的是,我们在运用该方法归类时,不可打乱"列名""用途""成分"三者的先后次序,而应按序使用。也就是说在"列名""用途"的归类方法无法找到正确答案时,才能使用按"成分"归类的方法,而不可将按"成分"归类的方法,优先于其他两种方法使用。例如,塑料制中国象棋,若未按先后次序选择使用归类方法,而优先选择按材料归类,即会产生错误的商品归类语言,误将其归入第 39 章"塑料制品"。正确方法应按"列名优先"的原则,将其归入税号 9504.9030。

① 规则三第②条所表述的"混合物如果不能按照规则三第①条归类时,应按构成货品基本特征的材料归类"。实际上也暗含了:不同成分比多少,即按主要成分或成分多的材料归类。

例4-16 蓝色机织物, 按重量计含40%合成纤维短纤、35%精梳羊毛、25%粗梳动物毛（每平方米210克, 幅宽180厘米）。

【解析】根据对蓝色机织物的分析,此机织物主要由合成纤维短纤（40%）和动物毛（60%）组成,根据不同成分比多少的方法,可知本商品归入第 51 章。在确定品目时,由于精梳羊毛比例最大,所以归入品目 5112,再根据其成分的多少和每平方米重量,归入税号 5112.3000。

②规则三第③条所表述的"货品不能按照规则三第①条或第②条归类时,应按号列顺序归

入其可归入的最末一个税目",即相同成分要从后归类。

例4-17 蓝色机织物，按重量计含40%棉、30%粘胶纤维短纤、30%涤纶短纤（每平方米210克，幅宽110厘米）。

【解析】此机织物主要由两类成分组成,分别是棉(40%)和化学纤维短纤(60%)。根据不同成分比多少的方法,可知本商品应归入第55章。在确定品目时,进而分析得出粘胶纤维属于人造纤维,涤纶属于合成纤维,在第55章中,人造纤维在品目5515,合成纤维在品目5516,根据相同成分要从后的原则,本商品应归入税号5516.4200。

4. 没有成分归类别

《进出口税则》中编入大量的"其他"子目或品目。实际上"其他"所包含的内容一定是与本品目所示商品的类别或子目税号相关联的内容。

① 由于"其他"的存在,可以将世界上的所有商品进行归类。

例4-18 未鞣质的狗毛皮

【解析】应归入税号4103.9090。

② "没有成分归类别"也隐含了最相类似的原则,如规则四所述:根据上述规则无法归类的货物,应归入与其最相类似的货品的品目。

例4-19 高炮伪装网（化学纤维制）

【解析】没有列名,不是武器,虽说是化学纤维制,但没具体明确是化学纤维短纤还是化学纤维长丝,因此无法确定归入第54章或第55章。根据没有成分归类别的方法,"网"属于纺织品,可归入第56章。在确定品目和子目时,发现化学纤维制的渔网归入税号5608.1100,化学纤维制的高炮伪装网与渔网属于同类别,因此归入税号5608.1900。

（三）商品归类的步骤

对某一个具体商品进行归类时,第一步就是要初步断定它属于《协调制度》中的哪一类,也就是要先确定它在进出口商品名称与编码中22类98章中的大致范围。第二步是根据商品的详细描述(如它的成分、加工程度、规格、结构、用途等因素),确定它在《协调制度》中的8位编码。具体内容如下。

1. 确定品目（1～4位数级编码）

明确待归类商品的特征——查阅类、章标题——列出可能归入的章标题——查阅相应章中品目条文和注释,如可见该商品则确定品目,如无规定则运用归类总规则来确定品目。

2. 确定子目（5～8位数级编码）

注意同一数级的子目才能进行比较。

知识拓展

商品归类时易发生的错误

一、品目归类时解题程序上易发生的错误

1. 抓不准待归类商品的特征

通常根据《协调制度》进行分类时,对原料性商品按商品的自然属性设章;制成品按所具有的原理、功能及用途设章；对难以按常用的分类标志进行分类的进出口商品,则以杂项制品为名专列类、章。

所以首先应判断的是,待归类商品究竟是按原料、材料上的特征设章,还是按原理、功能及用途上的特征设章,或是应列入杂项制品。下面仅就品目归类时与明确"待归类商品特征"这一环节有关的程序进行说明。

例4-20 四缸汽车用内燃发动机,气缸容量1 500毫升

【解析】汽车用内燃发动机从用途上看是汽车的零、部件,从功能上看是机械,查阅类、章标题,当视为前者时应归入第87章"车辆及其零件、附件,但铁道及其电车道车辆除外";当视作后者时应归入第84章"核反应堆、锅炉、机器、机械器具及其零件",相应品目分别为87.08和84.07。

例4-21 用于腐蚀性流体的瓷制龙头（莫氏硬度9以下的瓷制成）

【解析】从商品构成材料上看是瓷制品,从商品用途上看是特殊的通用零件。查阅类、章标题,当作为前者时,应归入第69章"陶瓷产品";当作为后者时应归入第84章"……机器、机械器具及其零件"。

此外,商品归类题目中有时还会给出一些与归类无关的条件,如产地、品牌等,应注意避免这些因素对归类思路的影响和干扰。

例如,中国产生漆,纸箱包装、净重5 kg的绿豆粉制的干粉丝,奔驰轿车用电动机风挡刮雨器,所给出的条件"中国产""纸箱包装""奔驰"就与归类无关。

2. 误将标题作为具有法律效力的归类依据

在商品归类中,类、章及分章的标题并不具备法律效力,仅为查找方便而设。

例4-22 石棉制安全帽（帽内衬有纯棉机织物制衬里）

【解析】有的同学一看见帽子,就按第65章的章标题"帽类及其零件",将商品归入第65章,进而归入以安全帽列名的子目6506.1000。

该商品看起来既是帽类（按用途）又是石棉制品（按材料）。当作为前者时应归入第65章品目65.06,当作为后者时应归入第68章品目68.12。再查阅两个章的注释,从第65章章注一、本章不包括:（二）石棉制帽类（品目68.12）。品目68.12的条文明确包括石棉的制品（如纱线、机织物、服装、帽类……）。因为归类时章标题不具有法律效果,正确的归类方法是按照条文和注释的规定归类,本题商品应归入子目6812.9100。

3. 忽视运用注释解决归类

注释是为限定协调制度中各类、章、品目和子目所属货品的准确范围,简化品目和子目条文文字,杜绝商品分类的交叉,保证商品归类的唯一性而设立的,是非常重要的归类依据。在货品看起来可归入两个或两个以上品目的情况下,尤其要想到运用注释确定归类。特别应关注涉及归类优先级、划分多个编码的界限、归类原则,以及排他性的注释规定。

例4-23 超过100年的水墨画原件,有收藏价值

【解析】水墨画原件是手绘的艺术品,查阅类、章标题应归入第97章。看起来既是手绘画,也是超过100年的古物。如作为前者应归入品目97.01"油画、粉画及其他手绘画";如作为后者应归入品目97.06"超过100年的古物"。

因为第97章注释四第（二）条规定品目97.06不适用于可以归入该章其他各品目的物

品,所以超过 100 年的水墨画原件应归入品目 97.01,最终归入子目 9701.1010。本例的关键是牢记注释和品目条文在归类时处于同样优先的地位。如果忽视运用注释,就会误用规则三第③条从后归类的方法即归入品目 97.06,此法当然是一个错误的选择。

4. 错误运用归类总规则

归类总规则是商品归类时必须遵循的总原则,其应用条件是在品目条文和注释不能解决归类的情况下才能应用。

二、子目归类时解题程序上易发生的错误

1. 误将子目归类先于品目归类

例4-24 氯乙烯-乙酸乙烯酯共聚物,按重量计含乙酸乙烯酯单体单元为60%(水分散体)

【解析】氯乙烯－乙酸乙烯酯共聚物是以氯乙烯和乙酸乙烯酯为共聚单体的合成物质,是塑料,查阅类、章标题应归入第 39 章“塑料及其制品”。

因本例中的商品是初级形状,所以应归入第 1 分章。该分章未见明确列有氯乙烯－乙酸乙烯酯共聚物的品目。此混合物中按重量最大的那种共聚单体单元所构成的聚合物的品目归类。因按重量计乙酸乙烯酯聚合物归类,归入品目 39.05。因 39.05 品目下有一个“其他”子目,所以子目的归类应参照子目注释 1 办理,即因本例商品乙酸乙烯酯的含量不足 95%,所以不能视为聚乙酸乙烯酯,而应视为乙酸乙烯酯共聚物,最终归入子目 3905.2100。但是有的同学对氯乙烯－乙酸乙烯酯共聚物不了解,忙于到子目条文寻求帮助,当发现品目 39.04 项下有以氯乙烯－乙酸乙烯酯共聚物列名的子目后,就误归入 3904.3000。

2. 非同级子目进行比较

有时,品目归对了,但会因为忽视了子目归类时应按照归类总规则六规定的原则——子目的比较只能在同一数级上进行,造成归类错误。

第四节　进出口货物商品归类的海关管理

商品归类是海关正确执行国家关税政策、贸易管制措施和准确编制海关进出口统计数据的基础。因此,正确进行商品归类,在进出口货物通关中具有十分重要的意义。

一、进出口商品归类的依据

我国的商品归类以《协调制度》为体系,以《进出口税则》和《海关统计商品目录》为执法依据。《海关法》规定:“进出口货物的商品归类按照国家有关商品归类的规定确定。”具体来说,主要包括以下两个方面。

(一)主要依据

①《中华人民共和国海关法》《中华人民共和国进出口关税条例》《中华人民共和国海关进出口货物征税管理办法》。

②《中华人民共和国海关进出口税则》归类总规则、类注、章注、子目注释、税目条文。

③ 海关总署下发的关于商品归类的有关规定。

④《进出口税则商品及品目注释》。

⑤《中华人民共和国进出口税则本国子目注释》。

（二）其他依据

在进出口商品归类过程中,海关可以要求进出口货物的收发货人提供商品归类所需的有关资料,并将其作为商品归类的依据。必要时,海关可以组织化验、检验,并将海关认定的化验、检验结果作为商品归类的依据。

二、进出口商品归类的申报要求

商品归类是一项技术性很强的工作。申报的货物名称、规格、型号等必须能满足归类的要求,报关员应向海关详细提供归类所需要的货物的形态、性质、成分、加工程度、结构原理、功能、用途等技术指标和技术参数等。

为规范进出口企业申报行为,提高通关数据质量,加快通关速度,促进贸易便利化,海关总署关税征管司根据 2014 年《中华人民共和国进出口税则》的变化情况,编制了 2014 年《中华人民共和国海关进出口商品规范申报目录》(以下简称《目录》),发布 8 位税号对应商品的申报要素。

该《目录》采用了与《中华人民共和国进出口税则》一致的结构,所列商品按照类、章层次排列。其正文由"税则号列""商品名称""申报要素""说明举例"栏组成,其中申报要素包括归类要素、价格要素、审美及其他要素。进出口货物收发货人或其代理人在填报海关进出口货物报关单的"商品名称、规格型号"栏目时,应按照目录中所列商品申报要素的内容填报。例如,品目2204"鲜葡萄酿造的酒"下各子目的申报要素分别如下所示。

子目 2204.1000"汽酒":①品名;②种类;③容器容积。

子目 2204.2100"装入 2 升及以下容器的其他酒及加酒精抑制发酵的酿酒葡萄汁":①品名;②加工方法;③容器容积。

子目 2204.2900"装入 2 升及以上容器的其他酒及加酒精抑制发酵的酿酒葡萄汁":①品名;②加工方法;③容器容积。

三、商品预归类

商品预归类是世界海关组织向各国海关当局和企业组织推荐的一种现代贸易通关中的商品管理工作模式,属于一种国际通行的做法。简单地说,预归类就是把商品归类的过程前置,在海关注册登记的进出口货物经营单位(以下简称申请人),在货物实际进出口的 45 日前,向直属海关申请就其拟进出口的货物预先进行商品归类。

（一）预归类的申请

预归类的申请人申请预归类时,应当填写中华人民共和国海关商品预归类申请表(见表4-1),以一式两份提交给进出口地海关。

表4-1　中华人民共和国海关商品预归类申请表

申请人：	
企业代码：	
通信地址：	
联系电话：	
商品名称(中、英文)：	
其他名称：	
商品描述(规格、型号、结构原理、性能指标、功能、用途、成分、加工方法、分析方法等)	
进出口计划(进出口日期、口岸、数量等)：	
随附资料清单(有关资料请附后)：	
此前如就相同商品持有海关商品预归类决定书的,请注明决定书编号：	

申请人(章)　　　　　　　　　　年　月　日	海关(章) 预归类申字　　　号 接受日期：　　年　月　日 签收人：

说明：1.填写此申请表前应阅读《预归类暂行办法》。

　　　2.本申请表一式两份,申请人和海关各一份。

　　　3.本表加盖申请人和海关印章方为有效。

知识拓展

预归类申请应注意的问题

① 申请人应该按照海关要求提供足以说明申报商品情况的资料,如进出口合同复印件,照片、说明书、分析报告、平面图等,必要时提供商品样品。申请所附文件如为外文,应同时提供中文译文。

② 申请人应对其提供资料的真实性负责,不得向海关隐瞒或向海关提供影响预归类准确性的倾向性资料;如实际进出口货物与中华人民共和国海关进出口商品预归类决定书(以下简称预归类决定书)所述及的商品不相符,申请人应承担法律责任。

③ 一份预归类申请表只应包含一项商品,申请人对多项商品申请预归类的应分别提出。

④ 申请人不得就同一种商品向两个或两个以上海关提出预归类申请。

⑤ 申请人可向海关申请对其进出口货物所涉及的商业秘密进行保密。

⑥ 在预归类决定书的有效期内,申请人对归类决定持有异议,可向做出决定的海关提出复核。

⑦ 申请表必须加盖申请单位印章,所提供的资料与申请表必须加盖骑缝章。

（二）预归类的受理和预归类的决定

海关根据规定对预归类申请进行审查，申请预归类的商品归类事项，经直属海关审核认为符合《中华人民共和国进出口税则》《海关进出口税则——统计目录商品及品目注释》《中华人民共和国进出口税则本国子目注释》，以及海关总署发布的关于商品归类的行政裁定，商品归类决定有明确规定的，应当在接受申请之日起15个工作日制发预归类决定书，并且告知申请人。属于没有明确规定的，应当在接受申请之日起7个工作日内告知申请人按照规定申请行政裁定。

（三）预归类决定书的效力

预归类决定书对该决定的申请人和做出决定的海关具有约束力，对该决定书所述货物的海关商品归类在其有效期内具有约束力。直属海关做出的预归类决定在本关区范围内有效，海关总署做出的预归类决定书在全国范围内有效。

预归类决定书自海关签发之日起1年内有效，只准申请人使用。

海关在做出预归类决定后，不得随意更改。有关规定发生变化导致相关预归类决定书不再适用的，做出预归类决定的直属海关应当制发变更通知书或者发布公告，通知申请人停止使用有关预归类决定书。

本章小结

学习商品归类首先要理解《协调制度》的基本结构与编码规律。《协调制度》由三部分组成：归类总规则、注释和商品编码表。国际贸易所涉及的各种商品按照生产部类、自然属性和不同功能用途等分为22类98章。每一种商品都有与其对应的归类编码。

国际贸易中的商品种类繁多，但归类并不是无章可循。《协调制度》将商品分类的普遍归类加以归纳总结为六大总规则。

随着海关预归类措施的推广，企业对进出口商品预归类的需求呈现逐年增长的趋势，预归类减少了贸易成本、提高了通关效率。

思考题

1. 进出口商品归类的依据有哪些？
2. 简述《协调制度》归类总原则。

实训题

1. 查找下列商品的HS编码。
（1）石油原油
（2）男式羊皮夹克
（3）24K金项链
（4）棉涤纶平纹布（蓝色，210 g/m²，按重量计含棉55%、涤纶45%，幅宽110 cm）
（5）机动多用途船
（6）输出功率为100瓦的吊扇
（7）含金2%、银3%、铜15%、铁80%的未锻造金属合金锭
（8）按重量计由65%的苯乙烯单体单元和35%的丙烯腈单体单元组成的共聚物（初级形状）
（9）白兰地酒

（10）钡餐口服剂（用于病人 X 光检查造影）

（11）降落伞（黄色尼龙绸做伞面）

（12）塑料制眼镜架

（13）一次成像照相机

（14）心电图记录仪

2. 2019 年 8 月，天津江华机电进出口公司为西安丰润公司代理进口 10 台等离子空气净化器，天津江华机电进出口公司委托天津开发区报关行办理商品归类手续。天津开发区报关行安排小李去完成商品归类工作。

请问：小李如何套用六大归类总原则将商品进行归类？该商品最终归入的税目号是多少？

第五章
进出口税费的计算与缴纳

学习目标

- 了解进出口环节有关税费的含义、种类和征收范围。
- 掌握进出口货物完税价格的审定原则。
- 理解进出口货物原产地确定原则和方法。
- 掌握计算进出口环节税费的方法。
- 掌握进出口税费的退补。

学习重点

- 进出口货物完税价格的审定原则。
- 各种税费的计算方法。

案例导入　科华外贸公司不服海关估价决定行政复议案

2013 年 6 月 10 日,科华外贸公司以一般贸易方式向某海关申报进口集成电路。某海关经审核,发现其申报价格明显低于海关掌握的相同或类似货物成交价格及国际市场价格行情,遂于 2013 年 6 月 11 日制发价格质疑通知书,对申请人进行价格质疑,要求其做出书面说明,并提供相关资料。

经审查科华外贸公司提供的说明及相关资料,某海关认为不足以证明其申报货物价格的真实性、准确性,而且该海关还发现科华外贸公司代理的国内实际买方飞达科技公司与境外卖方香港飞达科技公司存在特殊经济关系,对成交价格产生影响。因此,根据《审价办法》的规定,该海关不接受该进口货物的申报价格。

为充分交流双方掌握的信息,某海关与科华外贸公司进行了价格磋商。某海关对科华外贸公司提供的价格信息资料进行了审查,认为该资料存在诸多瑕疵,不能作为估价的基础。由于科华外贸公司未能提供适用相同或类似货物成交价格,以及构成倒扣价格法、计算价格法所需的相关可量化的数据,而某海关也未能掌握使用相同货物成交价格方法、类似货物成交价格方法、倒扣价格方法和计算价格方法的相关价格资料,2013 年 9 月 20 日,某海关依据《审价办法》的有关规定,使用合理估价方法进行估价,并相应做出征税决定。

科华外贸公司不服海关上述估价征税行为,于 2013 年 9 月 22 日向该海关的上一级海关申请行政复议,作为国内实际买方的飞达科技公司作为第三人参加了复议。

科华外贸公司与飞达科技公司在行政复议申请书中提出的主要申辩理由如下:

① 被申请人认为飞达科技公司与香港飞达科技公司有特殊关系,因而影响成交价格,没有任何证据支持。

② 申请人提供的报关单、厂商发票等证据可证实申请人申报价格的真实性。

③ 海关估价未适用法律规定的估价程序,而直接采用合理方法估定完税价格,是违反程序的。

行政复议机关经审理认为,本案有证据表明飞达科技公司的经营活动实际受到香港飞达科技公司的控制,而这种特殊经济关系影响了成交价格,被申请人经了解有关情况,并与申请人进行价格磋商后,依次排除了相同货物成交价格估价方法、类似货物成交价格估价方法、倒扣价格估价方法、计算价格估价方法的使用可能,最后以海关掌握的国内其他口岸相同型号规格产品的实际进口成交价格资料为基础,采用合理方法进行估价,做出了征税决定,认定事实清楚,证据充分,适用依据正确,程序合法,应予支持。2013 年 11 月 27 日,行政复议机关对该案做出复议决定,维持某海关的原估价征税决定。

第一节　海关税收征管制度概述

进出口税费直接关系到进出口商的采购或销售成本,也直接关系到进出口商品在国际市场上的竞争力。因此,进出口税费与企业的经济利益休戚相关。依法征税是海关的重要任务之一;依法缴纳税费是有关纳税义务人的基本义务,也是报关员的岗位职责。我国进出口环节税费征纳的法律依据主要是《海关法》《关税条例》及其他有关法律、行政法规。

海关税收是指海关代表国家对进出境货物、物品、运输工具所征收的一种流转税,主要包括关税,进口环节代征的增值税、消费税和船舶吨税。一般来说,海关税收征管制度主要指关税制度。

一、关税

(一)关税的含义和特点

1. 关税的含义

关税是海关代表国家,按照国家制定的关税政策和公布实施的税法及《进出口税则》,对准许进出关境的货物和物品向纳税义务人征收的一种流转税。

关税的征税主体是国家,由海关代表国家向纳税义务人征收;课税对象是进出关境的货物和物品。关税的纳税义务人也称关税纳税人或关税纳税主体,包括进口货物的收货人、出口货物的发货人、进出境物品的所有人。

关税是国家税收的重要组成部分,是国家保护国内经济、实施财政政策、调整产业结构、发展进出口贸易的重要手段,也是世界贸易组织允许各缔约方保护其境内经济的一种手段。

2. 关税的特点

① 无偿性。海关在征税的时候,既不向纳税人支付任何报酬,也不给予某些特许权利,税款一经征收,即归国家所有。

② 强制性。凡是法律规定负有纳税义务的单位或个人,无论其主观上是否愿意,都必须无

条件地履行纳税义务,否则就会受到法律制裁。

③ 固定性。海关在征税之前,对于征税对象、税收比例都会用法律形式规定下来,由征纳双方共同遵守。海关只能按规定的标准收税,不能无故多征或少征。

④ 涉外性。关税的课税对象是进出境的货物和物品,关税政策和措施是一国对外贸易政策的体现,关系到国际贸易的开展,所以关税具有涉外性。

（二）关税的分类

1. 按照课税商品流向分类

按照课税商品流向,关税可以分为进口关税、出口关税和过境关税。

（1）进口关税

进口关税是一国海关以进境货物和物品为课税对象所征收的一种关税。这是关税中最主要的一种。

（2）出口关税

出口关税是一国海关以出境货物和物品为课税对象所征收的关税。征收出口关税的主要目的是限制、调控某些商品的过激、无序出口,特别是防止本国一些重要自然资源和原材料的出口。为鼓励出口,世界各国一般不征收出口关税或仅对少数商品征收出口关税。

（3）过境关税

过境关税又叫通过税,是一国海关对通过其关境的外国货物所征收的关税。征收过境关税的目的是增加财政收入,现在已很少采用。

2. 按照差别待遇分类

按照差别待遇,关税可以分为普通关税、优惠关税、进口附加税和差价税。

（1）普通关税

普通关税是不提供任何关税优惠的一种进口关税。其适用于来自与该国没有签订任何贸易协定的国家的货物,普通税率一般比优惠税率高 1 ~ 5 倍,少数货物甚至高出 10 ~ 20 倍。

（2）优惠关税

优惠关税是对来自特定受惠国的进口货物征收的低于普通税率的优惠税率关税。使用优惠关税的目的是为了增进与受惠国之间的贸易关系。

优惠关税又可以分为最惠国待遇关税、特别优惠关税、普遍优惠关税 3 种。

① 最惠国待遇关税是根据最惠国待遇条款给予享受国进口货物及原产于我国关境内的进口货物较优惠的一种关税。

② 特别优惠关税简称特惠税,是对从特定国家或地区进口的全部或部分商品,给予特别优惠的低关税或免税待遇。

③ 普遍优惠关税简称普惠税,源于普遍优惠制。普遍优惠制简称普惠制,是发达国家对从发展中国家或地区进口的商品,特别是制成品和半制成品,普遍给予最惠国税率基础上的关税减免优惠的一种制度。普惠制主要有普遍性、非歧视性、非互惠性三项原则。

（3）进口附加税

进口附加税是一国对进口货物除征收正常关税外,根据某种目的另行加征的一种关税。进口附加税通常是一种特定的临时性措施。常见的进口附加税有反补贴税和反倾销税。

（4）差价税

差价税又称差额税,是指当某种进口货物的价格低于本国生产的同类产品时,为削弱这种进口商品的竞争优势,按国内价格与进口差额征收的关税。

3. 按照计征标准分类

按照计征标准或计征方法,关税可以分为从量税、从价税和混合税。

（1）从量税

从量税是以进口商品的重量、数量、长度、体积、容积和面积等计量单位为征收标准,以每一计量单位应纳的关税金额作为税率计征的关税。

（2）从价税

从价税是以货物价格作为征收标准,以货物价格的百分比为税率计征的关税。

（3）混合税

混合税又称复合税,是在《进出口税则》的同一税目中订有从量税和从价税两种税率,对进口商品同时计征从量税和从价税。

4. 按照征税目的分类

按照征税目的,关税可以分为财政关税和保护关税。

（1）财政关税

财政关税是以增加国家财政收入为目的而征收的关税。

（2）保护关税

保护关税是以保护本国工业、农业和服务业及科学技术发展为主要目的而征收的关税。

二、进口环节海关代征税

进口货物、物品在办理海关手续放行后,进入国内流通领域,与国内货物同等对待,所以应缴纳应征的国内税。进口货物、物品的一些国内税依法由海关在进口环节征收。目前,由海关征收的国内税有增值税、消费税两种。

（一）增值税

1. 含义

增值税是以商品的生产、流通和劳务服务各个环节所创造的新增价值为课税对象征收的一种流转税。

其他环节的增值税由税务机关征收,进口环节增值税由海关征收。

进口环节增值税的起征点是人民币 50 元,低于 50 元的免征。

2. 征收范围和税率

我国增值税的征收原则是中性、简便、规范。对纳税人销售或者进口低税率和零税率以外的货物,提供加工、修理修配劳务的,税率为 13%。纳税人销售或者进口下列货物,按低税率 9% 计征增值税。

① 粮食、食用植物油。

② 自来水、暖气、冷气、热水、煤气、石油液化气、天然气、沼气、居民用煤炭制品。

③ 图书、报纸、杂志。

④ 饲料、化肥、农药、农机、农膜。

⑤ 国务院规定的其他货物。

（二）消费税

1. 含义

消费税是以消费品或消费行为的流转额作为课税对象而征收的一种流转税。

其他环节的消费税由税务机关征收，进口环节消费税由海关征收。

进口环节消费税的起征点是人民币 50 元，低于 50 元的免征。

2. 征收范围

① 一些过度消费会对人的身体健康、社会秩序、生态环境等方面造成危害的特殊消费品，如烟、酒、酒精、鞭炮、焰火等。

② 奢侈品等非生活必需品，如贵重首饰及珠宝玉石、化妆品及护肤品等。

③ 高能耗的高档消费品，如小轿车、摩托车、汽车轮胎等。

④ 不可再生和替代的资源类消费品，如汽油、柴油等。

三、船舶吨税

（一）含义

船舶吨税是由海关在设关口岸对进出、停靠我国港口的国际航行船舶征收的一种使用税。征收船舶吨税的目的是用以航道设施的建设。

（二）征收依据

根据《中华人民共和国船舶吨税暂行办法》的规定，国际航行船舶在我国港口行驶，使用了我国的港口和助航设备，应缴纳一定的税费。凡征收了船舶吨税的船舶不再征收车船使用税，对已经征收车船使用税的船舶，不再征收船舶吨税。

船舶吨税税率分为优惠税率和普通税率两种。凡与我国签订互惠协议的国家或地区适用船舶吨税优惠税率，未签订互惠协议的适用船舶吨税普通税率。

船舶吨税税率如表 5-1 所示。

表5-1　吨税税目税率

税　目（按船舶净吨位划分）	税率（元／净吨）						备　注
	普通税率（按执照期限划分）			优惠税率（按执照期限划分）			
	1 年	90 日	30 日	1 年	90 日	30 日	
不超过 2 000 净吨	12.6	4.2	2.1	9.0	3.0	1.5	拖船和非机动驳船分别按相同净吨位船舶税率的 50% 计征税款
超过 2 000 净吨，但不超过 10 000 净吨	24.0	8.0	4.0	17.4	5.8	2.9	
超过 10 000 净吨，但不超过 50 000 净吨	27.6	9.2	4.6	19.8	6.6	3.3	
超过 50 000 净吨	31.8	10.6	5.3	22.8	7.6	3.8	

（三）征收范围

① 在我国港口行驶的外国籍船舶。

② 外商租用（程租除外）的中国籍船舶。

③ 中外合营海运企业自有或租用的中、外国籍船舶。

④ 我国租用的外国籍国际航行船舶。

根据规定,对于中国香港、澳门特别行政区海关已征收船舶吨税的外国籍船舶,进入内地港口时,仍应照章征收船舶吨税,因为中国香港、澳门特别行政区为单独关税区。

> **思考**
>
> 以下 4 种船舶,哪一种船舶应征收船舶吨税?
>
> 1. 在天津口岸行驶的日本油轮。
>
> 2. 在上海港口航行的中华货运。
>
> 3. 航行于青岛港口被新加坡商人以期租的方式租用的中国籍船舶。
>
> 4. 航行于国外,兼营国内沿海贸易的被中国商人租用的韩国籍船舶。

(四)计算公式

船舶吨税的征收方法分为 1 年期缴纳、90 天期缴纳和 30 天期缴纳 3 种,并分别确定税额,缴纳期限由纳税义务人在申请完税时自行选择。

船舶吨税的计算公式为:

$$应纳船舶吨税税额 = 注册净吨位 \times 船舶吨税税率(元/净吨)$$

船舶吨税起征日为船舶申报进口之日。

知识拓展

注册净吨位

注册净吨位也称净吨位,是指船舶上可用以载运客货的容积,也就是在总吨位的基础上扣除"直接营业的容积"后折合的重量数。总吨位又称注册总吨位,是指船舱内及甲板上所有关闭场所的内部空间的总和,无论是"总吨位"还是"净吨位",均以 2.83 立方米或 100 立方英尺为 1 吨折合成"吨位"。计算公式如下:

$$净吨位(公制) = 总吨位(公制) - \frac{非直接营业容积(立方米)}{2.83 \ 立方米}$$

$$净吨位(英制) = 总吨位(英制) - \frac{非直接营业容积(立方英尺)}{100 \ 立方英尺}$$

四、滞纳金

(一)征收范围

在海关监督管理中,滞纳金是指应纳税费的单位或个人因在规定期限内未向海关缴纳税款,海关依法向企业或个人征收的款项。按照规定,关税、进口环节增值税、消费税、船舶吨税等的纳税人,应当自海关填发税款缴款书之日起 15 日内缴纳进出口税费,逾期缴纳的,海关依法在原应纳税款的基础上，按日加收滞纳税款 0.5‰ 的滞纳金。

（二）征收目的

征收滞纳金的目的是通过强制纳税人承担相应的经济制裁责任，促使其尽早履行纳税义务。

（三）滞纳天数的确定

海关对滞纳天数的计算是自缴纳期限届满次日起至进出口货物纳税义务人缴纳税费之日止，其中的星期六、星期天或法定节假日一并计算。缴纳期限最后一天是法定假日、休息日的，可顺延至下一个工作日。缴纳期限自海关填发税款缴款书之日的次日开始，向后推算 15 日终止，如图 5-1 所示。

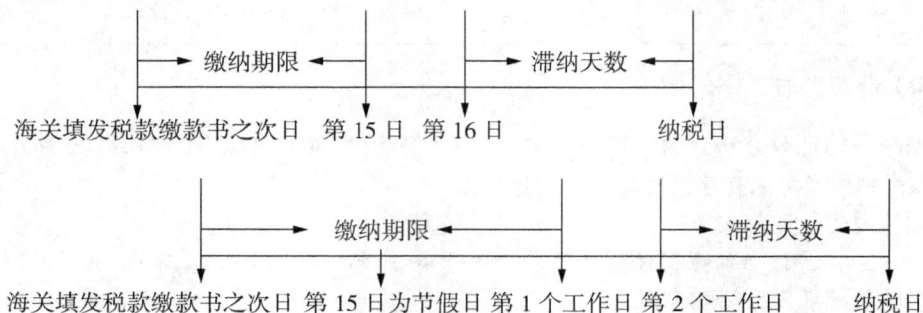

图5-1　滞纳金缴纳期限示意

知识拓展

滞纳天数的计算

例 1：海关于 2019 年 3 月 5 日（星期二）填发海关税款缴款书，该公司于 2019 年 3 月 27 日缴纳税款。请计算滞纳天数。

（1）按照上文所述，缴纳期限自海关填发税款缴款书之日的次日开始，向后推算 15 日终止。

即从 2019 年 3 月 6 日开始至 2019 年 3 月 20 日止。如果该公司在这个期限内缴纳税费，海关不应征收滞纳金。遗憾的是该公司没有在这个期限内缴纳。

（2）海关对滞纳天数的计算是自缴纳期限届满次日起至进出口货物纳税义务人缴纳税费之日止，其中的星期六、星期天或法定节假日一并计算。即从 2019 年 3 月 21 日开始至 2019 年 3 月 27 日止，共滞纳 7 天。

例 2：海关于 2019 年 7 月 5 日（星期五）填发海关税款缴款书，该公司于 2019 年 7 月 24 日缴纳税款。请计算滞纳天数。

（1）缴纳期限自海关填发税款缴款书之日的次日开始，向后推算 15 日终止。即从 2019 年 7 月 6 日开始向后推算 15 日。缴纳期限最后一天是法定假日、休息日的，可顺延至下一个工作日。本例中缴纳期限的最后一天 2019 年 7 月 20 日（周六）是休息日，按照规定，顺延至下一个工作日，即缴纳期限从 2019 年 7 月 6 日开始至 2019 年 7 月 22 日（周一）止。

（2）海关对滞纳天数的计算是自缴纳期限届满次日起至进出口货物纳税义务人缴纳税费之日止，其中的星期六、星期天或法定节假日一并计算。即从 2019 年 7 月 23 日开始至 2019 年 7 月 24 日止，共滞纳 2 天。

（四）征收标准

滞纳金按每票货物的关税、进口环节增值税、消费税单独计算，起征点为人民币 50 元，不足人民币 50 元的免征。

$$关税滞纳金金额＝滞纳关税税额×0.5‰×滞纳天数$$
$$进口环节海关代征税滞纳金金额＝滞纳进口环节海关代征税税额×0.5‰×滞纳天数$$

（五）特殊情形下滞纳金的征收方法

特殊情形下滞纳金的征收方法如表 5-2 所示。

表5-2 特殊情形下滞纳金的征收方法

适用情况	征收方法
进出口货物放行后,海关发现因纳税人违规造成少征或漏征的税款,可以自缴纳税款或者货物放行之日起3年内追征	从缴纳税款或者货物放行之日起至海关发现违规行为之日止,按日加收少征或者漏征税款0.5‰的滞纳金
因纳税人违规造成海关监管货物少征或漏征的税款,海关可以自纳税人应纳税之日起3年内追征	从缴纳税款之日起至海关发现违规行为之日止,按日加收少征或者漏征税款0.5‰的滞纳金
租赁进口货物,分期支付租金的,应在每次支付租金后的15日内向海关申报纳税,逾期申报的,海关除征税外,加收滞纳金	自申报纳税手续期限届满之日起至纳税人申报纳税之日止,按日加收应纳税款0.5‰的滞纳金
暂时进出境货物未在规定期限内复运进出境,海关按规定征收应纳税款	自规定期限届满之日起至纳税人申报纳税之日止,按日加收应纳税款0.5‰的滞纳金

思考

某进出口公司于2019年8月6日(周二)申报进口一批货物,海关于当天开出税款缴款书,其中关税税额为24 000元,增值税税额为35 100元,消费税税额为8 900元,该公司实际缴款日为2019年9月2日。

计算该公司应缴纳的滞纳金。

五、滞报金

（一）征收范围

滞报金是海关对未在法定期限内向海关申报进口货物的收发货人采取的依法加收的属经济制裁性质的款项。各类货物的申报期限如表5-3所示。

表5-3 各类货物的申报期限

货物种类	申报期限
邮运进口货物	邮局送达领取通知单之日起14日内
转关货物	自运输工具申报进境之日起14日内,向进境地海关办理转关手续
其他运输方式的货物	载运进口货物运输工具申报进境之日起14日

（二）征收目的

征收滞报金的目的是为了加速口岸疏运,加强海关对进口货物的管理,促使进口货物收货人按规定时限申报。

（三）滞报天数的确定

进口货物收货人应当自运输工具申报进境之日起14日内向海关申报。未按规定期限向海关申报的,由海关自起征日起至海关接受申报之日止,按日征收相应货物完税价格 0.5‰ 的滞报金。实际操作中,滞报天数以运输工具申报进境之日起第 15 日为起征日,以海关接受申报之日为截止日,起征日和截止日都计入,规定的期限内含有星期六、星期日或法定节假日不予扣除,规定的起征日是法定假日、休息日的,可顺延至下一个工作日。国务院临时调整休息日与工作日的,海关应当按照调整后的情况确定滞报金的起征日。

(四)征收标准

滞报金按日计征,征收金额为完税价格的 0.5‰,起征点为人民币 50 元,不足人民币 50 元的免征。

$$进口货物滞报金金额=进口货物完税价格×0.5‰×滞报天数$$

第二节　进出口货物完税价格的确定

进出口货物完税价格是海关对进出口货物征收从价税时审查估定的应税价格。我国海关对实行从价税的进出口货物征收关税时,必须依法确定货物应缴纳税款的价格,即经海关依法审定的完税价格,也就是海关对进出口货物征收从价税时审查估定的应税价格。进出口货物完税价格是凭此计征进出口货物关税及进口环节税税额的基础。

一、我国海关审价的法律依据

目前,我国海关审价的法律依据可分为 3 个层次:

第一个层次是法律层次,即《海关法》;

第二个层次是行政法律层次,即《进出口关税条例》;

第三个层次是部门规章层次,即《中华人民共和国海关审定进出口货物完税价格办法》(以下简称《审价办法》)。

二、进口货物完税价格的审定

进口货物完税价格的审定包括一般进口货物完税价格的审定和特殊进口货物完税价格的审定。

(一)一般进口货物完税价格的审定

一般进口货物的完税价格,由海关以该货物的成交价格为基础审查确定,并应当包括货物运抵我国境内输入地点起卸前的运输及其相关费用、保险费。运输及其相关费用中的"相关费用"主要是指与运输有关的费用,如装卸费、搬运费等,属于广义的运费范畴。

海关确定进口货物完税价格的估价方法有 6 种:成交价格法、相同货物成交价格法、类似货物成交价格法、倒扣价格法、计算价格法、合理方法。这 6 种估价方法必须依次使用,即只有在不能使用前一种估价方法的情况下,才可以顺延其他估价方法。如果进口货物收货人提出要求并提供相关资料,经海关同意,可以颠倒倒扣价格法和计算价格法的适用次序。6 种估价方法的顺序关系如图 5-2 所示。

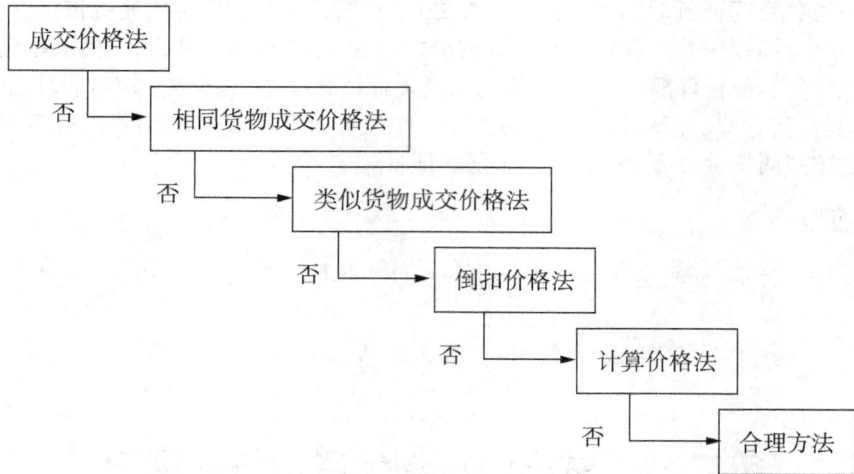

图5-2 海关依次使用的6种估价方法

1. 成交价格法

（1）定义

成交价格法是第一种估价方法，它是建立在进口货物实际发票价格或合同价格的基础之上，在海关估价实践中使用率最高。

进口货物的成交价格是指卖方向我国境内销售该货物时，买方为进口该货物向卖方实付、应付的，并按有关规定调整后的价款总额，包括直接支付的价款和间接支付的价款。

知识拓展

成交价格定义的3层含义

第一层含义是买方购进进口货物，购买必须符合两个条件，一是买方支付货款，二是卖方向买方转移货物所有权。不符合条件的，即不存在购买的，不能采用进口货物成交价格法。

第二层含义是按《进出口关税条例》相关条款及《审价办法》的相关规定调整后的价格，因此，成交价格不完全等同贸易中发生的发票价格，而是需要按有关规定进行调整。

第三层含义是向卖方实付、应付的价款，包括直接支付的价款和间接支付的价款。买方支付价款的目的是为了获得进口货物，支付的对象包括卖方，也包括与卖方有联系的第三方，支付的价款为已经支付与将要支付两者的总额。

（2）成交价格的调整因素

①计入因素。成交价格计入项目如图5-3所示。

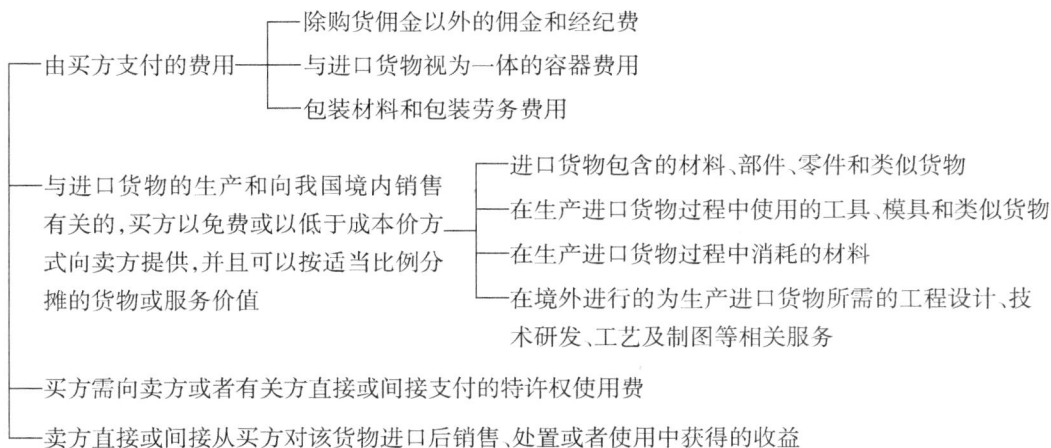

图5-3　成交价格计入项目

上述所有项目的费用或价值计入成交价格中,必须同时满足 3 个条件:一是由买方负担;二是未包括在进口货物的实付或应付价格中;三是有客观量化的数据资料。如果缺少客观量化的数据,导致无法确定应计入的准确金额的,则不应使用成交价格法估价。

② 扣减因素。成交价格扣减项目如图 5-4 所示。

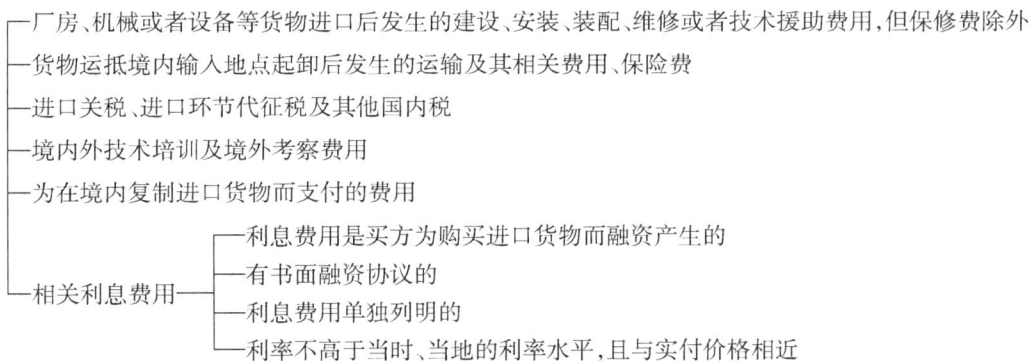

图5-4　成交价格扣减项目

上述所有项目的费用或价值扣减,必须同时满足 3 个条件:一是有关税收或费用已经包括在进口货物的实付、应付价格中;二是有关费用是分列的,并且有客观量化的数据资料;三是有关费用应在合理范围内。如果贸易中存在上述规定的税收或费用之一,但是买卖在贸易安排中未单独列明上述费用的,或者缺乏客观量化资料的,则所述费用不得扣除。

思考

某公司进口一台机器,发票列明:成交价格 80 000 美元,包括货物运抵输入地点起卸后的运输及相关费用,保险费 500 美元,包装容器费 200 美元,销售佣金 100 美元,特许权使用费为成交价格的 3%。

请问:其完税价格是多少美元?

(3)成交价格本身必须满足的条件

① 买方对进口货物的处置和使用权不受限制。如果买方对进口货物的处置和使用权受到

限制,则进口货物不适用成交价格法,但也存在虽受限制但并不影响成交价格成立的情形。买方对进口货物处置和使用限制的情形如表5-4所示。

表5-4　买方对进口货物处置和使用限制的情形

完税价格的审定不适用成交价格法	完税价格的审定依然适用成交价格法
进口货物只能用于展示或者免费赠送的	国内法律、行政法规和规章规定的限制
进口货物只能销售给指定第三方的	对货物转售地域的限制
进口货物加工为成品后只能销售给卖方或指定第三方的	对货物价格无实质影响的限制
其他经海关审查,认定买方对进口货物的处置或者使用受到限制的	—

② 货物的价格不应受到导致该货物成交价格无法确定的条件或因素的影响。

③ 卖方不得直接或间接获得因买方销售、处置或使用进口货物而产生的任何收益,除非该收益能被合理确定。

④ 买卖双方不存在特殊关系,或虽有特殊关系但未对成交价格产生任何影响。

根据《审价办法》第十六条的规定,有 8 种情形,海关应当认定买卖双方存在特殊关系:

A. 买卖双方互为对方的高级职员或董事;

B. 买卖双方为法律承认的商业合伙人;

C. 买卖双方为雇主和雇员关系;

D. 一方直接或间接拥有、控制另一方 5% 或以上公开发行的有表决权的股票或股份;

E. 一方直接或间接地受另一方控制;

F. 双方都直接或间接地受第三方控制;

G. 双方共同直接或间接地控制第三方;

H. 双方为同一家族成员。

如果不能满足上述 4 个条件,应当顺延采用下一种估价方法。

2. 相同或类似货物成交价格法

（1）定义

相同或类似进口货物成交价格法是指以与被估货物同时或大约同时向我国境内销售的相同货物及类似货物的成交价格为基础,审定进口货物完税价格的方法。

（2）"对相同或类似货物成交价格法"的理解

① 相同货物或类似货物。"相同货物"是指与进口货物在同一国家或者地区生产的,在物理性质、质量和信誉等所有方面都相同的货物,但是表面微小差异允许存在。"类似货物"是指与进口货物在同一国家或者地区生产的,虽然不是在所有方面都相同,但却具有相似的特征、相似的组成材料、相同的功能,并且在商业中可以互换的货物。

② 与被估货物同时或大约同时进口。"同时或大约同时"是指进口货物接受申报之日的前后各 45 天以内。

③ 关于相同及类似货物成交价格法的运用。采用相同及类似货物成交价格法应具备五大要素:一是货类同,即必须与进口货物相同或类似;二是产同地,即必须与进口货物在同一国家或者地区生产;三是进同时,即必须与进口货物同时或大约同时进口;四是数相当,即必须与进口货物的商业水平与进口数量相同或大致相同;五是价最低,即当存在多个价格时,必须选择最低的价格。

3. 倒扣价格法

（1）定义

倒扣价格法是指以进口货物、相同或类似进口货物在境内第一环节的销售价格为基础，扣除境内发生的有关费用来估定完税价格。

（2）使用倒扣价格法需要满足的条件

① 在被估货物进口的同时或大约同时，以该货物、相同或类似进口货物在境内销售的价格为基础。"同时或大约同时"是指在进口货物接受申报之日的前后各45天以内。

② 按照该货物进口时的状态销售的价格。如果没有按货物进口时的状态销售的价格，应纳税人要求，可以使用经过加工后在境内销售的价格作为倒扣的基础。

③ 在境内第一环节销售的价格。"第一环节"是指有关货物进口后进行的第一次转售，且转售者与境内买方之间不能有特殊关系。

④ 向境内无特殊关系方销售的价格。即成交价格估价方法规定的特殊关系。

⑤ 按照该价格销售的货物合计销售总量最大。"合计销售总量最大"是指必须使用被估的进口货物、相同或类似进口货物以最大总量单位售予境内无特殊关系方的价格为基础估定完税价格。

（3）对"倒扣项目"的理解

在使用倒扣价格法时，倒扣项目的规定如下。

① 同等级或者同种类货物在境内第一销售环节销售时，通常的利润和一般费用（包括直接费用和间接费用）及通常支付的佣金。

② 货物运抵境内输入地点之后的运输及相关费用。

③ 进口关税、进口环节代征税及其他国内税。

④ 加工增值额。加工增值额是指如果使用经过加工后在境内转售的价格作为倒扣的基础，必须扣除这部分价值。

思考

　　某进口商在货物进口后的45天内按不同的价格分6批销售100个单位的货物，具体情况如下表所示。

批　次	价格／元	数量／个	批　次	价格／元	数量／个
1	100	25	4	90	10
2	90	10	5	95	15
3	100	30	6	105	10

　　请问：此批进口货物倒扣的销售价格应是多少？

4. 计算价格法

计算价格法既不是以成交价格，也不是以在境内的转售价格作为基础，而是以发生的生产国或地区的生产成本为基础的价格。如果进口货物收货人提出要求，并经海关同意，可以与倒扣法颠倒顺序使用。

采用计算价格法的进口货物完税价格由以下各项目的总和构成。

① 生产该货物所使用的原材料价值和进行装配或其他加工的费用。

② 与向我国境内出口销售同级或同类货物相符的利润和一般费用。

③ 货物运抵我国境内输入地点起卸前的运输及相关费用、保险费。

5. 合理方法

合理方法实际上不是一种具体的估价方法，而是规定了使用方法的范围和原则，即运用合理方法，必须符合《关税条例》《审价办法》的公平、统一、客观的估价原则，必须以境内可以获得的数据资料为基础。

在使用合理方法估价时，不得使用以下 6 种价格。

① 境内生产的货物在境内销售的价格，即国内生产的商品在国内的价格。

② 在备选价格中选择高的价格，即从高估价的方法。

③ 货物在出口地市场的销售价格，即出口地境内的市场价格。

④ 以计算价格法规定之外的价值或者费用计算的相同或者类似货物的价格。

⑤ 出口到第三国或地区货物的销售价格。

⑥ 最低限价或武断、虚构的价格。

（二）特殊进口货物完税价格的审定

1. 加工贸易进口料件或者其制成品的一般估价方法

部分加工贸易进口料件或者其制成品因故转为内销，需要依法对其实施估价后征收进口税款，其估价的核心问题是按制成品征税还是按料件征税，以及征税的环节是在进口环节还是在内销环节，其估价方法如表 5-5 所示。

表5-5　加工贸易进口料件或其制成品的估价方法

适用情形	完税价格的确定	征税环节	备　注
进口时需征税的进料加工进口料件	以申报进口时的成交价格为基础	在进口环节	进口时有成交价格
进料加工进口料件或其制成品内销时	以料件原进口成交价格为基础	在内销环节	进口时有成交价格
来料加工进口料件或其制成品内销时	以接受内销申报的同时或大约同时进口的相同或类似的进口价格为基础	在内销环节	进口时无成交价格
加工企业内销加工中产生的边角料或副产品	以海关审定的内销价格为基础	在内销环节	不论有无成交价格

加工贸易内销货物的完税价格按照上述规定仍然不能确定的，由海关按照合理的方法审定。

2. 出口加工区内加工企业内销制成品的估价办法

① 内销的制成品（包括残次品），海关以接受内销申报的同时或者大约同时进口的相同或类似货物的进口成交价格为基础审定完税价格。

② 内销加工过程中产生的边角料或者副产品，以海关审定的内销价格作为完税价格。

3. 保税区内加工企业内销进口料件或者其制成品的估价办法

保税区内加工企业内销进口料件或其制成品的估价方法如表 5-6 所示。

表5-6　保税区内加工企业内销进口料件或其制成品的估价方法

适用情形	保税区内加工企业
内销的进口料件或者其制成品（包括残次品）	以接受内销申报的同时或大约同时进口的相同或类似的进口价格为基础审定完税价格
内销的进料加工制成品（含国产料件）	以制成品所含从境外购入的料件原进口成交价格为基础审定完税价格
内销的来料加工制成品（含国产料件）	以接受内销申报的同时或大约同时进口的与制成品所含从境外购入的料件相同或类似的进口成交价格为基础审定完税价格
内销加工中产生的边角料或副产品	以海关审定的内销价格作为完税价格

4. 从保税区、出口加工区、保税物流园区、保税物流中心等区域、场所进入境内需要征税的货物的估价方法

以从上述区域进入境内的销售价格为基础审定完税价格,加工贸易进口料件及其制成品除外。

5. 出境修理和出境加工等复运进境货物的估价办法

出境修理和出境加工复运进境货物的估价方法如表5-7所示。

表5-7　出境修理和出境加工复运进境货物的估价方法

估价方法	规定期限内（6个月） （出境修理可申请延长6个月,出料加工可延长3个月）	规定期限外
出境修理复运进境货物的估价办法	海关以境外修理费和料件费审查确定完税价格	按一般进口货物审定完税价格
出境加工复运进境货物的估价办法	海关以境外加工费和料件费,以及复运进境的运输及相关费用、保险费审定完税价格	

6. 其他进口货物的估价方法

其他进口货物的估价方法如表5-8所示。

表5-8　其他进口货物的估价方法

类　别	适用情况	完税价格确定
暂时进境货物	应缴纳税款的	按一般进口货物完税价格审定规则审定完税价格
	留购的	以海关审查确定的留购价格为完税价格
租赁进口货物	分期缴税的	以海关审定的该货物的租金为完税价格（利息计入）
	一次性缴税的	以海关审定的租金总额或总价值作为完税价格
	留购的	以海关审定的留购价格作为完税价格
减免税货物	改变用途的	原进口时的价格,扣除折旧部分作为完税价格
无成交价格货物	易货贸易	不适用成交价格法,依次采用相同或类似成交价格法、倒扣法、计算法、合理方法审定完税价格
	寄售、捐赠、赠送	
软件介质	与所载软件分列	以介质本身的价值或成本为基础审定完税价格

三、出口货物完税价格的审定

（一）出口货物的完税价格

出口货物的完税价格由海关以该货物的成交价格为基础审查确定,包括货物运至我国境内输出地点装载前的运输及其相关费用、保险费。

（二）出口货物的成交价格

出口货物的成交价格是指该货物出口销售时,卖方为出口该货物向买方直接收取和间接收取的价款总额。

（三）不计入出口货物完税价格的税收、费用

不计入出口货物完税价格的税收、费用包括如下内容。
① 出口关税。
② 在货物价款中单独列明的货物运至我国境内输出地点装载后的运费及其相关费用、保险费。
③ 在货物价款中单独列明由卖方承担的佣金。

（四）出口货物其他估价方法

出口货物的成交价格不能确定的,海关经了解有关情况,并与纳税义务人进行价格磋商后,依次以下列价格审查确定该货物的完税价格。
① 同时或者大约同时向同一国家或者地区出口的相同货物的成交价格。
② 同时或者大约同时向同一国家或者地区出口的类似货物的成交价格。
③ 根据境内生产相同或者类似货物的成本、利润和一般费用(包括直接费用和间接费用)、境内发生的运输及其相关费用、保险费计算所得的价格。
④ 按照合理方法估定的价格。

（五）出口货物完税价格计算公式

$$出口货物完税价格 = FOB 价 - 出口关税 = FOB 价 \div (1 + 出口关税税率)$$

四、海关估价中的价格质疑程序和价格磋商程序

（一）价格质疑程序

在确定完税价格过程中,海关对申报价格的真实性或准确性有疑问或有理由认为买卖双方的特殊关系可能影响到成交价格时,向纳税义务人或者其代理人下发中华人民共和国海关价格质疑通知书,将质疑的理由告知纳税义务人或者其代理人。

纳税义务人或者其代理人应自收到价格质疑通知书之日起 5 个工作日内,提供相关资料或者其他证据,证明其申报价格真实、准确或者双方之间的特殊关系没有影响成交价格。纳税义务人或者其代理人确有正当理由无法在规定时间内提供前款资料或证据的,可以在规定期限届满前向海关申请延期。除特殊情况外,延期不得超过 10 个工作日。

（二）价格磋商程序

价格磋商是指海关在使用除成交价格以外的估计方法时，在保守商业秘密的基础上，与纳税义务人交换彼此掌握的用于确定完税价格的数据资料的行为。

海关按照《审价办法》规定通知纳税义务人进行价格磋商时，纳税义务人须自收到中华人民共和国海关价格磋商通知书之日起 5 个工作日内与海关进行价格磋商。

按照海关总署推广海关审价作业单证无纸化的要求，进口货物纳税义务人可通过海关事务联系系统接收和反馈海关价格质疑通知书、价格磋商通知书、价格磋商记录表等审价文书及随附单证资料电子数据，并可接收和查看估价告知书。

（三）免除价格质疑和价格磋商的情形

对符合下列情形之一的，应纳税义务人申请，海关可以不进行价格质疑及价格磋商，依法审定进出口货物的完税价格。

① 同一合同项下分批进出口的货物，海关对其中一批货物已经实施估价的。
② 进出口货物的完税价格在 10 万元以下或者关税及进口环节代征税总额在 2 万元以下的。
③ 进出口货物属于危险品、鲜活品、易腐品、易失效品、废品、旧品等的。

按照海关总署推广海关审价作业单证无纸化的要求，进口货物纳税义务人可通过海关事务联系系统接收和反馈海关价格质疑通知书、价格磋商通知书、价格磋商记录表等审价文书及随附单证资料电子数据，并可接收和查看估价告知书。

五、纳税义务人在海关审定完税价格时的权利和义务

纳税义务人在海关审定完税价格时的权利和义务如表 5-9 所示。

表5-9　纳税义务人在海关审定完税价格时的权利和义务

权　利	义　务
要求具保放行货物的权利	如实申报的义务
估价方法的选择权	如实申报及举证的义务
知情权，即纳税义务人可以提出书面申请，要求海关就如何确定其进出口货物的完税价格做出书面说明	举证证明特殊关系未对进口货物的成交价格产生影响的义务
申诉权，即依法向上一级海关申请行政复议，对复议决定不服的，可以依法向人民法院提起行政诉讼的权利	

第三节　进口货物原产地的确定与税率适用

各国为了适应国际贸易的需要，并为执行本国关税及非关税方面的国别歧视性贸易政策，必须对进出口商品的原产地进行认定。为此，各国以本国立法形式制定出鉴别货物"国籍"的标准，这就是原产地规则。

WTO《原产地规则协议》将原产地规则定义为：一国（地区）为确定货物的原产地而实施的普遍适用的法律、法规和行政决定。

一、进口货物原产地的确定

原产地规则分两类：一类是优惠原产地规则，另一类是非优惠原产地规则。

优惠原产地规则是指一国为实施国别优惠政策而制定的法律、法规，是以优惠贸易协定通过双边、多边协定或者本国自主形式制定的一些特殊原产地认定标准，因此也称协定原产地规则。

非优惠原产地规则是指一国根据实施其海关税则和其他贸易措施的需要，由本国立法自主制定的，所以也称自主原产地规则。

（一）优惠原产地规则的运用

1. 优惠原产地认定标准

（1）完全获得标准

完全获得标准是指从优惠贸易协定成员国或者地区直接运输进口的货物是完全在该成员国或者地区获得或者生产的，这些货物如下所述。

① 在该成员国或者地区境内收获、采摘或者采集的植物产品。

② 在该成员国或者地区境内出生并饲养的活动物。

③ 在该成员国或者地区领土或者领海开采、提取的矿产品。

④ 其他符合相应优惠贸易协定项下完全获得标准的货物。

（2）实质性改变标准

实质性改变标准是指不是完全在一国（地区）获得或者生产的货物。实质性改变标准分为以下 4 种。

① 税则归类改变标准。税则归类改变是指原产于非成员国或者地区的材料在出口成员国或者地区境内进行制造、加工后，所得货物在《协调制度》中税则归类发生了改变。

② 区域价值成分标准。区域价值成分标准是指出口货物船上交货价格（FOB）扣除该货物生产过程中该成员国或者地区非原产材料价格后，所余价款在出口货物船上交货价格中所占的百分比。

不同协定框架下的优惠原产地规则中的区域价值成分标准各有不同，我国从 2002 年加入世贸组织至 2018 年 1 月，共签订了 20 个优惠贸易协定，具体内容如表 5-10 所示。

表5-10　我国签订的优惠贸易协定"实质性改变标准"基本判定标准一览

序　号	优惠贸易协定	判定标准
1	亚太贸易协定（包括孟加拉国、印度、老挝、韩国、斯里兰卡、中国）	不小于 45% 区域价值成分标准
2	中国-东盟合作框架协议（包括印度尼西亚、马来西亚、菲律宾、新加坡、泰国、文莱、越南、老挝、缅甸、柬埔寨）	不小于 40% 区域价值成分标准
3	内地与香港关于建立更紧密经贸关系的安排（CEPA）	以清单列出具体标准（包括加工或制造工序，4 位税号归类改变标准，超过 30% 加工增值标准、其他标准或混合标准）
4	内地与澳门关于建立更紧密经贸关系的安排（CEPA）	
5	对非洲特别优惠关税待遇（主要是 41 个最不发达国家）	4 位税号归类改变或不小于 40% 区域价值成分

（续表）

序 号	优惠贸易协定	判定标准
6	台湾地区农产品零关税措施	完全原产
7	中巴自贸协定	不小于40%区域价值成分
8	中智自贸协定	
9	对也门等国特别优惠关税待遇	4位税号归类改变或不小于40%区域价值成分
10	中新（西兰）自贸协定	以清单列出具体标准（包括税则归类改变标准及区域价值成分标准、加工工序标准）
11	中新（加坡）自贸协定	不小于40%区域价值成分
12	中秘自贸协定	以清单列出具体标准（包括税则归类改变标准及区域价值成分标准、加工工序标准）
13	对33个最不发达国家的特别优惠关税待遇	4位税号归类改变或不小于40%区域价值成分
14	海峡两岸经济合作框架协议（ECFA）	以清单列出具体标准（包括税则归类改变标准及区域价值成分标准、加工工序标准）
15	中哥（斯达黎加）自贸协定	
16	中冰（岛）自贸协定	不小于90%区域价值成分
17	中瑞自贸协定	非原产材料价格不超过产品出厂价格的10%
18	中韩自贸协定	不小于40%区域价值成分
19	中澳自贸协定	
20	中格自留协定	

③ 制造加工工序标准。制造加工工序是指在某一国家（地区）进行的赋予制造、加工后所得货物基本特征的主要工序。

④ 其他标准。其他标准是指除上述标准之外，成员国或地区一致同意采用的确定货物原产地的其他标准。

2. 直接运输原则

直接运输是指优惠贸易协定项下进口货物从该协定成员国或者地区直接运输至我国境内，途中未经过该协定成员国或者地区以外的其他国家或者地区。

如果途中经过了其他国家或地区，且同时符合下列条件的，视为"直接运输"：

① 该货物在经过其他国家或者地区时，未做除使货物保持良好状态所必须处理以外的其他处理。

② 该货物在其他国家或者地区停留的时间未超过相应优惠贸易协定规定的期限。

③ 该货物在其他国家或者地区作临时储存时，处于该国家或者地区海关监管之下。

思考

下列从新西兰进口的货物中，哪些可以认定原产于新西兰？

1. 从英国进口在新西兰更换牌号的化妆品。

2. 以原产于德国的进口原料在新西兰简单加工的水果罐头。

3. 在制成品中含有40%原产于中国的原辅料的电子产品。

3. 原产地证书

优惠原产地证书是证明产品原产地的书面文件，是受惠国的产品出口到给惠国时享受关税优惠的重要凭证。

货物申报时，进口货物收货人或其代理人应当按照海关的申报规定填制报关单，申明适用协定税率或者特定税率，并同时提交货物的有效原产地证书正本，或者相关优惠协定规定的原产地声明文件，以及商业发票正本、运输单证等其他商业单证。

进口申报时未按规定提交原产地证书、原产地证明的，海关可根据申请，收取相当于应缴税款的等值保证金先行办理放行手续。进口货物收货人或其代理人可按规定在一定期限内向海关申请退还缴纳的保证金。

（二）非优惠原产地规则的运用

1. 非优惠原产地认定标准

（1）完全获得标准

完全获得标准是在一个国家（地区）获得的货物，以该国（地区）为原产地；两个以上国家（地区）参与生产的货物，以最后完成实质性改变的国家（地区）为原产地。

（2）实质性改变标准

实质性改变标准适用于两个及两个以上国家（地区）参与生产或制造的货物，以最后完成实质性改变的国家（地区）为原产地。以税则归类改变为基本标准，税则归类不能反映实质性改变的，以从价百分比、制造或者加工工序等为补充标准。

① 税则归类改变。税则归类改变是指产品经加工后，在《进出口税则》中4位数一级的税则归类已经改变。

② 制造或者加工工序。制造或者加工工序是指在某一国家（地区）进行的赋予制造、加工后所得货物基本特征的主要工序。

③ 从价百分比。从价百分比是指一个国家（地区）对非该国（地区）原产材料进行制造、加工后的增值部分，占所得货物价值的30%及其以上。

$$从价百分比 = \frac{工厂交货价 - 非该国（地区）原产材料价值}{工厂交货价} \times 100\% \geq 30\%$$

上述"工厂交货价"是指支付给制造厂所生产的成品的价格。

"非该国（地区）原产材料价值"是指直接用于制造或装配最终产品而进口原料、零部件的价值（含原产地不明的原料、零部件），以其进口的成本、保险费加运费价格（CIF）计算。

2. 原产地证书

一般情况下，按照WTO组织相关制度要求，我国海关对非优惠贸易协定下的进口货物执行最惠国待遇条款，即对进口货物按最惠国待遇征税，不需要进口单位提供原产地证书。

思考

在中国台湾纺成纱线，运到日本织成棉织物，并进行冲洗、烫、漂白、染色、印花。上述棉织物又被运往越南制成睡衣，后又经中国香港更换包装转销中国内地。

请问：该批货物的原产地应为哪个国家或地区？

二、关税税率的适用

关税税率是指进出口商品关税税额占课税对象量或值的比率或标准,是关税制度的核心要素。

进口关税设置最惠国税率、协定税率、特惠税率、普通税率、关税配额税率等多种税率。对进口货物在一定期限内可以实行暂定税率。进口税率及其适用范围如表5-11所示。

表5-11　进口税率及其适用范围

进口税率	适用范围
最惠国税率	1. 原产于适用最惠国待遇条款的世贸组织成员的进口货物 2. 原产于与我国签订最惠国待遇条款的双边贸易协定的国家或地区的进口货物 3. 原产于我国境内的进口货物
协定税率	原产于我国签订关税优惠条款区域性贸易协定的国家或地区的进口货物
特惠税率	原产于我国签订特殊关税优惠条款的贸易协定的国家或地区的进口货物
普通税率	1. 原产于未与我国签订各种关税优惠贸易协定的国家或地区的进口货物 2. 原产地不明的进口货物
关税配额税率	适用于相对数量限制的进口货物

(一)关税税率的适用原则

对于同时适用多种税率的进口货物,在选择适用的税率时,基本原则是"从低计征",但适用普通税率的进口货物除外。对于出口货物,在计算出口关税时,出口暂定税率的执行优先于出口税率。进出口货物适用税率如表5-12所示。

表5-12　进出口货物适用税率汇总表

适用货物	可选用的税率	最终适用的税率
进口货物	同时适用最惠国税率、进口暂定税率	应当适用暂定税率
	同时适用协定税率、特惠税率、进口暂定税率	应当从低适用税率
	同时适用国家优惠政策、进口暂定税率	按国家优惠政策进口暂定税率商品时,以优惠政策计算确定的税率与暂定税率两者取低计征关税,但不得在暂定税率基础上再进行减免
	适用普通税率的进口货物,存在进口暂定税率	适用普通税率的进口货物,不适用暂定税率
	适用关税配额税率、其他税率	关税配额内的,适用关税配额税率;关税配额外的,使用其他税率
	同时适用ITA税率、其他税率	适用ITA税率
	反倾销税、反补贴税、保障措施关税、报复性关税	适用反倾销税率、反补贴税率、保障措施税率、报复性关税税率,除按《进出口税则》的税率征收关税外,另外加征的关税
出口货物	出口暂定税率、出口税率	出口暂定税率

知识拓展

ITA税率

ITA（Information Technology Associates）税率是指信息技术协议税率。

《信息技术协议》（ITA）是世界贸易组织的重要成果之一，源于 1994 年在日本神户会议上的 IT 产业全球谈判。1997 年 3 月 26 日，占世界 IT 产品贸易总额 92.5% 的 40 个成员都在《信息技术协议》上签字承诺，发达国家在 2000 年 1 月 1 日，发展中国家在 2005 年前取消 IT 产品的关税，主要包括以下产品。

① 计算机：包括计算机系统、笔记本电脑、中央处理器、键盘、打印机、显示器、扫描仪、硬盘驱动器、电源等零部件。

② 通信设备：包括电话机、可视电话、传真机、电话交换机、调制解调器、送受话器、应答机、广播电视传输接收设备、寻呼机等。

③ 半导体及半导体生产设备。

④ 软件、科学仪器及其他信息技术产品。

⑤ 科学仪器：包括测量和检测仪器、色层分离仪、光谱仪、光学射线设备及电泳设备。

（二）关税税率的适用时间

对于进出口货物税率适用的时间，基本原则是以海关接受该货物申报进口或出口之日适用的税率征税，但实际运用有以下几种情况，如表 5–13 所示。

表5–13　税率适用时间

货物类别	税率适用时间的规定
进出口货物	适用海关接受该货物申报进口或出口之日实施的税率
进口货物到达前，经海关核准先行申报的	适用装载该货物的运输工具申报进境之日实施的税率
进口转关运输货物	1. 适用指运地海关接受该货物申报进口之日实施的税率 2. 货物运抵指运地前，经海关核准先行申报的，应当适用装载该货物的运输工具抵达指运地之日实施的税率
出口转关运输货物	适用起运地海关接受该货物申报出口之日实施的税率
超期未申报海关依法变卖的进口货物	适用装载该货物的运输工具申报进境之日实施的税率
经海关批准，实行集中申报的进出口货物	适用每次货物进出口时海关接受该货物申报之日实施的税率
因纳税义务人违反规定需要追征税款的进出口货物	适用违反规定的行为发生之日实施的税率；行为发生之日不能确定的，适用海关发现该行为之日实施的税率

（续表）

货物类别	税率适用时间的规定
已申报进境并放行,有下列情形之一须缴纳税款 1. 保税货物经批准不复运出境的 2. 保税仓储货物转入国内市场销售的 3. 减免税货物经批准转让或者移作他用的 4. 可暂不缴纳税款的暂时进出境货物,经批准不复运出境或者进境的 5. 租赁进口货物,分期缴纳税款的 6. 进出口货物关税的补征和退还	适用海关接受纳税义务人再次填写报关单申报办理纳税及有关手续之日实施的税率

思考

关于税率适用原则,下列表述正确的是_____。

1. 适用协定税率进口货物又属于我国实施反倾销或反补贴措施范围内的,仍适用协定税率

2. 进口货物到达前,经海关核准先行申报的,应当适用装载该货物的运输工具申报进境之日实施的税率

3. 进口转关运输货物,应适用指运地海关接受该货物申报进口之日实施的税率

三、跨境电子商务零售进口税收政策

2016 年 4 月,我国正式推行跨境电子商务零售进口税收政策,主要内容如下。

① 跨境电子商务零售进口商品按照货物征收关税和进口环节增值税、消费税,购买跨境电子商务零售进口商品的个人作为纳税义务人,实际交易价格(包括货物零售价格、运费和保险费)作为完税价格,电子商务企业、电子商务交易平台企业或物流企业可作为代收代缴义务人。

② 跨境电子商务零售进口税收政策适用于从其他国家或地区进口的《跨境电子商务零售进口商品清单》范围内的以下商品:

A. 所有通过与海关联网的电子商务交易平台交易,能够实现交易、支付、物流电子信息"三单"比对的跨境电子商务零售进口商品;

B. 未通过与海关联网的电子商务交易平台交易,但快递、邮政企业能够统一提供交易、支付、物流等电子信息,并承诺承担相应法律责任进境的跨境电子商务零售进口商品;

C. 不属于跨境电子商务零售进口的个人物品以及无法提供交易、支付、物流等电子信息的跨境电子商务零售进口商品。

③ 跨境电子商务零售进口商品的单次交易限值为人民币 5 000 元,个人年度交易限值为人民币 26 000 元。在限值以内进口的跨境电子商务零售进口商品,关税税率暂设为 0%;进口环节增值税、消费税取消免征税额,暂按法定应纳税额的 70% 征收。超过单次限值、累加后超过个人年度限值的单次交易,预计完税价格超过 5 000 元限值的单个不可分割商品,均按照一般贸易方式全额征税。

④ 跨境电子商务零售进口商品自海关放行之日起 30 日内退货的,可申请退税,并相应调整个人年度交易总额。

⑤ 跨境电子商务零售进口商品购买人(订购人)的身份信息应进行认证;未进行认证的,购买人(订购人)身份信息应与付款人一致。

第四节　进出口税费的计算

按照税则公布的税率,掌握计算公式、注意计算顺序(先计算完税价格,再计算关税、消费税,最后计算增值税),注意起征点(海关征收的关税、进口环节增值税、进口环节消费税、船舶吨税、滞纳金、滞报金等税费一律以人民币计征,起征点为 50 元),关注小数点后应保留位数(完税价格、税额等四舍五入计算至分,即小数点后,四舍五入保留两位),注意汇率(海关每月使用的计征汇率为上一个月的第三个星期三中国银行的外汇折算价),注意天数(滞纳金和滞报金"天数"的确定)方能将进出口税费计算准确。

一、进出口关税税款的核算

(一) 进口关税的核算

1. 从价税

(1) 计算公式

应征进口关税税额=进口货物完税价格×进口从价税税率

(2) 计算程序

① 按照归类原则确定税则归类,将应税货物归入适当的税号。

② 根据原产地规则和税率适用规定,确定应税货物所适用的税率。

③ 根据审定完税价格办法的有关规定,确定应税货物的 CIF 价格。

④ 根据汇率适用规定,将以外币计价的 CIF 价格折算成人民币 (完税价格)。

⑤ 按照计算公式正确计算应征税款。

(3) 计算实例

例5—1　国内某远洋渔业企业从美国购进国内性能不能满足需要的柴油船用发动机2台,成交价格合计为CIF境内目的地口岸680 000.00美元。经批准该发动机进口关税税率减按1%计征,其适用中国银行的外汇折算价为1美元=人民币6.571 8元。计算应征进口关税。

【解析】计算方法如下。

① 确定税则归类,该发动机归入税号 8408.1000。

② 原产地美国适用最惠国税率5%,减按 1% 计征。

③ 审定 CIF 价格为 680 000.00 美元。

④ 将外币价格折算成人民币为 4 468 824.00 元。

⑤ 计算应征税款。

应征进口关税税额=进口货物完税价格×减按进口从价税税率

=4 468 824.00×1%=44 688.24（元）

2. 从量税

（1）计算公式

应征进口关税税额=进口货物数量×单位税额

（2）计算程序

① 按照归类原则确定税则归类,将应税货物归入适当的税号。

② 根据原产地规则和税率适用规定,确定应税货物所适用的税率。

③ 确定其实际进口量。

④ 按照计算公式正确计算应征税款。

（3）计算实例

例5-2 国内某公司从香港购进日本产的柯达彩色胶卷50 400卷（宽度35毫米,长度1.8米）,成交价格为CIF境内某口岸10.00港币/卷,已知适用中国银行的外汇折算价为1港币=人民币0.8431元,以规定单位换算表折算,规格"135/36"的彩色胶卷1卷=0.05775平方米。计算应征进口关税。

【解析】计算方法如下。

① 确定税则归类,彩色胶卷归入税号 3702.5410。

② 原产地日本适用最惠国税率 22.00 元/平方米。

③ 确定其实际进口量 =50 400 卷×0.05775 平方米/卷 =2 910.6（平方米）。

④ 计算应征税款。

应征进口关税税额=进口货物数量×单位税额
=2 910.6×22.00=64 033.20（元）

3. 复合关税

（1）计算公式

应征进口关税税额=进口货物数量×单位税额+进口货物完税价格× 进口从价税税率

（2）计算程序

① 按照归类原则确定税则归类,将应税货物归入适当的税号。

② 根据原产地规则和税率适用规定,确定应税货物所适用的税率。

③ 确定其实际进口量。

④ 根据审定完税价格的有关规定,确定应税货物的完税价格。

⑤ 根据汇率适用规定,将外币折算成人民币。

⑥ 按照计算公式正确计算应征税款。

（3）计算实例

例5-3 国内某公司从日本购进该国企业生产的广播级电视摄像机40台,其中有10台成交价格为CIF境内某口岸4 000美元/台,其余30台成交价格为CIF境内某口岸5 200美元/台,其适用中国银行的外汇折算价为1美元=人民币6.571 8元。计算应征进口关税。

【解析】计算方法如下。

① 确定税则归类,该批摄像机归入税号 8525.8012。

② 货物原产地为日本,关税税率适用最惠国税率,经查关税税率为：完税价格不高于

5 000 美元 / 台的,关税税率为单一从价税率 35%,完税价格高于 5 000 美元 / 台的,关税税率为 3%,加 12 960 元从量税。

③ 确定后成交价格分别合计为 40 000 美元（每台 4 000 美元的 10 台）和 156 000 美元（每台 5 200 美元的 30 台）。

④ 将外币价格折算成人民币分别为 262 872.00 元和 1 025 200.80 元。

⑤ 按照计算公式分别计算进口关税税款。

10 台单一从价进口关税税额=进口货物完税价格×进口从价税税率

$$= 262\ 872.00 \times 35\% = 92\ 005.20（元）$$

30 台复合进口关税税额=进口货物数量×单位税额+进口货物完税价格×进口从价税税率

$$= 30 \times 12\ 960 + 1\ 025\ 200.80 \times 3\%$$
$$= 388\ 800.00 + 30\ 756.02$$
$$= 419\ 556.02（元）$$

40 台合计进口关税税额=从价进口关税税额+复合进口关税税额

$$= 92\ 005.20 + 419\ 556.02$$
$$= 511\ 561.22（元）$$

（二）反倾销税税款的计算

1. 计算公式

$$反倾销税税额=完税价格×适用的反倾销税税率$$

2. 计算程序

① 按照归类原则确定税则归类,将应税货物归入适当的税号。

② 根据反倾销税的有关规定,确定应税货物所适用的反倾销税税率。

③ 根据审定完税价格的有关规定,确定应税货物的完税价格。

④ 根据汇率适用规定,将外币折算成人民币。

⑤ 按照计算公式正确计算应征反倾销税税款。

3. 计算实例

例5-4 国内某公司从韩国购进厚度为0.7毫米的冷轧板卷一批，成交总价CIF为120 401.95美元，已知该批冷轧板卷需要征收反倾销税，其适用中国银行的外汇折算价为1美元=人民币6.571 8元。计算应征的反倾销税税款。

【解析】计算方法如下。

① 确定税则归类,厚度为 0.7 毫米的冷轧卷板归入税号 7209.1790。

② 该批冷轧卷板反倾销税税率为 14%。

③ 审定成交价格为 120 401.95 美元。

④ 将外币价格折算成人民币为 791 257.54 元。

⑤ 计算应征税款。

反倾销税税额=完税价格×反倾销税税率

$$= 791\ 257.54 \times 14\% = 110\ 776.06（元）$$

（三）出口关税税款的计算

1. 计算公式

$$应征出口关税税额＝出口货物完税价格×出口关税税率$$

其中：

$$出口货物完税价格＝FOB 价(中国境内口岸)÷(1＋出口关税税率)$$

即出口货物是以 FOB 价成交的,应以该价格扣除出口关税后作为完税价格;如果以其他价格成交的,应换算成 FOB 价后再按上述公式计算。

2. 计算程序

① 按照归类原则确定税则归类,将应税货物归入适当的税号。

② 根据审定完税价格的有关规定,确定应税货物的成交价格。

③ 根据汇率适用规定,将外币折算成人民币。

④ 按照计算公式正确计算应征出口关税税额。

3. 计算实例

例5－5　国内某企业从广州出口硅铁一批，申报成交价格为FOB广州黄埔港 9 060.25美元，其适用中国银行的外汇折算价为1美元＝人民币6.571 8元。计算出口关税。

【解析】计算方法如下。

① 确定税则归类,该批硅铁归入税号 7 202.210 0,出口税率为 25%。

② 审定 FOB 价为 9 060.25 美元。

③ 将外币价格折算成人民币为 59 542.15 元。

④ 计算应征税款。

出口关税税额=[FOB 价÷(1＋出口关税税率)]×出口关税税率

$$=[59\,542.15÷(1＋25\%)]×25\%$$

$$=11\,908.43(元)$$

思考

国内某公司从香港购进日本产丰田皇冠轿车 10 辆,成交价格合计为 FOB 香港 120 000.00 美元,实际支付运费 5 000 美元,保险费 800 美元。已知小轿车的气缸容量为 2 000 cc,原产国日本适用最惠国税率 25%,其适用中国银行的外汇折算价为 1 美元 = 人民币 6.571 8 元。

计算应征进口关税。

二、进口环节海关代征税的计算

（一）消费税税款的计算

1. 计算公式

我国消费税采用从价、从量的方法计征。

① 实行从价定率办法计算纳税额,采用价内税的计税方法,即计税价格的组成中包括了消费税税额。其计算公式如下。

消费税组成计税价格＝（进口关税完税价格＋进口关税税额）÷（1－消费税税率）

消费税应纳税额＝消费税组成计税价格×消费税比例税率

② 从量征收的消费税的计算公式如下。

消费税应纳税额＝应征消费税消费品数量×消费税单位税额

③ 实行从价定率和从量定额复合计税办法计算纳税的组成计税价格,其计算公式如下。

消费税应纳税额＝（进口关税完税价格＋进口关税税率）÷（1－消费税比例税率）×

消费税比例税率＋应征消费税消费品数量×消费税单位税额

2. 计算程序

① 按照归类原则确定税则归类,将应税货物归入适当的税号。

② 根据有关规定,确定应税货物所适用的消费税税率。

③ 根据审定完税价格的有关规定,确定应税货物的 CIF 价格。

④ 根据汇率适用规定,将外币折算成人民币（完税价格）。

⑤ 按照计算公式正确计算消费税税款。

3. 计算实例

例5-6 某进出口公司进口丹麦产啤酒4 800升（988升＝1吨）,经海关审核其成交价格总值为CIF境内某口岸2 072.00美元,其适用中国银行的外汇折算价为1美元＝人民币6.571 8元。计算应征的进口环节消费税税款。

【解析】计算方法如下。

① 确定税则归类,啤酒归入税号 2203.0000。

② 消费税税率为从量税,进口完税价格 ≥ 370 美元/吨的,消费税单位税额为 250 元/吨,进口完税价格 < 370 美元/吨的,消费税单位税额为 220元/吨。

③ 进口啤酒数量：4 800 升÷988 升/吨 ＝4.858 吨。

④ 计算完税价格单价：2 072 美元÷4.858 吨＝426.51 美元/吨（进口完税价格 ≥ 370 美元/吨）,则消费税税率为 250 元/吨。

⑤ 按照计算公式计算进口环节消费税。

应征消费税税额＝应征消费税消费品数量×消费税单位税额

＝4.858×250＝1 214.50（元）

（二）增值税税款的计算

1. 计算公式

增值税组成计税价格＝进口关税完税价格＋进口关税税额＋消费税税额

应纳税额＝增值税组成计税价格×增值税税率

2. 计算程序

① 按照归类原则确定税则归类,将应税货物归入适当的税号。

② 根据有关规定,确定应税货物所适用的增值税税率。

③ 根据审定完税价格的有关规定,确定应税货物的 CIF 价格。

④ 根据汇率适用规定,将外币折算成人民币（完税价格）。

⑤ 按照计算公式正确计算关税税款。

⑥ 按照计算公式正确计算消费税税款、增值税税款。

3. 计算实例

例5-7 某公司进口货物一批，经海关审核其成交价格为1 239.50美元，其适用中国银行的外汇折算价为1美元=人民币6.571 8元。已知该批货物的关税税率为12%，消费税税率为10%，增值税税率为13%。计算应征增值税税额。

【解析】计算方法如下。

首先计算关税税额,然后计算消费税税额,最后再计算增值税税额。

① 将外币价格折算成人民币为 1 239.50×6.571 8=8 145.75（元）。

② 计算关税税额。

应征关税税额＝完税价格×关税税率

=8 145.75×12%=977.49（元）

③ 计算消费税税额。

应征消费税税额＝[(完税价格+关税税额)÷(1-消费税税率)]×消费税税率

=[(8 145.75+977.49)÷(1-10%)]×10%

=1 013.69（元）

④ 计算增值税税额。

应征增值税税额＝(完税价格+关税税额+消费税税额)×增值税税率

=(8 145.75+977.49+1 013.69)×13%

=1 317.8（元）

思考

某进出口公司进口某批不用征收进口消费税的货物,经海关审核其成交价格总值为 CIF 境内某口岸 827.00 美元。已知该批货物的关税税率为 35%,增值税税率为 13%,其适用中国银行的外汇折算价为 1 美元 =6.571 8 元人民币。

计算应征增值税税额。

三、滞报金、滞纳金的计算

（一）滞报金的计算

1. 计算程序

① 根据审定完税价格的有关规定,确定应税货物的 CIF 价格。

② 根据滞报金的管理规定,确定滞报天数。

③ 根据汇率适用规定,将外币折算成人民币(完税价格)。

④ 按照计算公式正确计算滞报金。

2. 计算公式

进口货物滞报金金额=进口货物完税价格×0.5‰×滞报天数

3. 计算实例

例5-8 国内某公司以总价CIF Shanghai USD 55 000.00进口零配件，船舶于20××

年6月25日（周四）向海关申报进境，7月14日该公司向海关报关，按我国《海关法》的有关规定，海关按当时的人民币与美元汇率（美元：人民币=1：6.15），应对该公司的滞报行为依法征收多少滞报金？

【解析】计算方法如下。

① 根据审定完税价格的有关规定，确定应税货物的CIF价格为55 000.00美元。

② 根据滞报金的管理规定，确定滞报天数，货物于20××年6月25日（周四）申报进境，法定申报时间14天，即20××年7月9日前申报不产生滞报，自7月10日开始计算滞报期间，7月14日海关接受申报，起止日均计算为滞报期间，共滞报5天。

③ 根据汇率适用规定，将外币折算成人民币（完税价格）为338 250.00元（=55 000.00×6.15）。

④ 按照计算公式正确计算滞报金。

进口货物滞报金金额=进口货物完税价格×0.5‰×滞报天数

　　　　　　=338 250.00×0.5‰×5

　　　　　　=845.625（元）

（二）滞纳金的计算

1. 计算程序

① 确定滞纳关税、代征税税额。

② 根据滞纳金的管理规定，确定滞纳天数。

③ 按照计算公式正确计算滞纳金。

2. 滞纳金计算公式

关税滞纳金金额=滞纳关税税额×0.5‰×滞纳天数

进口环节税滞纳金金额=滞纳的进口环节税税额×0.5‰×滞纳天数

3. 计算实例

例5-9　国内某公司从意大利购进瓶装葡萄酒一批，已知该批货物应征关税为843 375.42元，应征进口环节消费税为76 305.95元，进口环节增值税税额为129 711.71元。海关于20××年3月4日（星期三）填发海关专用缴款书，该公司于20××年3月23日缴纳税款。计算应征滞纳金。

【解析】计算方法如下。

① 确定滞纳天数：税款缴款期限为20××年3月5日—20××年3月19日，3月20日—3月23日为滞纳期，共滞纳4天。

② 按照计算公式分别计算进口关税、进口环节消费税和增值税的滞纳金。

关税滞纳金=滞纳关税税额×0.5‰×滞纳天数

　　　　=843 375.42×0.5‰×4=1 686.75（元）

消费税滞纳金=滞纳消费税税额×0.5‰×滞纳天数

　　　　=76 305.95×0.5‰×4=152.61（元）

增值税滞纳金=滞纳增值税税额×0.5‰×滞纳天数

　　　　=129 711.71×0.5‰×4=259.42（元）

思考

　　某进出口公司于20××年8月13日(周四)申报进口一批货物,海关于当天开出税款缴款书,其中关税税额为24 000元,增值税税额为35 100元,消费税额为8 900元,该公司实际缴款日为20××年9月8日。

　　计算该公司应缴纳的滞纳金。

第五节　进出口税费的减免、缴纳与退补

一、进出口税费的减免

　　进出口税费的减免是指海关按照《海关法》《进出口关税条例》和其他有关法律、行政法规的规定,对进出口货物的税费给予减征或免征。关税的减免分为三大类:法定减免税、特定减免税、临时减免税。

(一)法定减免税

　　法定减免税是指进出口货物按照《海关法》《进出口关税条例》和其他有关法律、行政法规的规定可以享受的减免关税的优惠。海关对法定减免税货物一般无须前期申领批件,也不进行后续管理。

　　下列进出口货物、进出境物品,可减征或者免征关税:

① 关税额在人民币50元以下的一票货物。
② 无商业价值的广告品和货样。
③ 外国政府、国际组织无偿赠送的物资。
④ 在海关放行前遭受损坏或者损失的货物。
⑤ 进出境运输工具装载的途中必需的燃料、物料和饮食用品。
⑥ 我国缔结或者参加的国际条约规定减征、免征关税的货物、物品。
⑦ 法律规定的其他减免税货物。

(二)特定减免税

　　特定减免税是指海关根据国家规定,对特定地区、特定用途、特定企业给予的减免关税和进口环节海关代征税的优惠,也称政策性减免税。

知识拓展

法定减免和特定减免的区别

　　法定减免是按照《海关法》《进出口关税条例》及其他相关法律、法规规定的减免。属于法定减免范围的进出口货物,进出口人或其代理人无须事先提出申请,即可直接办理有关减免,海关放行后也无须进行后续管理。

特定减免是为进一步鼓励利用外资和引进技术，扩大对外贸易、发展科教文卫事业，而给予针对特定地区、特定用途、特定企业的减免，申请特定减免税的单位和企业，应在货物进出口前向海关提出申请，由海关按照规定的程序进行审理，符合规定的由海关发给征免税证明，受惠单位和企业凭证明申报进口特定减免税货物。由于特定减免税货物有地区、企业和用途的限制，海关需要对其进行后续管理。

（三）临时减免税

临时减免税是指法定减免税和特定减免税以外的其他减免税，是由国务院根据某个单位、某类商品、某个时期或某批货物的特殊情况，给予特别的临时性减免。

二、税款缴纳

纳税义务人向海关缴纳税款的方式主要以进出口地纳税为主，也有部分企业经海关批准采取属地纳税方式。

进出口地纳税是指货物在设有海关的进出口地纳税。货物进出口时纳税人必须向海关申报，海关按照规定的程序查验、放行，纳税人按照规定缴纳税款或办理进出口手续。

属地纳税是指进出口货物应缴纳的税款由纳税人所在地主管海关征收，纳税人在所在地缴纳税款。

关于纳税义务人向海关缴纳税款的方式主要有两种：纳税义务人可以持税款缴款书向指定银行办理税费交付手续；也可以向签有协议的银行办理电子交付税费（即网上支付）手续。

选择以海关税费电子支付方式缴纳税款的进出口企业、单位，在税费支付后，可以通过“互联网＋海关”一体化网上办事平台自行打印版式化海关专用缴款书，也可以向海关申请打印纸质海关专用缴款书。自行打印的版式化海关专用缴款书与海关打印的纸质海关专用缴款书同等效力。

进出口关税、进口环节税、滞纳金及补税的缴纳凭证都使用海关专用缴款书，如图5-5所示。

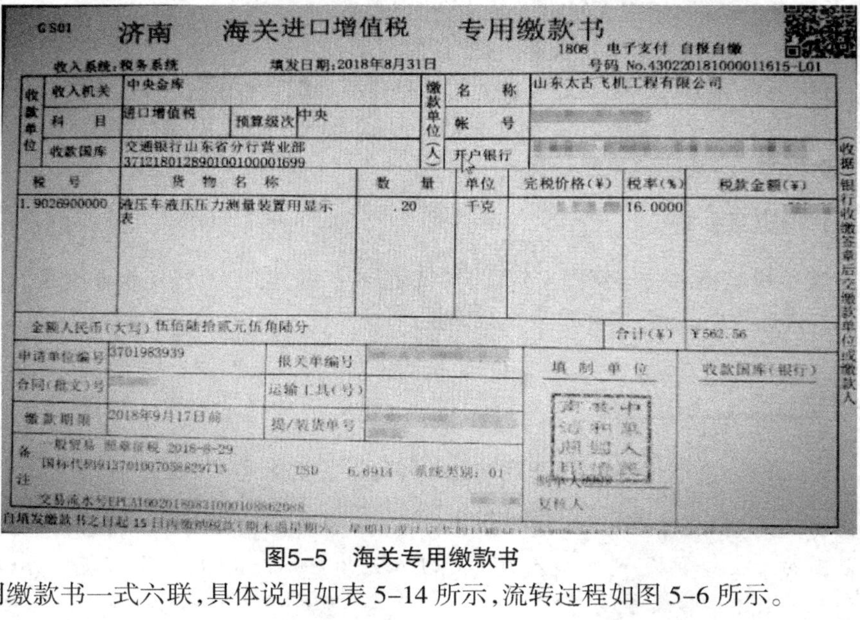
GS01　济南　海关进口增值税　专用缴款书

1808　电子支付　自报自缴

收入系统：税务系统　填发日期：2018年8月31日　号码 No.430220181000011615-L01

收缴单位	收入机关	中央金库	缴款单位（人）	名称	山东太古飞机工程有限公司
	科目	进口增值税　预算级次　中央		帐号	
	收款国库	交通银行山东省分行营业部 37121801289010010000 1699		开户银行	

税号	货物名称	数量	单位	完税价格(¥)	税率(%)	税款金额(¥)
1.9026900000	液压车液压压力测量装置用显示表	.20	千克		16.0000	
金额人民币（大写）伍佰陆拾贰元伍角陆分				合计(¥)	¥562.56	

申请单位编号	3701983939	报关单编号		填制单位	收款国库（银行）
合同（批文）号		运输工具（号）			
缴款期限	2018年9月17日前	提/装货单号			
备注	一般贸易　照章征税　2018-8-29　国标代码91370100705882971S　USD　6.6914　系统类别：01　交易流水号EPLA1002018083100010886298８			复核人	

收据（银行收缴签章后交缴款单位或缴款人）

自填发缴款书之日起15日内缴纳税款（期末遇星期六、……）

图5-5　海关专用缴款书

海关专用缴款书一式六联，具体说明如表5-14所示，流转过程如图5-6所示。

表5-14　海关专用缴款书六联说明

序　号	说　明
第一联	为"收据",由国库收款签章后交缴款单位或纳税人
第二联	为"付款凭证",由缴库单位开户银行作付出凭证
第三联	为"收款凭证",由收款国库作收入凭证
第四联	为"回执",由国库盖章后返回海关财务部门
第五联	为"报查",关税由国库收款后退回海关,进口环节税送当地税务机关
第六联	为"存根",由填发单位存查

退海关财务第四联"回执"

退海关第五联"报查"

填发单位第六联"存根"

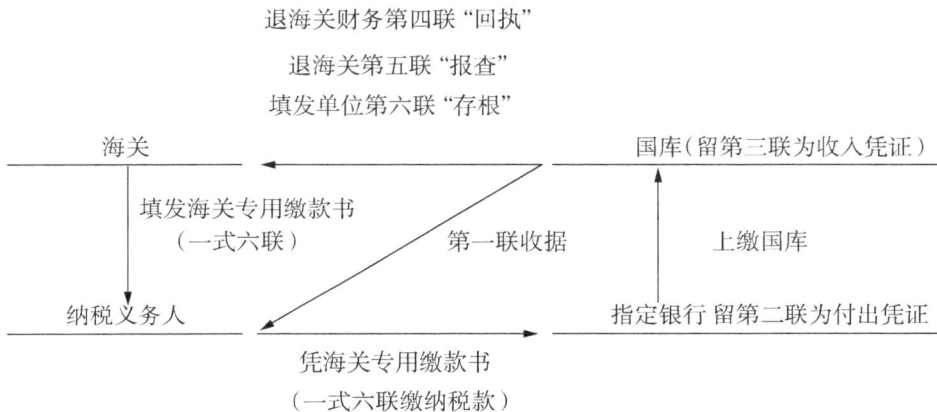

图5-6　海关专用缴款书六联流转过程

三、税款退还

(一)含义

关税退还是指在关税的纳税义务人缴纳税款后,发现多缴税款的,由海关主动或者经纳税义务人申请,由海关将已经缴纳的部分或者全部税款退还给纳税义务人的一种制度。

(二)退税的范围

以下情况海关核准可予以办理退税手续。

① 已缴纳进口关税和进口环节代征税税款的进口货物,因品质或者规格原因原状退货复运出境的。

② 已缴纳出口关税的出口货物,因品质或者规格原因原状退货复运进境,并已经重新缴纳因出口而退还的国内环节有关税款的。

③ 已缴纳出口关税的货物,因故未装运出口申报退关的。

④ 散装进出口货物发生短卸、短装并已征税放行的,如果该货物的发货人、承运人或者保险公司已对短卸、短装部分退还或者赔偿相应货款的,纳税义务人可以向海关申请退还进口或者出口短卸、短装部分的相应税款。

⑤ 进出口货物因残损、品质不良、规格不符的原因,由进出口货物的发货人、承运人或者保险公司赔偿相应货款的,纳税义务人可以向海关申请退还赔偿货款部分的相应税款。

⑥ 因海关误征,致使纳税义务人多缴税款的。

（三）退税的期限及要求

① 海关发现多征税款的,应立即通知纳税义务人办理退还手续。

② 纳税义务人发现多缴税款的,应自缴纳税款之日起 1 年内,以书面形式要求海关退还多缴的税款并加算银行同期活期存款利息。

③ 海关应当自受理退税申请之日起 30 日内查实并通知纳税义务人办理退还手续,纳税义务人应当自收到通知之日起 3 个月内办理有关退税手续。

（四）退税凭证

海关退还已征收的关税和进口环节代征税时,应填发收入退还书(海关专用),同时通知原纳税义务人或其代理人。海关将收入退还书(海关专用)送交指定银行划拨款。收入退还书(海关专用)一式六联,如表 5-15 所示。

表5-15 收入退还书（海关专用）六联说明

序　号	说　明
第一联	为"收账通知",交收款单位
第二联	为"付款凭证",由退款国库作付出凭证
第三联	为"收款凭证",由收款单位开户银行作收入凭证
第四联	为"付款通知",由国库随收入统计表送退库海关
第五联	为"报查凭证",由国库将进口环节代征税的送当地税务机关,关税的送退库海关
第六联	为"存根",由填发海关存查

四、税款追征和补征

退补税是指海关短征和纳税人短缴和漏缴的税款,由海关照章进行追征和补征的行为。

（一）追征和补征税款的范围

① 进出口货物放行后,海关发现少征或者漏征税款的。

② 因纳税义务人违反规定造成少征或者漏征税款的。

③ 海关监管货物在海关监管期内因故改变用途,按照规定需要补征税款的。

（二）追征和补征税款的期限和要求

追证、补证税款的期限和要求如表 5-16 所示。

表5-16 追征、补征税款的期限和要求

适用范围	追征、补征税款期限	滞纳金加收
进出口货物放行后,海关发现少征或漏征税款	应当自缴纳税款或者货物放行之日起 1 年内补征	不加收滞纳金
因纳税义务人违反规定而造成的少征或漏征税款	应当自缴纳税款或者货物放行之日起 3 年内追征	应自缴纳税款或放行之日至海关发现违规之日止,按日加收少征或漏征税款 0.5‰的滞纳金
海关监管货物因故改变用途需要补征税款	应当自缴纳税款之日起 3 年内补征或追征	

（三）追征和补征税款的凭证

纳税义务人凭海关专用缴款书向指定银行或开户银行缴纳税款。

五、加工贸易保税货物缓税利息

加工贸易保税货物在规定的有效期限内（包括经批准延长的期限）全部出口的，由海关通知中国银行将保证金及其活期存款利息全部退还；加工贸易保税料件或制成品内销的，海关除依法征收税款外，还应加征缓税利息。缓税利息缴纳方式、缴纳凭证、缴纳规定等与税款缴纳相同。

（一）征收规定

缓税利息的利率为中国人民银行公布的活期存款利率，海关根据中国人民银行最新公布的活期存款利率随时调整并公布执行。

对于实行保证金台账实转（包括税款保付保函）管理的加工贸易手册项下的保税货物，在办理内销征税手续时，如果海关征收的缓税利息大于对应台账保证金的利息，应由中国银行在海关税款缴款书上签注后退单。由海关重新开具两份缴款书，一份将台账保证金利息全额转为缓税利息，另一份将台账保证金利息不足部分单开海关税款缴款书，企业另行缴纳。

（二）计息期限

① 加工贸易保税料件或制成品经批准内销的，缓税利息计息期限为内销料件或制成品所对应的加工贸易合同项下首批料件进口之日至海关填发税款缴款书之日；加工贸易 E 类电子账册项下的料件或制成品内销时，起始日期为内销料件或制成品所对应电子账册的最近一次核销日期的次日（若核销日期为空，则为电子账册的首批料件进口之日）至海关填发税款缴款书之日。

② 加工贸易保税料件或制成品未经批准擅自内销，违反海关监管规定的，或保税货物需要后续补税但海关未按违规处理的，缓税利息计息期限为该加工贸易合同项下首批料件进口之日至保税料件或制成品内销之日（内销之日无法确定的，至海关发现之日）；若内销涉及多本合同，且内销料件和制成品与合同无法一一对应的，则计息的起征日期为最后一本合同项下首批料件进口之日至保税料件或制成品内销之日（内销之日无法确定的，至海关发现之日）；若加工贸易 E 类电子账册项下的料件和制成品擅自内销的，则计息的起征日期为内销料件或制成品所对应的电子账册的最后一次核销之日（若核销日期为空，则为电子账册的首批料件进口之日）至保税料件和制成品内销之日（内销之日无法确定的，至海关发现之日）。

保税料件或制成品违规内销的，根据规定征收滞纳金。滞纳金从应缴纳税款之日起至海关发现之日止按日计算，滞纳金征收比例为少征或漏征税款的 0.5‰。

③ 加工贸易剩余料件、残次品、副产品和受灾保税货物等内销需要征收缓税利息的，也应比照上述规定办理。

（三）计算公式

$$缓税利息 = 补征税款 \times 计息期限（天数）\times 缓税利息率 \div 360$$

本章小结

通过本章的学习，我们了解了进出口税费的概述与计算、进出口货物完税价格的审定、进口货物原产地的确定与税率适用、税费减免、进出口税费的缴纳与退补等内容。

进出口税费是指在进出口环节中由海关依法征收的关税、消费税、增值税、船舶吨税等税费，直接关系到企业的利益。通过本章的学习，我们应重点掌握各种税费的计算方法。在实际计算货物进出口税费时，一定要结合商品在进出口时的实际情况来分析，有些商品，如啤酒、豪华轿车等进口时需要征收消费税，但并不是所有的进出口商品都需要征收。

税率的大小、费用的高低，有时与原产地有关，对于协议方我们会强调原产地，给予优惠的税率；有些商品是国家鼓励进口的，这时就存在税费的减免；有时纳税义务人或其代理人再缴纳税款后，在某些情况下，海关会依法退还误征、溢征和其他应退还的款项。

思考题

1. 简述关税的特点。
2. 简述我国海关审价的法律依据。
3. 目前我国征收进口环节消费税的商品有哪些？
4. 简述法定减免税的范围。

实训题

1. 国内某公司进口瓶装葡萄酒一批，经海关审核其成交价格为 CIF 境内某口岸 960 538.00 美元，已知该批货物的关税税率为 14%，消费税税率为 10%，增值税税率为 13%，其适用的外汇折算价为 1 美元 =6.271 6 元人民币，计算应征增值税税款。

2. 某单位出口鳗鱼苗一批，离岸价格（FOB）为 10 万元人民币，20××年暂定出口税率为 10%，最惠国税率为 20%，计算该批出口货物的关税。

3. 天津红星贸易有限公司从新加坡进口一批松下牌液晶电视机，该产品使用日本商标，其中机壳由马来西亚生产，主板由新加坡生产，液晶屏由中国香港生产，最后在新西兰组装成整机。经查《海关进口税则》获知，该产品最惠国税率为 30%，中国–东盟协定税率为 12%，普通税率为 130%。

假设你是天津红星贸易有限公司的报关员，请回答下列问题：

（1）向海关申报时，该液晶电视机的原产地应填报哪个国家？
（2）该进口货物在申报时，应适用哪个税率？

第六章
进出口货物报关单的填制

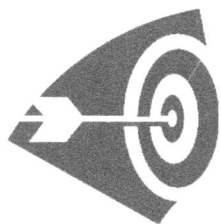

学习目标

- 了解报关单的含义及类别。
- 理解报关单各联的用途。
- 掌握报关单表头及表体栏目的填制规范。

学习重点

- 报关单填制规范的要求。
- 报关单表体主要栏目。

案例导入 海淘商品是不是正品能看报关单吗?

很多电商平台在销售进口商品时都会公示进口时的报关单,那么对于能够出示海关报关单的商品,是不是就能证明商品是进口真货呢?

还真不能!

海关报关单其实只是进口商品的一项必要凭证,但商家能出示报关单并不意味着到达消费者手中的商品就是原装进口的真品。报关单不能为海淘商品做正品背书。

专业人士提醒消费者:相比海关报关单,商品的原产地证明书则更能证明商品原产地。这种证明是表明货物的生产或制造地的一种文件,是商品进入国际贸易领域的"经济国籍"。

报关单不能证明进口商品"正宗"

报关单,就是在国外采购的商品,在进关时需要由货物收发货人按照海关规定的格式对进出口货物的实际情况做出书面申明,以此由海关对相关货物按适用的海关制度办理通关手续,所以报关单是商品进口时不可缺少的一道手续。因此,很多跨境电商在推销商品时往往以海关报关单"说事",声称"有海关报关单证明,绝对进口保证"。

目前国内大型的跨境电商都是采取海外直采自营的模式,还有一些平台允许第三方商家入驻,对于前者的进口商品基本是靠商家自行把关,而后者则是由入驻商家提交从海外进口单据作为凭证,经核验后即可上架销售。这其中需要出示的凭证基本也就是报关单而已。

卖家一张报关单或兜售大量冒牌货

海关报关单无法成为商家产品真伪的承诺书。据业内人士介绍,其实报关单只能证明相关单位从国外进口过相应商品,但由于报关单是按照批次出具的,因此电商对于报关单最多只能是在平台网页中展示或在送货上门时出示一下复印件,而不可能将原件交给消费者留存。

那么问题就来了，首先消费者无法确认商家卖给自己的商品就是报关单上对应的商品，如果商家有意造假，完全可以凭借一张报关单兜售出大量冒牌货。目前在跨境电商中出现最多的造假情况就是真假混卖，比如实际进口 100 件商品，但是可以在国内搭配大量冒牌货销售，商家可以为每一位购买者都出示真货的报关单，购买者也确实看到标有进口商品的报关单，但却不知道商家已经凭这张 100 件进口商品的报关单卖出了远超 100 件的商品。

其次，即便商家能够提供一对一的报关单，其实往往也不能完全保证所购买商品就是正宗海外进口。此前国内已经查出过将国内生产的商品"先出口再进口"进行"国外一日游"又回到了国内市场，其目的就是能够获得一纸报关单从而有了"海外进口"的身份。这就意味着"不是所有的进口货都是外国货"，此前曾轰动一时的达芬奇家具在保税区内"一日游"变成进口货的事件，就是利用顾客对进口货的盲目推崇，通过"先出口再进口"的方式进行"包装"。

电商报关单为何会出现货不对版？

而在实际交易中，很多消费者对于报关单并不熟悉，因此商家出具伪造报关单的事件也频频发生。此前甚至出现过自称从日本进口的商品配套的报关单竟然标称"公路运输"；还有的电商在出售 2017 年生产的化妆品时配套的报关单上显示的商品生产日期竟是 2012 年！

报关单实际上只是报关单位向海关对进口货物做出的书面申明，其实并不能代表原产地就在国外。据了解，这种商品与报关单货不对版的情况在一些小电商或进驻知名电商的第三方店铺中较易出现。一方面，一些商铺将报关单作为店铺展示内容的一部分，但往往不会及时更新或多种产品只展示一份报关单，从而造成了货单不符。另一方面，一些电商平台在对第三方商家上架产品过程中审核不严，商家只需要填入一个报关单号和一张报关单即可通过，归为"进口商品"，系统并不会自动识别这个报关单号是什么日期的，也不管报关产品是否与所售产品相符，不管报关单位是否与销售主体相符。

鉴别商品"出生地"原产地证明靠谱

专业人士提醒消费者，相比海关报关单，商品的原产地证明书则更能证明商品原产地。

原产地证明书通常是出口商应进口商要求而提供的，由公证机构、政府或出口商出具的证明货物原产地或制造地的一种证明文件，是商品进入国际贸易领域的"经济国籍"，是进口国对货物进行确定税率待遇、贸易统计、实行数量限制（如配额、许可证等）的主要依据。原产地证明书其实就相当于产品的出生证明，能够杜绝"海外一日游"的产品。

通俗地说，商品的"国籍"是可以改变的，但"出生地"却无法改变。从这个角度看，消费者要求商家出示原产地证明其实比报关单更靠谱。

资料来源： 搜狐网, https://www.sohu.com/a/224210835_99959452.

第一节　进出口货物报关单概述

进出口货物报关单是报关员代表报关单位向海关办理货物进出境手续的主要单证。进出口货物报关单既是海关对进出口货物进行监管、征税、统计及开展稽查、调查的重要依据,又是出口退税和外汇管理的重要凭证,也是海关处理进出口货物走私、违规案件及税务、外汇管理部门查处骗税、逃汇套汇犯罪活动的重要书证。

一、进出口货物报关单的含义及类别

(一)进出口货物报关单的含义

进出口货物报关单是指进出口货物收发货人或其代理人,按照海关规定的格式对进出口货物的实际情况做出书面申明,以此要求海关对其货物按适用的海关制度办理通关手续的法律文书。

(二)进出口货物报关单的分类

1. **按进出口状态**

进出口货物报关单按进出口状态可分为:

① 进口货物报关单;

② 出口货物报关单。

2. **按表现形式**

进出口货物报关单按表现形式可分为:

① 纸质报关单;

② 电子数据报关单。

3. **按海关监管方式**

进出口货物报关单按海关监管方式可分为:

① 进料加工进出口货物报关单(粉红色);

② 来料加工及补偿贸易进出口货物报关单(浅绿色);

③ 外商投资企业进出口货物报关单(浅蓝色);

④ 一般贸易及其他贸易进出口货物报关单(白色);

⑤ 需国内退税的出口贸易报关单(浅黄色)。

4. **按用途**

进出口货物报关单按用途可分为:

① 报关单录入凭单,是指申报单位按海关规定的格式填写的凭单,即申报单位提供给预录入单位的原始数据报关单,用作报关单预录入的依据;

② 预录入报关单,是指预录入单位录入、打印,由申报单位向海关申报的报关单;

③ 报关单证明联,是指海关在核实货物实际入、出境后按报关单格式提供的证明,用作企业向税务、外汇管理部门办结有关手续的证明文件。

二、进出口货物报关单各联用途

(一)进出口货物报关单各联划分

根据海关要求,进出口报关单各 4 联,具体如表 6-1 所示。

表6-1　进出口货物报关单各联划分

进口货物报关单	出口货物报关单
1. 海关作业联	1. 海关作业联
2. 企业留存联	2. 企业留存联
3. 海关核销联	3. 海关核销联
4. 进口付汇证明联	4. 出口收汇证明联

（二）进出口货物报关单各联用途

1. 海关作业联

进出口货物报关单海关作业联是报关员配合海关审核、查验、缴纳税费、提货和装货的重要单据，也是海关查验货物、征收税费、编制海关统计及处理其他海关事务的重要凭证。

2. 进出口货物报关单企业留存联

报关企业留存进出口货物报关单，作为合法出境货物的依据，是在海关放行货物和结关以后，向海关申领进出口货物付汇、收汇证明联和出口货物退税证明联的文件。

3. 进出口货物报关单海关核销证明联

报关单海关核销证明联是指口岸海关对申报进出口货物所签发的证明文件，是海关办理加工贸易合同核销、结案手续的重要凭证之一。

加工贸易收发货人在货物进出口后申领报关单核销证明联，凭此向主管海关办理加工贸易登记手续、核销手续。

4. 进出口货物报关单付、收汇证明联

进出口付、收汇证明联是海关对于实际申报进出口货物所签发的证明文件，是银行和国家外汇管理部门办理售汇、付汇、收汇及核销手续的重要凭证之一。对需要出口收汇核销的货物，发货人向海关申领收汇证明联。对需要进口付汇核销的货物，收货人申领付汇证明联。

> **思考**
>
> 进出口货物收发货人或其代理人在办理完毕提取进口货物或装运出口货物的手续后，如有需要，可以向海关申请签发有关货物的进口、出口证明。海关签发的常见证明主要有：
>
> 1. 进口货物报关单（付汇证明联）和出口货物报关单（收汇证明联）；
> 2. 出口货物报关单（出口退税证明联）；
> 3. 进口货物报关单（进口货物证明联）；
> 4. 进口货物证明书。

第二节　海关对报关单填制的一般要求

进出境货物的收、发货人或其代理人向海关申报时，必须填写并向海关递交进出口货物报关单。申报人在填制报关单时,应当依法如实向海关申报,对申报内容的真实性、准确性、完整性和规范性承担相应的法律责任。

第一,报关员必须按照《海关法》《货物申报管理规定》和《报关单填制规范》的有关规定和要求,向海关如实申报。

第二,报关单填报必须真实,做到"两个相符"。

① 单证相符:所填报关单各栏目的内容必须与合同、发票、装箱单、提单及批文等随附单据相符。

② 单货相符:所填报关单各栏目的内容必须与实际进出口货物情况相符,不得伪报、瞒报、虚报。

第三,报关单的填报要准确、齐全、完整、清楚,报关单各栏目内容要逐项详细准确填报(打印),字迹清楚、整洁、端正,不得用铅笔或红色复写纸填写;若有更正,必须在更正项目上加盖校对章。

第四,不同的批文或合同的货物、同一批货物中不同的贸易方式的货物、不同备案号的货物、不同提运单的货物、不同的运输方式或相同的运输方式但不同的航次的货物,均应该分单填报。

第五,在反映进出口商品情况的项目中,须分项填报的主要有下列几种情况:商品编号不同的(也即商品编码不同);商品名称不同的;原产国(地区)/最终目的国(地区)不同的。

第六,已向海关申报的进出口货物报关单,如原填报内容与实际进出口货物不一致而又有正当理由的,申报人应向海关递交书面更正申请,经海关核准后,对原填报的内容进行更改或撤销。

知识拓展

分单填报的另外几种情况

一份原产地证书只能对应一份报关单。

同一份报关单上的商品不能够同时享受协定税率和减免税。

在一批货物中,对于实行原产地证书联网管理的,如涉及多份原产地证书或含有非原产地证书商品,亦应分单填报。

第三节　进出口货物报关单表头各栏目的填报

一、进出口货物报关单式样

进出口货物报关单式样如表6-2所示。

表6-2 中华人民共和国海关进/出口货物报关单

预录入编号：   海关编号：   页码/页数：

境内收/发货人	进/出境关别		进/出口日期		申报日期	备案号
境外发/收货人	运输方式		运输工具名称及航次号		提运单号	货物存放地点(进口)
消费使用单位/生产销售单位	监管方式		征免性质		许可证号	起运港(进口)
合同协议号	贸易国(地区)		起运国(地区)/运抵国(地区)		经停港/指运港	入境口岸/离境口岸
包装种类	件数	毛重(千克)	净重(千克)	成交方式	运费	保费	杂费

随附单证

随附单证1：   随附单证2：

标记唛码及备注

项号	商品编号	商品名称及规格型号	数量及单位	单价/总价/币制	原产国(地区)	最终目的国(地区)	境内目的地/境内货源地	征免
1								
2								
3								
4								
5								
6								
7								

特殊关系确认：价格影响确认：支付特许权使用费确认：自报自缴：

报关人员 报关人员证号　　　　　电话 兹申明以上内容无讹并承担如实申报、依法纳税之法律责任 申报单位　　　　　　　　　申报单位(签章)	海关批注及签章

知识拓展

预录入编号和海关编号不需填写

一、预录入编号

预录入编号指预录入报关单的编号，一份报关单对应一个预录入编号，由系统自动生成。

报关单预录入编号为18位，其中，第1～4位为接受申报海关的代码(海关规定的《关区代码表》中相应海关代码)，第5～8位为录入时的公历年份，第9位为进出口标志(1为进口，0为出口；集中申报清单I为进口，E为出口)，后9位为顺序编号。

二、海关编号

海关编号指海关接受申报时给予报关单的编号，一份报关单对应一个海关编号，由系统自动生成。

报关单海关编号为18位，其中，第1～4位为接受申报海关的代码(海关规定的《关区代码表》中相应海关代码)，第5～8位为海关接受申报的公历年份，第9位为进出口标志(1为进口，0为出口；集中申报清单I为进口，E为出口)，后9位为顺序编号。

二、报关单表头栏目的构成

报关单表头栏目是指从"境内收/发货人"栏开始直到"标记唛码及备注"栏的内容,共有30项栏目需要填写,分别是境内收/发货人、进/出境关别、进/出口日期、申报日期、备案号、境外发/收货人、运输方式、运输工具名称及航次号、提运单号、货物存放地点(进口)、消费使用单位/生产销售单位、监管方式、征免性质、许可证号、起运港(进口)、合同协议号、贸易国(地区)、启运国(地区)/运抵国(地区)、经停港/指运港、入境口岸/离境口岸、包装种类、件数、毛重(千克)、净重(千克)、成交方式、运费、保费、杂费、随附单证、标记唛码及备注。报关单相关内容查找技巧如表6-3所示。

表6-3　报关单相关内容查找技巧

可从提供的提运单、装箱单中查找	可从提供的发票中查找	可从提供的补充内容中查找	通过逻辑判断
1. 进/出境关别	1. 收/发货人	1. 备案号	1. 监管方式
2. 运输方式	2. 消费使用/生产消费单位	2. 进出口日期	2. 征免性质
3. 运输工具名称及航次号	3. 境内目的地/货源地	3. 申报日期	3. 征免
4. 提运单号	4. 成交方式	4. 收发货单位	4. 部分备注内容
5. 起运国/运抵国(地区)	5. 运费/保费/杂费	5. 许可证号	
6. 经停港/指运港	6. 贸易国	6. 随附单据	
7. 件数	7. 合同协议号		
8. 包装种类	8. 商品名称、规格型号		
9. 毛重(千克)	9. 数量及单位		
10. 净重(千克)	10. 原产国/最终目的国(地区)		
11. 入境口岸/离境口岸	11. 单价/总价/币制		
12. 标记唛码及备注			
13. 货物存放地点			

知识拓展

进出口报关单填制技巧

① 报关单的各栏中,"申报日期""税费征收情况""海关审单批注及放行日期签字",报关员无须填写。

② 熟悉发票、装箱、提运单据的格式结构及各栏目的具体内容

③ 要弄清填制时所需要的信息来源:已知信息;发票、装箱单、提运单据;自主判断。

三、报关单表头栏目的填写

(一)境内收/发货人

1. 含义

境内收/发货人是指经国家外贸主管部门及其授权部门核准,有权对外签订并执行进出口

贸易合同的我国境内法人、其他组织或个人。进出口货物报关单中的境内收／发货人须在海关办理注册登记手续。

2. 填报要求

① 本栏必须"双填"，即填报"组织名称＋代码"。

② 编码填报18位法人和其他组织统一社会信用代码，没有统一社会信用代码的，填报其在海关的备案编码。

知识拓展

境内收/发货人备案编码设置规则

境内收／发货人备案编码：指海关为注册的境内收／发货人设置的注册登记编码，为10位数字。每个企业有一个在全国范围内唯一的、始终不变的代码标志。通过编码能够了解一个企业的所在地区和企业的经济类型。

① 第1～4位：表示境内收／发货人属地的行政区划代码，其中1～2位表示省（自治区、直辖市）。例如，上海市为31，广东省为44。3～4位表示省辖市（地区、省直辖行政单位），包括省会城市、计划单列城市、沿海开放城市。

② 第5位：表示市内经济区域。数字的含义分别如下：

1——表示经济特区；

2——表示经济技术开发区和上海浦东新区；

3——表示高新技术开发区；

4——表示保税区；

5——表示出口加工区；

6——表示保税港区；

7——表示物流园区；

9——其他未列名地区。

③ 第6位：表示企业经济类型的代码，表明企业性质。数字的含义分别如下：

1——表示有进出口经营权的国有企业；

2——表示中外合作企业；

3——表示中外合资企业；

4——表示外商独资企业；

5——表示有进出口经营权的集体企业；

6——表示有进出口经营权的私营企业；

7——表示有进出口经营权的个体工商户；

8——表示有报关权而无进出口经营权的企业（主要包括报关行和有报关权的货代公司等）；

9——表示其他（包括外商企业驻华机构、外国驻华使领馆等机构和临时有进出口经营权的单位）。

④ 第7～10位：为顺序号。

3. 特殊情况

① 如果对外签约，执行合同不是同一单位，则以执行合同的单位为准。

例如,中国煤炭进出口总公司对外签订出口煤炭合同,而由地方煤炭进出口公司负责执行合同,本栏应填报地方煤炭进出口公司及其代码。

② 有代理报关资格的报关企业代理其他进出口企业办理进出口报关手续时,填报委托的进出口企业。

例如,北京银盾报关行(1105981810)代理大连化工进出口公司(2102911013××××××××)从韩国进口电动叉车报关。根据填制规范,本栏应填报"大连化工进出口公司(2102911013××××××××)"。

③ 外商投资企业委托进出口企业进口投资设备、物品的,填报外商投资企业及其代码,并在"标记唛码及备注"栏注明"委托××进出口企业进口",同时注明被委托企业的18位法人和其他组织统一社会信用代码。

例如,北京宇都商贸有限公司(1101220756)委托大连化工进出口公司(2102911013××××××××)与韩国签约进口电动叉车。根据填制规范,本栏应填报"北京宇都商贸有限公司1101220756",并在"标记唛码及备注"栏填报"委托大连化工进出口公司(2102911013××××××××)进口"。

④ 外商投资企业委托有进出口经营权的企业进出口的不是投资设备、物品,而是一般贸易货物的生产原料,则本栏应填报代理方,即有进出口经营权的企业。

⑤ 援助、赠送、捐赠的货物,本栏应填报直接接受货物单位的中文名称及代码。

⑥ 境外企业不得作为境内收/发货人填报。

⑦ 海关特殊监管区域,则本栏应填报该货物的实际经营单位或海关特殊监管区域内经营企业。

⑧ 免税品经营单位经营出口退税国产商品的,本栏应填报免税品经营单位名称。

思考

下列各种情况下,经营单位应如何填写?

1. 北京市残联(代码:1100991000×××××××)接受韩国政府赠送的残疾轮椅一批,由北京银盾报关行(编码:1105981810×××××××)代为申报进口,其进口货物报关单上的境内收货人为: _____。

2. 北京中美合资电子有限公司(编码:1108339456)委托北京机械进出口公司(编码:1101910090)代为进口投资设备一批,由北京大宇报关行申报进口,其进口货物报关单上的境内收货人为: _____。

3. 中国煤炭进出口公司(编码:1101910010×××××××)统一对外签约出口韩国煤炭一批,该合同具体由山西煤炭进出口公司(代码:1401910090×××××××)执行,其出口货物报关单上的境内发货人为: _____。

4. 北京银盾报关行(编码:1105981810)代北京中美合资电子有限公司(编码:1108339456)申报进口原材料一批,其进口货物报关单上的境内收货人为: _____。

5. 北京机械进出口公司(编码:1101910090)委托澳门永泰进出口公司代为进口德国产机械一批,其进口货物报关单上的境内收货人为: _____。

（二）进/出境关别

1. 含义

进/出境关别原指国家对外开放的港口及边界关口，报关单中特指货物实际进出境的口岸海关。因此本栏是填口岸海关，而非口岸城市。

2. 填报要求

① 本栏必须"双填"，即填报"口岸海关名称＋代码"。

② 代码即为海关规定的《关区代码表》中相应口岸海关代码。例如，货物实际进出境的口岸海关为广州机场时，则填"广州机场5141"。

③ 常见关区代码为：北京关区（0100）、天津海关（0201）、新港海关（0202）、沈阳海关（0801）、大连海关（0900）、上海海关（2200）、浦江海关（2201）、吴淞海关（2202）等。

3. 特殊情况

① 进口转关运输货物，本栏填报货物进境地海关名称及代码。

② 出口转关运输货物，本栏填报货物出境地海关名称及代码。

③ 按转关运输方式监管的跨关区深加工结转货物，出口报关单填报转出地海关名称及代码，进口报关单填报转入地海关名称及代码。

④ 在不同海关特殊监管区域或保税监管场所之间调拨、转让的货物，本栏填报对方海关特殊监管区域或保税监管场所所在的海关名称及代码。

⑤ 其他无实际进出境的货物，本栏填报接受申报的海关名称及代码。

> **思考**
>
> 1. 北京一进出口公司从美国海运进口设备一批，由天津新港海关（0202）转关至北京海关朝阳口岸办事处（0118），报关单上的进境关别应填报为：＿＿＿＿＿＿＿。
>
> 2. 北京平谷服装进出口公司将原从韩国海运至天津新港的加工贸易服装面料转为内销，其在北京平谷海关（0110）办理补税时报关单上的进出境关别应填报为：＿＿＿＿＿＿＿。
>
> 3. 北京平谷服装加工贸易企业，在北京海关朝阳口岸办事处（0118）申报海运转关出口韩国服装一批，由天津新港（0202）装船出境，其转关货物报关单上的进出境关别应填报为：＿＿＿＿＿＿＿。

（三）进/出口日期

1. 含义

进/出口日期指运载所申报货物的运输工具申报进境的日期/运载所申报货物的运输工具办结出境手续的日期。

2. 填报要求

① 进口日期为人工录入，入库后系统自动反填；出口日期在申报时免于填报，入库后系统自动反填。

② 日期均为8位数字，顺序为年、月、日，即YYYYMMDD。

③ 对无实际进出境的货物，以海关接受申报日期为准。

思考

资料中写"运输工具载运货物于 2018 年 7 月 16 日运抵口岸,当日向黄埔海关新港办申报进境",则"进口日期"栏应填报:_____。

(四)申报日期

1. 含义

申报日期指海关接受进出口货物的收、发货人或受其委托的报关企业向海关申报的日期。

2. 填报要求

① 电子报关情况下申报日期为海关计算机系统接受申报数据的日期。

② 纸质报关情况下申报日期为海关接受纸质报关单并对报关单进行登记处理的日期。

③ 进口申报日期不能早于进口日期,出口货物申报日期不能晚于出口日期。

④ 本栏在申报时免于填报。

(五)备案号

1. 含义

备案号指经营进出口货物的收发货人在向海关办理报关手续时,应该向海关递交的备案审批文件的编号,如加工贸易手册编号、海关特殊监管区域和保税监管场所保税账册、进出口货物征免税证明编号等。

备案号长度为12位,其中第1位是标记码,第2～5位是关区代码,第6位是年份。第7～12位为序列号,如表6-4所示。

表6-4　备案号标记码

备案手册标记码	含　义
B	进口的料件和出口加工产品使用的来料加工加工贸易手册编号
C	进口的料件出口加工产品使用的进料加工加工贸易手册编号
D	加工贸易不作价设备登记手册进口的外商免费提供的用于加工贸易的不作价设备
E	加工贸易联网企业使用的电子账册
F	加工贸易异地报关分册
G	加工贸易深加工结转分册
H	出入出口加工区的保税货物的电子账册备案号
Y	原产地证书代码,仅表示使用香港、澳门特别行政区原产地证书适用 CEPA 的进口货物
Z	进口的享受特定减免税的设备物品使用的征免税证明编号

2. 填报要求

① 一份报关单只允许填报一个备案号。同一批进出口货物中既有备案的商品又有非备案的商品时,应分别填写报关单申报,即分单填报。同一批进出口货物中包含有不同的备案商品也应该分单填报(不同的备案要分别填写报关单申报)。

② 无备案审批文件的报关单,本栏免予填报。

③ 备案号的标记码必须与"贸易方式""征免性质""征免""用途"等栏相协调。

3. 特殊情况

① 加工贸易项下货物,除少量低值辅料按规定不使用加工贸易手册及以后续补税监管方式

办理内销征税的外,填报加工贸易手册编号。

使用异地直接报关分册和异地深加工结转出口分册在异地口岸报关的,填报分册号;本地直接报关分册和本地深加工结转分册限制在本地报关,填报总册号。

加工贸易成品凭征免税证明转为减免税进口货物的,进口报关单填报征免税证明编号,出口报关单填报加工贸易手册编号。

对加工贸易设备、使用账册管理的海关特殊监管区域内减免税设备之间的结转,转入和转出企业分别填制进、出口报关单,在本栏填报加工贸易手册编号。

② 涉及征、减、免税审核确认的报关单,填报征免税证明编号。

③ 减免税货物退运出口,填报中华人民共和国海关进口减免税货物准予退运证明的编号;减免税货物补税进口,填报减免税货物补税通知书的编号;减免税货物进口或结转进口(转入),填报征免税证明的编号;相应的结转出口(转出),填报中华人民共和国海关进口减免税货物结转联系函的编号。

④ 免税品经营单位经营出口退税国产商品的,免予填报。

思考

以下两种情况,备案号应如何填写?

1.某公司进口纯棉花布 10 000 米,其中 6 000 米用于加工产品后再出口,并事先在海关备案取得手册 C04025004321。而另外的 4 000 米用于加工产品在国内销售。

2.北京某公司从事加工贸易,将加工贸易成品转为免税进口货物。

(六)境外发/收货人

1. 含义

境外发货人通常指签订并执行进口贸易合同中的卖方;境外收货人通常指签订并执行出口贸易合同中的买方或合同指定的收货人。

2. 填报要求

① 填报"境外发 / 收货人的名称 + 编码"。

② 名称一般填报英文名称,检验检疫要求填报其他外文名称的,在英文名称后填报,以半角括号分隔。

③ 对于 AEO 互认国家(地区)企业的,编码填报 AEO 编码,填报样式按照海关总署发布的相关公告要求填报(如新加坡 AEO 企业填报样式为 SG123456789012,韩国 AEO 企业填报样式为 KR1234567,具体见相关公告要求);非互认国家(地区)AEO 企业等其他情形,编码免于填报。

④ 特殊情况下无境外发 / 收货人的,名称及编码填报 NO。

(七)运输方式

1. 含义

运输方式指国际贸易买卖双方就进出口货物交接、交换所磋商决定可采用的运输方式;报关单中专指载运货物进出关境所使用的运输工具的分类,即海关规定的运输方式。

运输方式包括实际运输方式和海关规定的特殊运输方式,前者指货物实际进出境的运输方式,按进出境所使用的运输工具分类;后者指货物无实际进出境的运输方式,按货物在境内的流向分类。

2. 填报要求

① 本栏单填,填报运输方式名称或代码均可。

② 本栏应根据海关规定的《运输方式代码表》(2018 年 7 月 17 日更新)选择填报相应的运输方式名称或代码,如表 6-5 所示。

表6-5　运输方式代码表

运输方式	代　码	运输方式	代　码
0	非保税区	9	其他方式运输
1	监管仓库	H	边境特殊海关作业区
2	水路运输	T	综合实验区
3	铁路运输	W	物流中心
4	公路运输	X	物流园区
5	航空运输	Y	保税港区
6	邮件运输	Z	出口加工
7	保税区	L	旅客携带
8	保税仓库	G	固定设施运输

3. 特殊情况

(1)特殊情况的填报要求

① 非邮件方式进出境的快递货物,按实际运输方式填报。

② 进口转关运输货物,按载运货物抵达进境地的运输工具填报;出口转关运输货物,按载运货物驶离出境地的运输工具填报。

③ 不复运出(入)境而留在境内(外)销售的进出境展览品、留赠转卖物品等,填报"其他运输"(代码 9)。

④ 进出境旅客随身携带的货物,填报"旅客携带"(代码 L)。

⑤ 以固定设施(包括输油、输水管道和输电网等)运输货物的,填报"固定设施运输"(代码 G)。

(2)无实际进出境货物在境内流转时的填报要求

① 境内非保税区运入保税区货物和保税区退区货物,填报"非保税区"(代码 0)。

② 保税区运往境内非保税区货物,填报"保税区"(代码 7)。

③ 境内存入出口监管仓库和出口监管仓库退仓货物,填报"监管仓库"(代码 1)。

④ 保税仓库转内销货物或转加工贸易货物,填报"保税仓库"(代码 8)。

⑤ 从境内保税物流中心外运入中心或从中心运往境内中心外的货物,填报"物流中心"(代码 W)。

⑥ 从境内保税物流园区外运入园区或从园区内运往境内园区外的货物,填报"物流园区"(代码 X)。

⑦ 保税港区、综合保税区与境内(区外)(非海关特殊监管区域、保税监管场所)之间进出的货物,填报"保税港区 / 综合保税区"(代码 Y)。

⑧ 出口加工区、珠澳跨境工业区(珠海园区)、中哈霍尔果斯边境合作区(中方配套区)与境内(区外)(非海关特殊监管区域、保税监管场所)之间进出的货物,填报"出口加工区"(代码 Z)。

⑨ 境内运入深港西部通道港方口岸区的货物,填报"边境特殊海关作业区"(代码 H)。

⑩ 经横琴新区和平潭综合实验区(以下简称综合试验区)二线指定申报通道运往境内区外或从境内经二线指定申报通道进入综合试验区的货物,以及综合试验区内按选择性征收关税申

报的货物，填报"综合试验区"（代码 T）。

⑪ 海关特殊监管区域内的流转、调拨货物，海关特殊监管区域、保税监管场所之间的流转货物，海关特殊监管区域与境内区外之间进出的货物，海关特殊监管区域外的加工贸易余料结转、深加工结转、内销货物，以及其他境内流转货物，填报"其他运输"（代码 9）。

（八）运输工具名称及航次号

1. 含义

运输工具名称及航次号指载运货物进出境的运输工具的名称或运输工具编号及航次号。

在国际贸易中，水路运输方式使用的每一艘船舶都有其相应的船名，但其他类型的运输工具不一定都有名称，有些类型的运输工具是需要以编号填报的，以保证即使是同类型的运输工具都能加以区别。

航次号指运输工具的航次编号。船舶每次航行都会指定一个航次号，航次一般为 4 位字符。每一条船都有一个固定的名称，为了区别船舶在不同时间上每次的航行，需要给予一个编号，这就是航次号。

2. 填报要求

① 一份报关单只允许填报一个运输工具名称。

② 直接在进出境地或采用全国通关一体化通关模式办理报关手续的报关单填报要求如下。

A. 水路运输：填报船舶编号（来往港澳小型船舶为监管簿编号）或船舶英文名称 / 船舶的航次号。例如，STAR/HV300W。

B. 公路运输：启用公路舱单前，填报该跨境运输车辆的国内行驶车牌号 / 运输车辆的 8 位进出境日期［顺序为年（4 位）、月（2 位）、日（2 位）］。例如，粤 B03456/20180512。深圳提前报关模式的报关单填报国内行驶车牌号 + "/" + "提前报关"。启用公路舱单后，车牌号免予填报，仅须填报货物运输批次号。

C. 铁路运输：填报车厢编号或交接单号 / 列车的进出境日期。

D. 航空运输：名称填报航班号，航次免予填报。例如，航班号一般前 2 位是英文字母后面跟 3、4 位数字，如 NH0133。

3. 特殊情况

转关运输货物报关单填报要求如下。

① 进口报关单具体的填报要求如表 6-6 所示。

表6-6　转关运输货物运输工具名称的填写

运输方式	直转、提前报关填报	中转填报
水路运输 2	"@" +16 位转关运输申报单预录入号	进境船舶英文名称 /@ 航次号
航空运输 5	"@" +16 位转关运输申报单预录入号	@
铁路运输 3	"@" +16 位转关运输申报单预录入号 + "/" + "@"进境日期	车厢编号 /@ 进境日期
公路运输 4	"@" +16 位转关运输申报单预录入号	

② 出口报关单具体的填报要求如表 6-7 所示。

表6-7　转关运输货物运输工具名称的填写

运输方式	非中转	中　转		多张报关单通过一张转关单转关
水路运输 2	"@" +16 位转关运输申报单预录入号（或 13 位载货清单号）	境内水路	驳船船名 / 驳船航次号	@
		境内铁路	车名(主管海关代码 +TRAIN)/6 位起运日期	
		境内公路	车名[主管海关代码 +TRUCK]]/6 位起运日期	
航空运输 5	—	—		
铁路运输 3	—	—		
公路运输 4	"@" +16 位转关运输申报单预录入号（或 13 位载货清单号）			

③ 采用"集中申报"通关方式办理报关手续的,报关单填报"集中申报"。

④ 无实际进出境的货物,免予填报。

思考

试根据下题 3 例中的情景资料填写"运输工具名称及航次号"栏。

1. 提单中显示：Vessel: APL HONG KONG, VOY. NO 116E; Port of Loading: ANTWERP; Port of Discharge: DALIAN; Place of Delivery: DALIAN.

2. 提单中显示：FROM BUSAN,KOREA TO HUANG PU,CHINA VIA HONG KONG BY HEUNG-ANAGOYA 413S.

3. 提单中显示：Vessel: COSCO HONGFENG,VOY.NO 302N;Port of Loading: SANTOS BRAZILIAN PORT; Port of Discharge: HONG KONG; Place of Delivery DALIAN CHINA.

（九）提运单号

1. 含义

提运单号指进出口货物提单或运单的编号。编号必须与运输部门向海关提供的载货清单所列相应内容一致。

2. 填报要求

① 一份报关单只允许填报一个提运单号,一票货物对应多个提运单时,应分单填报。

② 水路运输填进口提单号,有分提单的填报进口提单号 + "*"+ 分提单号。公路运输启用公路舱单前,免予填报;启用公路舱单后,填报进出口总运单号。铁路运输填报运单号。航空运输填填报总运单号 + "_"+ 分运单号,无分运的填报总运单号。邮政运输填报邮运包裹单号。无实际进出境的,本栏免于填报。

知识拓展

航空运输单号填报要求

航空运单分 2 种：一种是航空公司签发的,称为总运单 (Master Airway Bill, MAWB)；另一种是航空公司代理人签发的,称为分运单 (House Airway Bill, HAWB)。

航空运输分运单号用"HAWB:××××××××"表示,一般由 8 位数字组成。分运单号一般出现在航空分运单的右上方，只填8位数字于总运单号后面。总运单号用"MAWB：×××—×××× ××××"或"M：×××—×××× ××××"表示，由11位数字组成。

填写时，总运单号只填数字，其中的"—"和空格不填。但在总运单号和分运单号之间要加"_"。例如，分运单号为4087 1532，总运单号为"MAWB：790—8127 3721"，"提运单号"栏应填79081273721_40871532。

（十）货物存放地点（进口报关单适用）

填报货物进境后存放的场所或地点，包括海关监管作业场所、分拨仓库、定点加工厂、隔离检疫场、企业自有仓库等。

该栏目为原报检项目的"存放地点"，现改名为"货物存放地点"，填报要求无变化。

（十一）消费使用单位/生产销售单位

1. 含义

① 消费使用单位填报已知的进口货物在境内的最终消费、使用单位的名称，包括：自行进口货物的单位；委托进出口企业进口货物的单位。

② 生产销售单位填报出口货物在境内的生产或销售单位的名称，包括：自行出口货物的单位；委托进出口企业出口货物的单位。

2. 填报要求

① 本栏要求单填。填报18位法人和其他组织统一社会信用代码。

② 无18位统一社会信用代码的，填报NO。

③ 进口货物在境内的最终消费或使用以及出口货物在境内的生产或销售的对象为自然人的，填报身份证号、护照号、台胞证号等有效证件号码及姓名。

④ 减免税货物报关单的消费使用单位/生产销售单位应与中华人民共和国海关进出口货物征免税证明（以下简称征免税证明）的"减免税申请人"一致；保税监管场所与境外之间的进出境货物，消费使用单位/生产销售单位填报保税监管场所的名称〔保税物流中心（B型）填报中心内企业名称〕。

海关特殊监管区域的消费使用单位/生产销售单位填报区域内经营企业（加工单位或仓库）。

知识拓展

消费使用/生产消费单位与境内收/发货人的关系

① 一般情形下，境内收/发货人是名义进出口人，消费使用单位/生产消费单位是实际进出口人。

② 若无外贸委托代理，名义进出口人就是实际进出口人。

境内收/发货人和收发货单位的逻辑关系如表6-8所示。

表6-8 境内收/发货人和收发货单位的逻辑关系

进出口状况	境内收／发货人	消费使用单位／生产消费单位	备　注
外贸代理进出口	外贸流通企业	国内委托进出口的单位	不包括外商投资企业在投资总额内委托进出口
外贸自营进出口	外贸流通企业	外贸流通企业	
外商投资企业自营进出口	外商投资企业	外商投资企业	
外商投资企业在投资总额内委托今年出口	外商投资企业	外商投资企业	实际境内收／发货人应在"标记唛码及备注"栏说明
签约与执行合同分离	执行合同的外贸流通企业	执行合同的外贸流通企业或委托进出口的单位	
直接接收进出口	直接接收货物的国内单位	直接接收货物的国内单位	该批货物的进出口应经批准

思考

　　江苏南通富士通电子有限公司(320693xxxxxxxxxxxx)进口电子设备一批(企业自用),宁波鞋业有限公司(330244xxxxxxxxxxxx)将自产的皮鞋委托宁波某进出口公司(330224xxxxxxxxxxxx)出口非洲。

　　1.上述资料中进口货物报关单的"消费使用单位"栏该如何填?

　　2.上述资料中出口货物报关单的"生产销售单位"栏该如何填?

（十二）监管方式

1.含义

监管方式是以国际贸易中进出口货物的交易方式为基础,结合海关对进出口货物的征税、统计及监管条件综合设定的海关对进出口货物的管理方式。其代码由4位数字构成,前2位是按照海关监管要求和计算机管理需要划分的分类代码,后2位是参照国际标准编制的贸易方式代码。

为适应全国通关一体化改革的要求,促进企业规范申报,规范海关业务管理,海关总署决定增列海关监管方式——"特许权使用费后续征税",代码9500,适用于纳税义务人在货物进口后支付特许权使用费,并在支付特许权使用费后的规定时限内向海关申报纳税。

2.填报要求

① 本栏应根据实际情况,并按海关规定的《监管方式代码表》选择填报相应的监管方式简称或代码。常见监管方式代码如表6-9所示。

表6-9　常见监管方式代码

监管方式代码	监管方式代码简称	监管方式代码全称
0110	一般贸易	一般贸易
0214	来料加工	来料加工装配贸易进口料件及加工出口货物
0615	进料对口	进料加工（对口合同）
0654	进料深加工	进料深加工结转货物
2025	合资合作设备	合资合作企业作为投资进口设备物品
2225	外资设备物品	外资企业作为投资进口的设备物品
3010	货样广告品A	有经营权单位进出口的货样广告品
3100	无代价抵偿	无代价抵偿货物
3339	其他进出口免费	其他进出口免费提供货物
4500	直接退运	直接退运

② 一份报关单只允许填报一种监管方式。如果一票货物中一部分货物适用一种监管方式，另一部门适用另外的监管方式，则应该分别填制报关单申报。

3. 特殊情况

加工贸易特殊情况填报要求如下。

① 进口少量低值辅料（5 000美元以下，78种以内的低值辅料）按规定不使用加工贸易手册的，填报"低值辅料"。使用加工贸易手册的，按加工贸易手册上的监管方式填报。

② 加工贸易料件转内销货物以及按料件办理进口手续的转内销制成品、残次品、未完成品，填制进口报关单，填报"来料料件内销"或"进料料件内销"；加工贸易成品凭征免税证明转为减免税进口货物的，分别填制进、出口报关单，出口报关单填报"来料成品减免"或"进料成品减免"，进口报关单按照实际监管方式填报。

③ 加工贸易出口成品因故退运进口及复运出口的，填报"来料成品退换"或"进料成品退换"；加工贸易进口料件因换料退运出口及复运进口的，填报"来料料件退换"或"进料料件退换"；加工贸易过程中产生的剩余料件、边角料退运出口，以及进口料件因品质、规格等原因退运出口且不再更换同类货物进口的，分别填报"来料料件复出""来料边角料复出""进料料件复出""进料边角料复出"。

④ 加工贸易边角料内销和副产品内销，填制进口报关单，填报"来料边角料内销"或"进料边角料内销"。

⑤ 企业销毁处置加工贸易货物未获得收入，销毁处置货物为料件、残次品的，填报"料件销毁"；销毁处置货物为边角料、副产品的，填报"边角料销毁"；企业销毁处置加工贸易货物获得收入的，填报"进料边角料内销"或"来料边角料内销"。

思考

> 某服装进出口公司自日本进口一批工作服样装。小亮是该公司报关员，负责填制报关单。在向海关申报时，其报关单"监管方式"栏应填报什么？

（十三）征免性质

1. 含义

征免性质是指海关根据《海关法》《关税条例》及国家有关政策对进出口货物实施的征、减、免税管理的性质类别。海关根据征免性质来确定是否征税以及查验相关手续。

2. 填报要求

① 本栏单填，即填报相应的征免性质简称或代码均可。（可根据下拉菜单选择征免性质或按海关规定的《征免性质代码表》录入相应的征免性质代码。例如，一般征税的货物，在下拉菜单中可选择"101-一般征税"或录入 101 自动生成"一般征税"。）

② 一份报关单只允许填报一种征免性质。

③ 本栏目应按照海关核发的征免税证明中批注的征免性质填报，或根据实际情况按海关规定的《征免性质代码表》选择填报相应的征免性质简称或代码。征免性质代码如表 6-10 所示。

表6-10　征免性质代码

代　码	名　　称	含　　义
101	一般征税	包括除其他征税性质另有规定者外的一般照章（包括按照公开暂定税率）征税或补税的进出口货物
299	其他法定	对除无偿援助进出口物资外的其他实行法定减免税费的进出口货物以及其他非按全额货值征税的部分进出口货物
501	加工设备	适用于加工贸易经营单位按照有关征减免税政策进口的外商免费（即不需经营单位付汇，也不需用加工费和差价偿还）提供的加工生产所需设备
502	来料加工	适用于来料加工装配和补偿贸易进口所需的料件等，以及经加工后出口的成品、半成品
503	进料加工	适用于为生产外销产品用外汇购买进口的料件以及加工后返销出口的成品、半成品
601	中外合资	适用于中外合资企业自产的出口产品
602	中外合作	适用于中外合作企业自产的出口产品
603	外资企业	适用于外商独资企业自产的出口产品
789	鼓励项目	适用于按规定程序审批的国家鼓励发展的国内投资和外商投资项目在投资总额内按减免税政策进口的，以及 1998 年后利用外国政府和国际金融组织贷款项目进口的设备、技术等
799	自有资金	适用于鼓励类外商投资企业、外商投资研究开发中心、先进技术型和产品出口型外商投资企业以及符合中西部利用外资优势产业和优势项目目录的项目，利用投资总额外的自有资金，按照有关征减免税政策进口的设备、技术等

3. 特殊情况

① 加工贸易转内销货物，按实际情况填报（如一般征税、科教用品、其他法定等）。

② 料件退运出口、成品退运进口货物填报"其他法定"（代码 299）。

③ 加工贸易结转货物，免予填报。

（十四）许可证号

1. 含义

进出口许可证是指一国根据其进出口管制法令，由商务主管部门签发的允许管制商品进出口的证件。填报进（出）口许可证、两用物项和技术进（出）口许可证、两用物项和技术出口许可证（定向）、纺织品临时出口许可证、出口许可证（加工贸易）、出口许可证（边境小额贸易）的编号。

2. 填报要求

① 填报许可证的相关编号。

② 一份报关单只允许填报一个许可证号。其他进出口许可证件或监管证件，在"随附单证"

栏填报。

③ 免税品经营单位经营出口退税国产商品的，免予填报。

④ 对于非许可证管理商品本栏为空，一般情况下都为空。

知识拓展

许可证号注意事项

《监管证件代码表》中的代码为"1——进口许可证""4——出口许可证""2——两用物项和技术进口许可证""3——两用物项和技术出口许可证""G——两用物项和技术出口许可证（定向）""5——纺织品临时出口许可证"的才要填报"许可证号"栏，而其他监管证件都属于其他许可证件，要求填报"随附单据"栏中。

许可证号的编号格式是：××—××—××××××。第1、第2位代表年份，第3、第4位代表发证机关（AA代表商务部许可证事务局发证，AB、AC代表许可证事务局驻各地特派员办事处发证，01、02代表地方发证），后6位为顺序号。

（十五）起运港（进口报关单适用）

1. 含义

在进口报关单中，起运港是指进口货物在运抵我国关境前的第一个境外装运港。例如，货物从大阪装运，经釜山港口到达我国天津口岸报关，则起运港为大阪。

2. 填报要求

本栏要求"双填"。根据实际情况，按海关规定的《港口代码表》填报相应的港口名称及代码。

3. 特殊情况

① 未在《港口代码表》列明的，填报相应的国家名称及代码。

② 货物从海关特殊监管区域或保税监管场所运至境内区外的，填报《港口代码表》中相应海关特殊监管区域或保税监管场所的名称及代码；未在《港口代码表》中列明的，填报未列出的特殊监管区及代码。

③ 无实际进出境的，本栏填报"中国境内"。

知识拓展

常用港口代码如表6-11所示。

表6-11　常用港口代码

代　码	中文名称	英文名称
AGO000	安哥拉	Angola
AUS147	墨尔本（澳大利亚）	Melbourne, Australia
BEL003	安特卫普（比利时）	Antwerpen, Belgium
BRA084	里约热内卢（巴西）	Rio De Janeiro, Brazil
CHN114	大连新港（中国）	Dalianxingang, China
CHN185	天津新港（中国）	Tianjinxingang, China

（续表）

代　码	中文名称	英文名称
CHN331	上海（中国）	Shanghai, China
CHN366	舟山（中国）	Zhoushan, China
DEU018	不来梅港（德国）	Bremerhaven, Germany
DEU063	汉堡（德国）	Hamburg, Germany
GBR375	伦敦（英国）	London, United Kingdom
HKG003	香港（中国香港）	Hong Kong, Hong Kong (China)
NLD066	鹿特丹（荷兰）	Rotterdam, Netherlands
USA264	洛杉矶（美国）	Los Angeles, United States

（十六）合同协议号

1. 含义

合同协议号是指在进出口贸易中，买卖双方或数方当事人根据国际贸易惯例或国家的法律、法规，自愿按照一定的条件买卖某种商品所签署的合同协议的编号。

2. 填报要求

① 填报进出口合同（协议）的全部字头和号码。无长度要求。

② 注意合同的译法。在原始单据（发票）上的合同协议号一般表示为"Contract No.""S/C NO.""P/O NO."等。

③ 未发生商业性交易的免予填报。

（十七）贸易国（地区）

1. 含义

贸易国（地区）是指与国内企业签订贸易合同的外方客户所属国别（地区），未发生（实质性）商业性交易的指拥有货物所有权的外方所属国别（地区）。

2. 填报要求

① 进口填报购自国，出口填报售予国，只需要根据贸易合同判断即可。

② "双填"，按海关规定的《国别（地区）代码表》选择填报相应的贸易国（地区）中文名称及代码。

知识拓展

国别（地区）代码如表 6-12 所示。

表6-12　国别（地区）代码

代　码	中文名称	代　码	中文名称
110	香港	303	英国
116	日本	304	德国
142	中国	502	美国

思考

请根据背景资料填写。

1．与某公司签订合同的客户为香港公司,货物最终抵运国德国,付款方是香港公司,则贸易国写什么?

2．与某公司签订合同的客户为德国公司,货物最终抵运国德国,付款方是美国,则贸易国写什么?

3．与某公司签订合同的客户为美国公司,货物最终抵运国比利时,付款方是英国,则贸易国写什么?

（十八）起运/运抵国（地区）

1. 含义

起运国（地区）是指进口货物直接运抵或者在运输中转国（地区）未发生任何商业性交易的情况下运抵我国的起始发出的国家（地区）。例如,申报进口货物的起运国为美国时,根据下拉菜单选择填报"USA– 美国",也可在本栏录入中文"美国"。

运抵国（地区）是指出口货物离开我国关境直接运抵或者在运输中转国（地区）未发生任何商业性交易的情况下最后运抵的国家（地区）。例如,申报出口货物的运抵国为马来西亚时,根据下拉菜单选择填报代码为"MYS– 马来西亚",也可在本栏录入中文"马来西亚"。

2. 填报要求

① 本栏既可以填国别代码,也可以填国家（地区）的中文名称。按海关规定的《国别（地区）代码表》选择填报。

② "中转"即中途转换运输工具。是否发生商业性交易可以从发票的抬头或出票人来进行判断。

③ 不经过第三国（地区）转运的直接运输进出口货物,以进口货物的装货港所在国（地区）为起运国（地区）,以出口货物的指运港所在国（地区）为运抵国（地区）。

④ 经过第三国转运的进出口货物,须区别两种情况:

A. 未在中转国发生买卖行为的,以进口货物的始发国为起运国,以出口货物的最终目的国为运抵国;

B. 在中转国发生了买卖行为的,以中转国为起运国和运抵国。

⑤ 无实际进出境的货物,填报"中国"及代码。

知识拓展

"起运国/运抵国（地区）"分析

进口案例: 我国某公司进口一批货物,货物从伦敦起运途经香港转运至上海。

如果在香港中转时没有发生买卖关系,则起运国（地区）仍为英国;如果在香港发生了买卖关系,那么起运国（地区）为中国香港。

是否发生买卖关系,从发票的出票人来判断,看由谁开出的发票。在本题中,如果是由英国公司开出的发票,则在香港中转时没有发生买卖关系,货物仍然是由英国公司卖给我国的企业的,起运国（地区）仍为英国。如果是由香港公司开出的发票,则说明货物是由在香港中转时发生了买卖关系,货物是由香港公司卖给的我国的企业,起运国(地区)为中国香港。

出口案例:我国某公司出口一批货物,货物从广州起运经新加坡中转运至汉堡。

如果在新加坡中转时没有发生买卖关系,则出口报关单运抵国(地区)为德国;如果在新加坡中转时发生了买卖关系,则出口报关单运抵国(地区)为新加坡。

是否发生买卖关系从发票抬头(即收货人)判断,看发票的收货人是谁。在本题中,发票的收货人如果是德国的公司,则在新加坡中转时没有发生买卖关系,货物是卖给德国的公司,运抵国为德国。发票的收货人如果是新加坡的公司,则在新加坡中转时发生了买卖关系,货物是卖给新加坡的公司,运抵国为新加坡。

(十九)经停港/指运港

1. 含义

经停港是指进口货物在运抵我国关境前的最后一个境外装运港。

指运港指出口货物运往境外的最终目的港;最终目的港不可预知的,按尽可能预知的目的港填报。

2. 填报要求

① 该栏应根据实际情况按《港口航线代码表》选择填报相应的港口名称及代码。

② 经停港/指运港在《港口代码表》中无港口名称及代码的,可选择填报相应的国家名称及代码。例如,若来自或去往的柬埔寨港口在《港口代码表》无港口名称和对应代码,则填报"柬埔寨"和代码 KHM000。

③ 无实际进出境的,本栏填报"中国境内"及代码 CHN000。

(二十)入境口岸/离境口岸

1. 含义

入境口岸为进境货物从跨境运输工具卸离的第一个境内口岸;离境口岸为装运出境货物的跨境运输工具离境的第一个境内口岸。

2. 填报要求

① 按海关规定的《国内口岸编码表》选择填报境内口岸中文名称及代码。

② 入境/离境口岸类型包括港口、码头、机场、机场货运通道、边境口岸、火车站、车辆装卸点、车检场、陆路港、坐落在口岸的海关特殊监管区域等。

3. 特殊要求

① 采取多式联运跨境运输的,入境口岸填报多式联运货物最终卸离的境内口岸中文名称及代码,离境口岸填报多式联运货物最初离境的境内口岸中文名称及代码。

② 过境货物,入境口岸填报货物进入境内的第一个口岸的中文名称及代码,离境口岸填报货物离境的第一个境内口岸的中文名称及代码。

③ 从海关特殊监管区域或保税监管场所进、出境的,填报海关特殊监管区域或保税监管场所的中文名称及代码。

④ 其他无实际进出境的货物,填报货物所在地的城市名称及代码。

国内口岸编码如表 6-13 所示。

表6-13　国内口岸编码

代　码	中文名称
110001	北京
110003	北京天竺综合保税区
110101	首都国际机场
110801	北京西站
120001	天津
120002	北疆港区
120004	天津港保税区
120011	中国（天津）自由贸易试验区
120201	天津出口加工区
…	…

思考

入境口岸与进境关别的差别。

（二十一）包装种类

1. 含义

商品的包装是指包裹和捆扎货物用的内部和外部包装和捆扎物的总称，分为运输包装和其他包装。运输包装指提运单所列货物件数单位对应的包装，其他包装包括货物的各类包装，以及植物性铺垫材料等。

2. 填报要求

① 本栏要求填报进出口货物的所有包装材料，包括运输包装和其他包装。

② "单填"，根据实际情况，按海关规定的《包装种类代码表》选择填报相应的包装种类名称或代码。

③ 该项目为原报关项目的"包装种类"和原报检项目的"包装种类（含辅助包装种类）"，现合并为"包装种类"。

④ 运输包装即提运单所列货物件数单位对应的包装，按照海关规定的《包装种类代码表》，填报运输包装对应的2位包装种类代码。例如，使用再生木托作为运输包装的，在本栏填报中文"再生木托"或代码92。

⑤ 如果还有其他包装，包括货物的各类包装、植物性铺垫材料等，则在电子报关单"其他包装"栏的"包装材料种类"中，按照海关规定的《包装种类代码表》填报2位包装种类代码，在"包装件数"栏中填报对应件数数字。例如，其他包装中含有纸制或纤维板制盒（箱）包装的，在本栏填报中文"纸制或纤维板制盒（箱）"或代码22。

包装种类代码如表6-14所示。

表6-14　包装种类代码

代　码	中文名称
00	散装
01	裸装
22	纸制或纤维板制盒／箱
23	木制或竹藤等植物性材料制盒／箱
29	其他材料制盒／箱
32	纸制或纤维板制桶
33	木制或竹藤等植物性材料制桶
39	其他材料制桶
04	球状罐类
06	包／袋
92	再生木托
93	天然木托
98	植物性铺垫材料
99	其他包装

知识拓展

电子报关单中,在"包装种类"后面有"其他包装"选项,如果涉及"其他包装"可以如实填写,如图6-1所示。

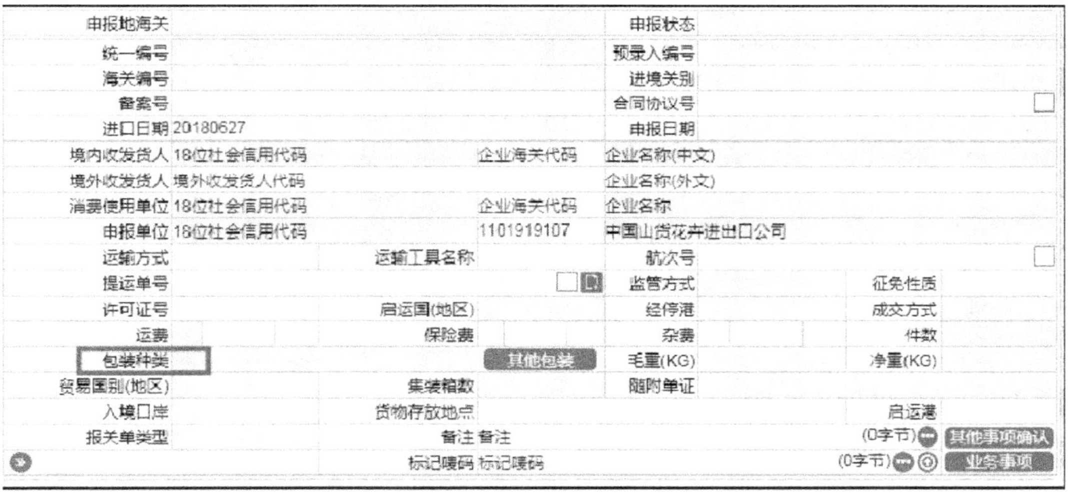

图6-1　电子报关单

思考

提单件数为6件,具体包装为2个天然木托(每个木托上有2个纸箱)+2个单独纸箱+2塑料桶,另有2块支撑木,该如何录入货物包装和其他包装?

（二十二）件数

1. 含义

2018 年 8 月 1 日修改的报关单最新填制规范中规定,件数是指以装箱单或提运单据的货物处于运输状态时的最外层包装或运输包装的数量。

2. 填报要求

① 填报进出口货物运输包装的件数(按运输包装计)。

② 舱单件数为集装箱的,填报集装箱个数。

③ 舱单中记录的件数为托盘(pallet)的,填报托盘数。

④ 本栏不得填报为 0,不能为空,散、裸装货物填报为 1。

（二十三）毛重（千克）

1. 含义

毛重是指商品的重量加上商品的外包装物料的重量。通常在计算运费中使用毛重。

2. 填报要求

① 本栏填报进出口货物实际毛重,以千克计,不足 1 千克的填报为 1。例如,0.6 千克,本栏应填报 1。

② 如货物的毛量在 1 千克以上且非整数,其小数点后保留 4 位,第 5 位及以后略去;若小数点后不足 4 位,不必用 "0" 补齐。

③ 本栏不得为空,毛重应大于或等于 1。

知识拓展

"毛重"栏填报注意事项

① 如果单证中是 "GROSS WEIGHT 1.5 MT",则本栏应填 1 500。

② 如果单证中是 "GROSS WEIGHT 0.4 KG",则本栏应填 1。

③ 如果单证中是 "GROSS WEIGHT 98.22889 KG",则本栏应填 98.228 8。

④ 如果单证中是 "G.WT 234.5 KG",则本栏应填 234.5。小数点后实际有多少位就填多少位,不必刻意用 0 补齐。

（二十四）净重（千克）

1. 含义

净重是指毛重减去外包装材料后的重量。通常在计算价格中使用净重。净重通常等于法定重量。

2. 填报要求

① 本栏填报进出口货物的纯商品重量,以千克计,不足 1 千克的填报为 1。

② 如货物的净重在 1 千克以上且非整数,其小数点后保留 4 位,第 5 位及以后略去。

③ 如单据中给出的数量是重量且没有毛净之分,则毛、净重填写相同;以毛重作净重计价的,可以填毛重。

（二十五）成交方式

1. 含义

成交方式是指国际贸易中的贸易术语，也称价格术语，我国习惯称为价格条件。可以理解为买卖双方就成交的商品在价格构成、责任、费用和风险的分担，以及货物所有权转移界线的约定。成交方式包括两个方面的内容：一方面表示交货的条件，另一方面表示成交价格的构成因素。

2. 填报要求

① 应根据实际成交价格条款按海关规定的《成交方式代码表》选择填报相应的成交方式名称或代码。例如，该货物的成交方式为 CIF，在下拉菜单中可选择"1-CIF"或录入 1 自动生成 CIF。

成交方式代码如表 6-15 所示。

表6-15　成交方式代码

代　码	名　称	代　码	名　称
1*	CIF*	4	C&I
2*	CFR（CNF／C&F）*	5	市场价
3*	FOB*	6	垫仓

② 无实际进出境的，进口填报 CIF 或其代码 1，出口填报 FOB 或其代码 3。

知识拓展

"成交方式"栏填报注意事项

由于海关规定的《成交方式代码表》只有 6 种成交方式可供选择填报，所以这 6 种成交方式不完全等同于国际贸易实务中贸易术语的概念，它适用于所有的运输方式。《成交方式代码表》给出的成交方式主要体现成本、运费、保险费等成交价格构成因素，目的在于方便海关确定完税价格和计算税费。因此，在填制报关单时，如果买卖双方成交时实际使用的成交方式不属于海关规定的《成交方式代码表》中的成交方式，要依照实际成交方式中的成本、运费、保险费等成交价格构成因素选择《成交方式代码表》中具有相同价格构成的代码填报。例如，在报关单填制时，一批空运货物出口实际成交使用的贸易术语是 FCA，但由于海关规定的《成交方式代码表》中没有 FCA，因此不能够填报 FCA。因为 FCA 的价格构成只包括成本不包括运费、保险费，所以应该选择《成交方式代码表》同样只包括成本的成交方式，即 FOB 填报。尽管在国际贸易中 FOB 只适用于江海运输，但在填写报关单时也要填写 FOB。对于国际贸易中使用的实际成交方式是 CIP、CPT、FCA 的，也应转换成《成交方式代码表》中的成交方式后填报。

（二十六）运费

1. 含义

运费是指进出口货物从始发地至目的地的国际运输所需要的各种费用。

2. 填报要求

① 本栏用于填报该份报关单所含全部货物的国际运输费用，包括成交价格中不包含运费的进口货物（即进口以 FOB 报价）和成交价格中含有运费的出口货物（即出口以 CIF、CFR 报价）。

② 可以选择运费单价、运费总价或运费率三种方式之一填报，同时注明运费标记、相应币种

代码。运费标记 1 表示运费率,2 表示每吨货物的运费单价,3 表示运费总价。

③ 填报纸质报关单时,本栏不同的运费标记填报如下。

A. 运费率:直接填报运费率的数值。例如,5% 的运费率填报为"5/1"。

B. 运费单价:填报运费币值代码 + "/" + 运费单价的数值 + "/" + 运费单价标记。例如,24 美元的运费单价填报为"502/24/2"。

C. 运费总价:填报运费币值代码 + "/" + 运费总价的数值 + "/" + 运费总价标记。例如,7 000 美元的运费总价填报为"502/7000/3"。

④ 运保费合并计算的,运保费填报在本栏中。

（二十七）保费

1. 含义

保费是指在国际运输过程中,由被保险人付给保险人的保险费用。

2. 填报要求

① 本栏用于填报进出口货物的全部国际运输的保险费用,包括成交价格中不包含保险费的进口货物的保险费和成交价格中含有保险费的出口货物的保险费,即进口成交方式为 FOB、CFR 或出口成交方式为 CIF 的,应在本栏填报保险费。

② 本栏应根据具体情况选择保险费总价或保险费率两种方式之一填报,同时注明保险费标记(保险费率标记免填),并按海关规定的《货币代码表》选择填报相应的币种代码。

③ 保险费标记为 1 表示保险费率,3 表示保险费总价。

④ 填制纸质报关单时,本栏不同的保费标记填报如下。

A. 保费率:直接填报保费率的数值。例如,3‰ 的保险费率填报为"0.3/1"。

B. 保费总价:填报保费币值代码 + "/" + 保费总价的数值 + "/" + 保费总价标记。例如,10 000 港元保险费总价填报为"110/10000/3"。

⑤ 运保费合并计算的,运保费填报在"运费"栏中。

（二十八）杂费

1. 含义

杂费是指成交价格以外的,应计入货物价格或应从货物价格中扣的费用,如手续费、佣金、折扣等。

2. 填报要求

① 本栏用于填报成交价格以外的,应计入完税价格或应从完税价格中扣除的费用,如手续费、佣金折扣等费用。本栏应根据具体情况选择杂费总价或杂费率两种方式之一填报,同时须注明杂费标记(杂费率标记免填),并按海关规定的《货币代码表》选择填报相应的币种代码。杂费标记 1 表示杂费率,3 表示杂费总价。应计入完税价格的杂费填报为正值或正率,应从完税价格中扣除的杂费填报为负值或负率。

② 填制纸质报关单时,本栏不同的杂费标记填报如下。

A. 杂费率:直接填报杂费率的数值。例如,应计入完税价格的 1.5% 的杂费率填报为"1.5/1";应从完税价格中扣除的 1% 的回扣率填报为"–1/1"。

B. 杂费总价:填报杂费币值代码＋"/"＋杂费总价的数值＋"/"＋杂费总价标记。例如,应计入完税价格的 500 英镑杂费总价填报为"303/500/3"。

知识拓展

运保费栏与"成交方式"栏的逻辑关系如表6-16所示。

表6-16　运保费栏与"成交方式"栏的逻辑关系

货物流向	成交方式	运　费	保　费
进口	CIF	不填	不填
	CFR	不填	填
	FOB	填	填
出口	FOB	不填	不填
	CFR	填	不填
	CIF	填	填

思考

各栏应如何填写？

项　目	率（1）	单价（2）	总价（3）
运费	5%→	USD50/吨→	HKD5 000→
保费	0.27%→	/	EUR5 000→
应计入的杂费	1%→	/	GBP5 000→
应扣除的杂费	1%→	/	JPY5 000→

思考

请根据背景资料判断是否正确，若不对，请改正。

1. 浙江木材进出口公司海运进口巴西原木一批，成交价格为 CFR，运费率为 4‰，保费率为 1.5‰。"成交方式"栏填报：CFR；"运费"栏填报：4；"保费"栏填报：1.5。

2. 天津五矿进出口公司出口铁矿石 1 万吨，成交价格为 CIF，运费为 100 USD/吨，保费为 500 USD。"成交方式"栏填报：FOB；"运费"栏填报：502/100/3；"保费"栏填报：502/500/2。

3. 某企业海运进口设备一批，设备及手续费总计 20 万欧元，合同中规定手续费 250 欧元由卖方承担。"杂费"栏填报：300/250/3。

（二十九）随附单证

1. 含义

随附单据是指随进（出）口货物报关单一并向海关递交的单证或文件。虽然提单、装箱单、发票、许可证等单证都是随附单据的范畴，但本栏的填写只涉及除进（出）口许可证、两用物项和技术进（出）口许可证、两用物项和技术出口许可证（定向）、纺织品临时出口许可证外的其他进出口许可证件或监管证件，按海关规定的《监管证件代码表》选择填报相应证件代码。

本栏需要填写随附单证代码和随附单证编号，其中"随附单证代码"栏按海关规定的《监管证件代码表》（见表6–17）选择填报相应证件代码；"随附单证编号" 栏填报证件编号。

表6–17　监管证件代码

代　码	名　称
1	进口许可证
2	两用物项和技术进口许可证
3	两用物项和技术出口许可证
4	出口许可证
5	纺织品临时出口许可证
6	旧机电产品禁止进口
7	自动进口许可证
8	禁止出口商品
9	禁止进口商品
A	入境货物通关单
B	出境货物通关单
D	出／入境货物通关单（毛坯钻石用）
E	濒危物种出口允许证
F	濒危物种进口允许证
G	两用物项和技术出口许可证（定向）
I	精神药物进（出）口准许证
J	金产品出口证或人总行进口批件
O	自动进口许可证（新旧机电产品）
P	进口废物批准证书
Q	进口药品通关单
S	进出口农药登记证明
T	银行调运外币现钞进出境许可证
U	合法捕捞产品通关证明
W	麻醉药品进出口准许证
X	有毒化学品环境管理放行通知单
Z	进口音像制品批准单或节目提取单
e	关税配额外优惠税率进口棉花配额证
r	预归类标志
s	适用 ITA 税率的商品用途认定证明
t	关税配额证明

2. 填报要求

① 既填报监管证件代码，也填报监管证件编号，如图 6–2 所示。

随附单证代码	
随附单证编号	
关联报关单	
关联备案	
保税/监管场地	
货场代码	

图6–2　电子报关单

② 本栏只填写一个监管证件的信息,多于一个监管证件的,其余的监管证件代码和编号按上述填报格式填写在"标记唛码及备注"栏中。多个监管证件中若有入(出)境货物通关单,优先填在本栏。

3. 特殊情况

① 加工贸易内销征税报关单,"随附单证代码"栏填报 C,"随附单证编号"栏填报海关审核通过的内销征税联系单号。

② 一般贸易进出口货物的填报要求如下。

A. 只能使用原产地证书申请享受协定税率或特惠税率(以下统称优惠税率)的(无原产地声明模式),"随附单证代码"栏填报原产地证书代码 Y,"随附单证编号"栏填报"〈优惠贸易协定代码〉"和原产地证书编号。

B. 可以使用原产地证书或原产地声明申请享受优惠税率的(有原产地声明模式),"随附单证代码"栏填写 Y,"随附单证编号"栏填报"〈优惠贸易协定代码〉"、C(凭原产地证书申请)或D(凭原产地声明申报),以及原产地证书编号(或原产地声明序列号)。一份报关单对应一份原产地证书或原产地声明。各优惠贸易协定代码如表6-18所示。

表6-18 优惠贸易协定代码

代 码	名 称	代 码	名 称
01	亚太贸易协定	11	中国 – 新加坡自贸协定
02	中国 – 东盟自贸协定	12	中国 – 秘鲁自贸协定
03	内地与香港紧密经贸关系安排(香港 CEPA)	13	最不发达国家特别优惠关税待遇
04	内地与澳门紧密经贸关系安排(澳门 CEPA)	14	海峡两岸经济合作框架协议(ECFA)
05	对非洲特别优惠关税待遇	15	中国 – 哥斯达黎加自贸协定
06	台湾农产品零关税措施	16	中国 – 冰岛自贸协定
07	中国 – 巴基斯坦自贸协定	17	中国 – 瑞士自贸协定
08	中国 – 智利自贸协定	18	中国 – 澳大利亚自贸协定
09	对也门等国特别优惠关税待遇	19	中国 – 韩国自贸协定
10	中国 – 新西兰自贸协定	20	中国 – 格鲁吉亚自贸协定

C. 海关特殊监管区域和保税监管场所内销货物申请适用优惠税率的,有关货物进出海关特殊监管区域和保税监管场所以及内销时,已通过原产地电子信息交换系统实现电子联网的优惠贸易协定项下货物报关单,按照上述一般贸易要求填报未实现电子联网的优惠贸易协定项下货物报关单,"随附单证代码"栏填报 Y,"随附单证编号"栏填报"〈优惠贸易协定代码〉"和原产地证据文件备案号。原产地证据文件备案号为进出口货物的收发货人或其代理人录入原产地证据文件电子信息后,系统自动生成的号码。

向香港或澳门特别行政区出口用于生产香港 CEPA 或者澳门 CEPA 项下货物的原材料时,按照上述一般贸易填报要求填制报关单,香港或澳门生产厂商在香港工贸署或澳门经济局登记备案的有关备案号填报在"关联备案"(电子报关单)栏。

在"单证对应关系表"(电子报关单)中填报报关单上的申报商品项与原产地证书(原产地声明)上的商品项之间的对应关系。报关单上的商品序号与原产地证书(原产地声明)上的项目编号应一一对应,不要求顺序对应。同一批次进口货物可以在同一报关单中申报,不享受优惠税率的货物序号不填报在"单证对应关系表"中。

③ 各优惠贸易协定项下,免提交原产地证据文件的小金额进口货物"随附单证代码"栏填

报 Y，"随附单证代码"栏填报"〈协定编号〉XJE00000"，"单证对应关系表"享惠报关单项号按实际填报，对应单证项号与享惠报关单项号相同。

（三十）标记唛码及备注

1. 含义

标记唛码即运输标志，是为方便收货人查找，便于在装卸、运输、储运过程中识别而设。标记唛码英文表述为 marks、marking、MKS、marks & No. 和 shipping marks 等。

备注指报关单其他栏不能填写完全及需要额外说明的内容，或者其他需要备注、说明的事项。

2. 填报要求

① 标记唛码填报要求：照搬照抄，不要随意改变其排列结构。填报除图形外的文字、数字。无标记唛码的填报 N/M。

② 外商投资企业委托代理其进口投资设备、物品的，在本栏必须填报"委托 ××× 进出口公司进口"。

③ "关联备案"栏的填报要求如下。

与本报关单有关联关系的，同时在业务管理规范方面又要求填报的备案号，填报在电子报关单中本栏。

A. 保税间流转货物、加工贸易结转货物及凭征免税证明转内销货物，其对应的备案号填报在本栏。

B. 减免税货物结转进口（转入），本栏填报本次减免税货物结转所申请的中华人民共和国海关进口减免税货物结转联系函的编号。

C. 减免税货物结转出口（转出），本栏填报与其相对应的进口（转入）报关单"备案号"栏中征免税证明的编号。

④ "关联报关单"栏的填报要求如下。

与本报关单有关联关系的，同时在业务管理规范方面又要求填报的报关单号，填报在电子报关单中"关联报关单"栏。

A. 保税间流转、加工贸易结转类的报关单，应先办理进口报关，并将进口报关单号填入出口报关单的本栏。

B. 办理进口货物直接退运手续的，除另有规定外，应先填制出口报关单，再填制进口报关单，并将出口报关单号填报在进口报关单的本栏。

C. 减免税货物结转出口（转出），应先办理进口报关，并将进口（转入）报关单号填入出口（转出）报关单的本栏。

⑤ 办理进口货物直接退运手续的，填报"〈ZT"+海关审核联系单号或海关责令进口货物直接退运通知书编号 + "〉"。办理固体废物直接退运手续的，填报"固体废物，直接退运表××号／责令直接退运通知书××号"。

⑥ 保税监管场所进出货物，在"保税／监管场地"栏填报本保税监管场所编码［保税物流中心（B型）填报本中心的国内地区代码］，其中涉及货物在保税监管场所间流转的，在本栏填报对方保税监管场所代码。

⑦ 涉及加工贸易货物销毁处置的，填报海关加工贸易货物销毁处置申报表编号。

⑧ 当监管方式为"暂时进出货物"（代码 2600）和"展览品"（代码 2700）时，填报要求如下。

A. 根据《中华人民共和国海关暂时进出境货物管理办法》（海关总署令第 233 号，以下简称

《管理办法》）第三条第一款所列项目，填报暂时进出境货物类别，如暂进六、暂出九。

B. 根据《管理办法》第十条规定，填报复运出境或者复运进境日期，期限应在货物进出境之日起 6 个月内，如：20180815 前复运进境，20181020 前复运出境。

C. 根据《管理办法》第七条，向海关申请对有关货物是否属于暂时进出境货物进行审核确认的，填报中华人民共和国 ×× 海关暂时进出境货物审核确认书编号，如〈ZS 海关审核确认书编号〉，其中英文为大写字母；无此项目的，无须填报。

上述内容依次填报，项目间用 "/" 分隔，前后均不加空格。

D. 收发货人或其代理人申报货物复运进境或者复运出境的，货物办理过延期的，根据《管理办法》填报货物暂时进 / 出境延期办理单的海关回执编号，如〈ZS 海关回执编号〉，其中英文为大写字母；无此项目的，无须填报。

⑨ 跨境电子商务进出口货物，填报 "跨境电子商务"。

⑩ 加工贸易副产品内销，填报 "加工贸易副产品内销"。

⑪ 服务外包货物进口，填报 "国际服务外包进口货物"。

⑫ 公式定价进口货物填报公式定价备案号，格式为 "公式定价" + 备案编号 + "@"。对于同一报关单下有多项商品的，如某项或某几项商品为公式定价备案的，则本栏内填报："公式定价" + 备案编号 + "#" + 商品序号 + "@"。

⑬ 进出口与预裁定决定书列明情形相同的货物时，按照预裁定决定书填报，格式为 "预裁定 + 预裁定决定书编号"。例如，某份预裁定决定书编号为 R-2-0100-2018-0001，则填报为 "预裁定 R-2-0100-2018-0001"。

⑭ 含归类行政裁定报关单，填报归类行政裁定编号，格式为 "c+ 四位数字编号"，如 c0001。

⑮ 已经在进入特殊监管区时完成检验的货物，在出区入境申报时，填报 "预检验" 字样，同时在 "关联报检单" 栏填报实施预检验的报关单号。

⑯ 进口直接退运的货物，填报 "直接退运" 字样。

⑰ 企业提供 ATA 单证册的货物，填报 "ATA 单证册" 字样。

⑱ 不含动物源性低风险生物制品，填报 "不含动物源性" 字样。

⑲ 货物自境外进入境内特殊监管区或保税仓库的，填报 "保税入库" 或 "境外入区" 字样。

⑳ 海关特殊监管区域与境内区外之间采用分送集报方式进出的货物，填报 "分送集报" 字样。

㉑ 军事装备出入境的，填报 "军品" 或 "军事装备" 字样。

㉒ 申报 HS 为 3821000000、3002300000 的，属于下列情况的，填报要求为：属于培养基的，填报 "培养基" 字样；属于化学试剂的，填报 "化学试剂" 字样；不含动物源性成分的，填报 "不含动物源性" 字样。

㉓ 属于修理物品的，填报 "修理物品" 字样。

㉔ 属于下列情况的，填报 "压力容器" "成套设备" "食品添加剂" "成品退换" "旧机电产品" 等字样。

㉕ 申报 HS 为 2903890020（入境六溴环十二烷），用途为 "其他(99)" 的，填报具体用途。

㉖ 申报 HS 为 3006300000、3504009000、3507909010、3507909090、3822001000、3822009000，不属于 "特殊物品" 的，填报 "非特殊物品" 字样。"特殊物品" 定义见《出入境特殊物品卫生检疫管理规定》（国家质量监督检验检疫总局令第 160 号公布，根据国家质量监督检验检疫总局令第 184 号、海关总署令第 238 号、第 240 号、第 243 号修改）。

㉗ 进出口列入目录的进出口商品及法律、行政法规规定须经出入境检验检疫机构检验的其

他进出口商品实施检验的，填报"应检商品"字样。

㉘ 集装箱体信息填报集装箱号（在集装箱箱体上标示的全球唯一编号）、集装箱规格、集装箱商品项号关系（单个集装箱对应的商品项号，半角逗号分隔）、集装箱货重（集装箱箱体自重＋装载货物重量，千克）。一份报关单有多个集装箱的，则在本栏分别填报。

知识拓展

集装箱填报小常识

当使用集装箱装载货物时，须填报集装箱体信息，包括集装箱号、集装箱规格、集装箱商品项号关系、自重、拼箱标志。

集装箱规格（size）：分为 20 英尺（以外部的长计）、40 英尺、45 英尺、48 英尺、53 英尺。使用集装箱装载进出口商品的，在填报集装箱号后，在本栏按照《集装箱规格代码表》选择填报集装箱规格。例如，装载商品的集装箱规格为"普通 2* 标准箱（L）"，在本栏下拉菜单选择"11－普通 2* 标准箱（L）"。

集装箱商品项号关系信息填报单个集装箱对应的商品项号，用半角逗号分隔。例如，APJU4116601 箱号的集装箱中装载了项号为 1、3 和 5 的商品时，应在"商品项号关系"录入"1,3,5"，也可以勾选商品项。

自重（tare）：集装箱本身的重量，以千克计。20 英尺集装箱自重一般在 2 000 千克以上，40 英尺集装箱自重一般在 4 000 千克以上。本栏只能填报以"千克"为单位的重量数字，其他计量单位应该转换为千克填报。

另外，一个商品项号可对应多个集装箱。例如，某报关单申报了 2 个商品项，装载在 5 个集装箱中（箱号分别为 A、B、C、D、E），商品项 1 项下的商品装载于集装箱 A、B、C 中，商品项 1 项下的商品装载于集装箱 B、C、D、E 中，应在集装箱 A、B、C、D、E 与商品项号关系项下分别填报"1""1,2""1,2""2""2"。

㉙ 申报时其他必须说明的事项。

第四节　进出口货物报关单表体主要栏目的填报

一、报关单表体栏目的构成

报关单表体栏目是指"标记唛码及备注"栏目之后的所有栏目，包括有项号、商品编号、商品名称、规格型号、数量及单位、原产国（地区）/ 最终目的国（地区）、单价、总价、币制、征免、税费征收情况、录入员等多项内容。

二、报关单表体栏目的填写

（一）项号

1. 含义

项号是指同一票货物在报关单中的商品排列序号和在备案文件上的商品序号。

一张纸质报关单最多可打印 5 项商品（表体共有 5 栏），可另外附带 3 张纸质报关单，合计最多打印 20 项商品。

对于商品编号不同的，商品名称不同的，原产国（区）/最终目的国（地区）不同的，征免不同的，都应各自占据表体的一栏。

2. 填报要求

① 一般进出口商品，本栏只填报货物在报关单中的商品排列序号。

② 已备案的进出口商品，"项号"栏必须分两行填报。第一行填报货物在报关单中的商品排列序号，第二项填报货物在备案手册中的"项号"。

③ 涉及原产地证书的备案进口商品，实行联网管理的，"项号"栏要分行填报，相互对应；未联网管理的，参照一般进口货物，"项号"栏不用分行填报，只填报进口商品。

例如，进口某加工贸易料件，该货物列加工贸易手册第 5 项，则"项号"栏应该填写为：

项号
01
05

3. 特殊情况

① 深加工结转货物，分别按照加工贸易手册中的进口料件项号和出口成品项号填报。

② 料件结转货物，出口货物报关单按照转出加工贸易手册（旧手册）中进口料件的项号填报，进口货物报关单按照转入加工贸易手册（新手册）中进口料件的项号填报。

③ 料件复出货物，出口货物报关单按照加工贸易手册中进口料件的项号填报。

④ 成品退运货物，退运进境报关单和复运出境报关单按照加工贸易手册原出口成品的项号填报。

⑤ 加工贸易料件转内销货物（及按料件补办进口手续的转内销成品）应填制进口货物报关单，本栏填报加工贸易手册进口料件的项号。

⑥ 加工贸易成品凭征免税证明转为享受减免税进口货物的，应先办理进口报关手续。进口货物报关单本栏填报征免税证明中的项号，出口货物报关单本栏填报加工贸易手册原出口成品项号，进、出口货物报关单中的货物数量应一致。

（二）商品编号

1. 含义

商品编码也称商品编号，是按《进出口税则》确定的进出口货物的编号。

2. 填报要求

商品编码应填报《进出口税则》8 位税则号列，有附加编号的，还应填报附加的第 9、第 10 位附加编号。在填报商品编码时应该按照进出口商品的实际情况填报。

（三）商品名称及规格型号

1. 含义

商品名称是指所申报的进出口商品规范的中文名称。

规格型号是指反映商品性能、品质和规格的一系列指标，如品牌、等级、成分、含量、纯度、大小等。一般商品名称及型号都在发票的 Description of Goods、Product and Description、Goods Description、Quantities and Description 栏有具体的描述。

商品名称和规格型号要规范、准确、详尽，这样才能够保证归类准确、统计清晰，便于监管。

2. 填报要求

① 本栏分 2 行填报。第一行填报进（出）口货物规范的中文商品名称，必要时可加注原文，第二行填报规格型号（一般使用发票、提单或装箱单中规格型号的原文）。

② 具体填报要求如下。

A. 规格型号应足够详细，并与所提供的商业发票相符。本栏填报的内容包括：品名、牌名、规格、型号、成分、含量、等级等。一般是将发票中涉及上述内容的原文照抄填报在本栏目的第二行。

B. 非中文商品名称应当翻译成规范的中文。

C. 加工贸易等已备案的货物，本栏填报录入的内容必须与备案登记中同项号下货物的名称与规格型号一致。

例如，已填好的商品名称、规格型号如下所示。

商品名称、规格型号	
氨纶弹力丝 ELASTANE	（第一行：规范的中文名称 + 原文）
LYCRA 40 DENIER TYPE 149B MERGE 17124 5KG TUBE	（第二行：规格型号）

3. 特殊情况

① 由同一运输工具同时运抵同一口岸并且属于同一收货人、使用同一提单的多种进口货物，按照商品归类规则应当归入同一商品编号的，应当将有关商品一并归入该商品编号。商品名称填报一并归类后的商品名称，规格型号填报一并归类后商品的规格型号。

② 加工贸易边角料和副产品内销，边角料复出口，填报其报验状态的名称和规格型号。

③ 品牌类型。品牌类型为必填项目。可选择"无品牌""境内自主品牌""境内收购品牌""境外品牌（贴牌生产）""境外品牌（其他）"如实填报。其中，"境内自主品牌"是指由境内企业自主开发、拥有自主知识产权的品牌；"境内收购品牌"是指境内企业收购的原境外品牌；"境外品牌（贴牌生产）"是指境内企业代工贴牌生产中使用的境外品牌；"境外品牌（其他）"是指除代工贴牌生产以外使用的境外品牌。

④ 出口享惠情况。出口享惠情况为出口报关单必填项目。可选择"出口货物在最终目的国（地区）不享受优惠关税""出口货物在最终目的国（地区）享受优惠关税""出口货物不能确定在最终目的国（地区）享受优惠关税"如实填报。进口货物报关单不填报该申报项。

知识拓展

有关汽车零部件及机动车辆的填报

① 进口货物收货人以一般贸易方式申报进口属于《需要详细列名申报的汽车零部件清单》

（海关总署 2006 年第 64 号公告）范围内的汽车生产件的，按以下要求填报。

A. 商品名称填报进口汽车零部件的详细中文商品名称和品牌，中文商品名称与品牌之间用"/"相隔，必要时加注英文商业名称；进口的成套散件或毛坯件应在品牌后加注"成套散件""毛坯"等字样，并与品牌之间用"/"相隔。

B. 规格型号填报汽车零部件的完整编号。在零部件编号前应当加注 S 字样，并与零部件编号之间用"/"相隔，零部件编号之后应当依次加注该零部件适用的汽车品牌和车型。汽车零部件属于可以适用于多种汽车车型的通用零部件的，零部件编号后应当加注 TY 字样，并用"/"与零部件编号相隔。与进口汽车零部件规格型号相关的其他需要申报的要素，或者海关规定的其他需要申报的要素，如功率、排气量等，应当在车型或 TY 之后填报，并用"/"与之相隔。汽车零部件报验状态是成套散件的，应当在"标记唛码及备注"栏内填报该成套散件装配后的最终完整品的零部件编号。

② 进口货物收货人以一般贸易方式申报进口属于《需要详细列名申报的汽车零部件清单》（海关总署 2006 年第 64 号公告）范围内的汽车维修件的，填报规格型号时，应当在零部件编号前加注 W，并与零部件编号之间用"/"相隔；进口维修件的品牌与该零部件适用的整车厂牌不一致的，应当在零部件编号前加注 WF，并与零部件编号之间用"/"相隔。其余申报要求同上条执行。

③ 申报进口已获 3C 认证的机动车辆时，填报以下信息。

A. 提运单日期。填报该项货物的提运单签发日期。

B. 质量保质期。填报机动车的质量保证期。

C. 发动机号或电机号。填报机动车的发动机号或电机号，应与机动车上打刻的发动机号或电机号相符。纯电动汽车、插电式混合动力汽车、燃料电池汽车为电机号，其他机动车为发动机号。

D. 车辆识别代码（VIN）。填报机动车车辆识别代码，须符合国家强制性标准《道路车辆 车辆识别代号（VIN）》（GB 16735）的要求。该项目一般与机动车的底盘（车架号）相同。

E. 发票所列数量。填报对应发票中所列进口机动车的数量。

F. 品名（中文名称）。填报机动车中文品名，按《进口机动车辆制造厂名称和车辆品牌中英文对照表》（原质检总局 2004 年 52 号公告）的要求填报。

G. 品名（英文名称）。填报机动车英文品名，按《进口机动车辆制造厂名称和车辆品牌中英文对照表》（原质检总局 2004 年 52 号公告）的要求填报。

H. 型号（英文）。填报机动车型号，与机动车产品标牌上整车型号一栏相符。

（四）数量及单位

1. 含义

① 数量是指进出口商品的实际数量。

② 单位是指针对数量的计量单位。它包括成交计量单位和法定计量单位。

数量和单位是相对应的，因此，报关单中的数量既包括成交计量单位的数量，也包括法定计量单位的数量。

知识拓展

成交计量单位与法定计量单位

成交计量单位是指买卖双方用以成交的计量单位（用以确定成交数量或者价格的单位）。

例如,中国的厂商向国外的客户出口地毯,在一定的规格下国外客户通常是买多少张或条(数量),以每条或张的单价来确定最后的成交价格,这里的"张"或"条"就是成交计量单位。在国际贸易中常用的计量单位有长度单位、面积单位、体积单位、容积单位、个数单位,具体使用哪一种需要根据商品由买卖双方协商确定。

法定计量单位是按照《中华人民共和国计量法》的规定所采用的计量单位,我国采用国际单位制的计量单位,以《海关统计商品目录》中规定的计量单位为准。实际应用中,法定计量单位是指《进出口税则》中标注在每个商品编码后面的计量单位。根据商品的不同,有些商品可以有1个法定计量单位,有些商品有2个法定计量单位。2个计量单位用"/"区分,"/"前面的是法定第一计量单位,后面的是法定第二计量单位。例如,"个/千克","个"是法定第一计量单位,"千克"是法定第二计量单位。

成交计量单位可能和法定计量单位一致,也可能不一致。一致时只需填写法定计量单位,不一致时除了要填写法定计量单位外还须单独填写成交计量单位。

2. 填报要求

① 本栏分3行填报。填报的格式是数量在前,单位在后,如1 200千克。

② 具体填报要求如下:

A. 进出口货物必须按海关法定计量单位和成交计量单位填报。法定第一计量单位及数量填报在本栏第一行。

B. 凡海关列明法定第二计量单位的,必须报明该商品法定第二计量单位及数量,填报在本栏第二行。无第二计量单位的,本栏第二行为空。

C. 成交计量单位与海关法定计量单位不一致时,还须填报成交计量单位及数量,填报在数量及单位栏的第三行。成交计量单位与海关法定计量单位一致时,本栏第三行为空。

D. 加工贸易等已备案的货物,成交计量单位必须与备案登记中同项号下货物的计量单位一致,不相同时,必须修改备案或转换一致后填报。

知识拓展

数量及单位填制规范如表6-19所示。

表6-19　数量及单位填制规范

计量单位状态	填制要求		
	第一行	第二行	第三行
成交与法定第一计量单位一致,无法定第二计量单位	法定计量单位及数量	空	空
成交与法定一致,并有法定第二计量单位	法定第一计量单位及数量	法定第二计量单位及数量	空
成交与法定第一计量单位不一致,无法定第二计量单位	法定计量单位及数量	空	成交计量单位及数量
成交与法定不一致且有法定第二计量单位	法定第一计量单位及数量	法定第二计量单位及数量	成交计量单位及数量

3. 特殊情况

① 法定计量单位为"千克"的数量填报,特殊情况下填报要求如下。

A. 装入可重复使用的包装容器的货物,按货物扣除包装容器后的重量填报,如罐装同位素、罐装氧气及类似品等。

B. 使用不可分割包装材料和包装容器的货物,按货物的净重填报(包括内层直接包装的净重重量),如采用供零售包装的罐头、药品及类似品等。

C. 按照商业惯例以公量重计价的商品,按公量重填报,如未脱脂羊毛、羊毛条等。

D. 采用以毛重作为净重计价的货物,可按毛重填报,如粮食、饲料等大宗散装货物。

E. 采用零售包装的酒类、饮料、化妆品,按照液体部分的重量填报。

② 成套设备、减免税货物如需分批进口,货物实际进口时,按照实际报验状态确定数量。

③ 具有完整品或制成品基本特征的不完整品、未制成品,根据《商品名称及编码协调制度》归类规则按完整品归类的,按照构成完整品的实际数量填报。

④ 已备案的加工贸易及保税货物,成交计量单位必须与加工贸易手册中同项号下货物的计量单位一致,加工贸易边角料和副产品内销、边角料复出口,填报其报验状态的计量单位。

⑤ 优惠贸易协定项下进出口商品的成交计量单位必须与原产地证书上对应商品的计量单位一致。

⑥ 法定计量单位为立方米的气体货物,折算成标准状况(0℃及1个标准大气压)下的体积进行填报。

思考

请根据背景资料判断是否正确,若不对,请改正。

1. 珠海服装进出口公司与美国某公司签约,出口服装144件。发票上显示:112美元/打,总额1 344美元,"数量及单位"栏填写"144件"。

2. 某汽车装配厂进口三辆载重汽车全套组装件,分装在6个木箱中向海关申报,"数量及单位"栏填写"6个"。

(五)单价/总价/币制

1. 含义

进出口商品价格是指商品价格的货币表现。单价是指商品的一个计量单位以某一种货币表示的价格,总价是指进出口货物实际成交的商品总价,币制是指进出口货物实际成交价格的计价货币。

2. 填报要求

① "单价"栏填报同一项号下进出口货物实际成交的商品单位价格的金额。单价如非整数,其小数点后保留4位,第5位及以后略去。

例如,珠海某进出口公司出口DVD机1 000台,每台100美元。"单价"栏应填写100;北京某进出口公司出口长筒袜USD20.55/每打,"单价"栏应填写20.55。

② "总价"栏填报同一项号下进出口货物实际成交的商品总价。总价如非整数,其小数点后保留4位,第5位及以后略去。

例如,上海某进出口公司出口"数码相机"10 000台,每台400美元,"总价"栏应填写4 000 000;ABC(广州)有限公司进口"铜版纸"16 314千克,每千克0.804 0美元,"总价"栏应填写 13 116.456。

③ "币制"栏根据实际成交情况按海关规定的《币制代码表》选择填报相应的币制名称、代码或符号。

思考

发票上显示, Quantity: 8 000KGS, Unit Price: USD10/KG, Amount: USD80 000, Freight Charge: USD 2 200, Price Term: CFR SHANGHAI,则"单价"栏和"总价"栏如何填写？

（六）原产国（地区）/最终目的国（地区）

1. 含义

原产国（地区）指进口货物的生产、开采或加工制造的国家或地区。经过几个国家或地区加工制造的货物，以最后一个对货物进行经济上可以视为实质性加工的国家或地区作为原产国。常见提示：Made In、Origin/COUNTRY OF ORIGIN、Manufacture 等。

最终目的国（地区）指已知出口货物最后交付、实际消费、使用或做进一步加工制造的国家或地区

2. 填报要求

① 应该按照《国别（地区）代码表》选择填报相应的国家（地区）中文名称或代码。

② 同一批货物的原产地不同的,应当分别填报原产国（地区）；同一批进出口货物的最终目的国（地区）不同的,分别填报最终目的国（地区）。

③ 不经过第三国（地区）转运的直接运输货物,以运抵国（地区）为最终目的国（地区）；经过第三国（地区）转运的货物,以最后运往国（地区）为最终目的国（地区）。

④ 进口货物原产国（地区）无法确定的,填报"国别不详"。出口货物不能确定最终目的国（地区）时,以尽可能预知的最后运往国（地区）为最终目的国（地区）。

（七）境内目的地//境内货源地

1. 含义

境内目的地是指已知的进口货物在境内的消费、使用地区或最终运抵的地点；境内货源地指已知的出口货物在境内的生产地或原始发货地（包括供货地点）。

2. 填报要求

本栏要求"双填"。按海关规定的《国内地区代码表》选择填报相应的国内地区名称及代码,并根据《中华人民共和国行政区划代码表》选择填报对应的县级行政区名称及代码。无下属区县级行政区的,可选择填报地市级行政区。

3. 特殊情况

① 最终使用单位难以确定的,填报货物进口时预知的最终收货单位所在地。

② 出口货物产地难以确定的,填报最早发运该出口货物的单位所在地。

③ 海关特殊监管区域、保税物流中心（B 型）与境外之间的进出境货物,境内目的地／境内货源地填报本海关特殊监管区域、保税物流中心（B 型）所对应的国内地区名称及代码。

④ 进口货物须同时在"境内目的地代码"和"目的地代码"2 栏录入相应的国内地区和县级行政区名称及代码；出口货物须同时在"境内货源地代码"和"产地代码"2 栏录入相应的国内

地区和县级行政区名称及代码。

例如，某批货物的境内目的地是广州市花都区。在"境内目的地"栏下拉菜单选择"44019-广州其他"，或按海关规定的《国内地区代码表》录入"44019"自动生成"44019-广州其他"。同时，在"目的地"栏下拉菜单中选择"440100-广东省广州市"，或根据《中华人民共和国行政区划代码表》录入 440114 自动生成"广州市花都区"。

（八）征免

1. 含义

征免是指海关依照《海关法》《进出口关税条例》及其他法律、行政法规的规定，对进出口货物进行征税、减税、免税或特案处理的实际操作方式。

2. 填报要求

① 根据海关核发的征免税证明或有关政策规定，对报关单所列每项商品选择填报海关规定的"征减免税方式代码表"中相应的征免税方式的名称。

② 同一份报关单上可以有不同的减免税方式。

③ 加工贸易货物报关单根据加工贸易手册中备案的征免规定填报；加工贸易手册中备案的征免规定为"保金"或"保函"的，填报"全免"。

知识拓展

"征免"分类

① 照章征税：指对进出口货物依照法定税率计征各类税、费。

② 折半征税：指依照主管海关签发的征免税证明或海关总署的通知，对进出口货物依照法定税率折半计征关税的增值税，但照章征收消费税。

③ 全免：指依照主管海关签发的征免税证明或海关总署的通知，对进出口货物免征关税和增值税，但消费税是否免征应按照有关批文办理。

④ 特案减免：指依照主管海关签发的征免税或海关总署通知规定的税率计征各类税、费。

⑤ 随征免性质：指对某些监管方式下进出口货物按照征免性质的特殊计税公式或税率计征税、费。

⑥ 保证金：指经海关批准具保放行的货物，由担保人向海关缴纳现金的一种担保形式。

⑦ 保函：指担保人根据海关的要求，向海关提交的订立有明确权利义务的一种担保文书。

⑧ 折半补税：指对已征半税的供特区内销售的市场物资，经海关核准运往特区外时，补征另一半相应税款。

⑨ 全额退税：指对已征半税的供特区内销售的市场物资，经海关核准运往特区外时，补征另一半相应税款。

（九）特殊关系确认

1. 含义

根据《中华人民共和国审定进出口货物完税价格办法》第十六条,填报确认进出口行为中买卖双方是否存在特殊关系,故本栏是为确认进出口行为中买卖双方是否存在特殊关系而设立的。如果买卖双方在经营上相互有联系,一方是另一方的独家代理、独家经销或独家受让人,应当视为存在特殊关系。

2. 填报要求

① 出口货物免予填报,加工贸易及保税监管货物(内销保税货物除外)免予填报。

② 有下列情形之一的,应当认为买卖双方存在特殊关系,应填报"是",反之则填报"否"。

A. 买卖双方为同一家族成员的。

B. 买卖双方互为商业上的高级职员或董事的。

C. 一方直接或间接地受另一方控制的。

D. 买卖双方都直接或间接地受第三方控制的。

E. 买卖双方共同直接或间接地控制第三方的。

F. 一方直接或间接地拥有、控制或持有对方 5% 以上(含 5%)公开发行的有表决权的股票或股份的。

G. 一方是另一方的雇员、高级职员或董事的。

H. 买卖双方是同一合伙的成员的。

（十）价格影响确认

1. 含义

根据《审价办法》第十七条,本栏主要为确认纳税义务人是否可以证明特殊关系未对进口货物的成交价格产生影响。

2. 填报要求

① 出口货物免予填报,加工贸易及保税监管货物(内销保税货物除外)免予填报。

② 纳税义务人能证明其成交价格与同时或大约同时发生的下列任何一款价格相近的,应视为特殊关系未对成交价格产生影响,填报"否",反之则填报"是"。

A. 向境内无特殊关系的买方出售的相同或类似进口货物的成交价格。

B. 按照《审价办法》第二十三条的规定所确定的相同或类似进口货物的完税价格。

C. 按照《审价办法》第二十五条的规定所确定的相同或类似进口货物的完税价格。

（十一）支付特许权使用费确认

1. 含义

根据《审价办法》第十一条和第十三条,本栏为确认买方是否存在向卖方或有关方直接或间接支付与进口货物有关的特许权使用费,且未包括在进口货物的实付、应付价格中。

2. 填报要求

① 买方存在须向卖方或有关方直接或间接支付特许权使用费,且未包含在进口货物实付、应付价格中,并且符合《审价办法》第十三条的,在本栏填报"是"。

② 买方存在须向卖方或有关方直接或间接支付特许权使用费,且未包含在进口货物实付、

应付价格中,但纳税义务人无法确认是否符合《审价办法》第十三条的,填报"是"。

③ 买方存在须向卖方或有关方直接或间接支付特许权使用费且未包含在实付、应付价格中,纳税义务人根据《审价办法》第十三条,可以确认需支付的特许权使用费与进口货物无关的,填报"否"。

④ 买方不存在向卖方或有关方直接或间接支付特许权使用费的,或者特许权使用费已经包含在进口货物实付、应付价格中的,填报"否"。

⑤ 出口货物免予填报,加工贸易及保税监管货物(内销保税货物除外)免予填报。

(十二)自报自缴

1. 含义

本栏含义为企业或单位向海关的"自主申报、自行缴税"(自报自缴)。

2. 填报要求

当进出口企业、单位采用"自主申报、自行缴税"(自报自缴)模式向海关申报时,填报"是";反之,则填报"否"。

(十三)申报单位

自理报关的,填报进出口企业的名称及编码;委托代理报关的,填报报关企业名称及编码。编码填报 18 位法人和其他组织统一社会信用代码。

报关人员填报在海关备案的姓名、编码、电话,并加盖申报单位印章。

(十四)海关批注及签章

供海关作业时签注。

本章小结

通过本章的学习,我们了解了报关单的分类,明确了报关单的用途,理解了报关单的填制要求,以及进出口报关单各栏的填制规范。

进出口货物报关单是指进出口货物收发货人或其代理人,按照海关规定的格式对进出口货物的实际情况做出书面申明,以此要求海关对其货物按适用的海关制度办理通关手续的法律文书。报关单各联均有不同用途,注意区分。海关对报关单的填制有明确的要求,申报人需对申报内容的真实性、准确性、完整性和规范性承担相应的法律责任。

报关单的结构可分为表头部分和表体部分,对于表头部分的填写是本章的重点,对于表体部分包括的"项号""数量及单位""单价 / 总价"等栏的要求也需要理解掌握。

思考题

1. 简述报关单的分类。
2. 简述海关对报关单填制的一般要求。
3. 试阐述报关单表头各栏的填写规范。
4. 试阐述报关单表体栏中"项号""数量及单位"的填制规范。

实训题

请总结本章所学内容并填制下列表格。

报关单各单位之间的关系

栏目名称	适用进口/出口	含　义	填制要求	注意事项	填制区别
境内收货人					
境外发货人					
消费使用单位					
生产销售单位					
境内货源地					
境内目的地					

报关单关区、口岸之间的关系

栏目名称	适用进口/出口	含　义	填制要求	注意事项	填制区别
进境关别					
出境关别					
入境口岸					
离境口岸					

报关单国家（地区）、港口之间的关系

栏目名称	适用进口/出口	含　义	填制要求	注意事项	填制区别
贸易国					
起运国（地区）					
运抵国（地区）					
原产国					
最终目的国					
起运港					
经停港					
指运港					

中国及世界主要海运贸易港口代码表

中华人民共和国海关法

中文名称	英文名称	代　码
中国	CHINA	CN
丹东	Dandong	CNDDG
大连	Dalian	CNDLC
营口	Yingkou	CNYIK
锦州	Jinzhou	CNJNZ
葫芦岛	Huludao	CNHLU
秦皇岛	Qinhuangdao	CNSHP
唐山	Tangshan	CNTAS
京唐港	Jingtanggang	CNJIN
天津	Tianjin	CNTSN
天津新港	Tianjinxingang	CNTXG
黄骅	Huanghua	CNHHA
东营	Dongying	CNDGY
莱州	Laizhou	CNLAI
龙口	Longkou	CNLKU
蓬莱	Penglai	CNPLA
烟台	Yantai	CNYNT
威海	Weihai	CNWEI
石岛	Shidao	CNSHD
青岛	Qingdao	CNTAO
日照	Rizhao	CNRZH

中文名称	英文名称	代码
岚山	Lanshan	CNLSN
连云港	Lianyungang	CNLYG
南京	Nanjing	CNNKG
扬州	Yangzhou	CNYZH
镇江	Zhenjiang	CNZHE
泰州	Taizhou	CNTZO
高港	Gaogang	CNGAO
常州	Changzhou	CNCZX
江阴	Jiangyin	CNJIA
苏州	Suzhou	CNSZH
张家港	Zhangjiagang	CNZJG
太仓	Taicang	CNTAG
常熟	Changshu	CNCGU
南通	Nantong	CNNTG
上海	Shanghai	CNSHA
吴淞	Wusong	CNWUS
宝山码头	Baoshanmatou	CNBAO
洋山港	Yangshan	CNYAN
乍浦	Zhapu	CNZAP
宁波	Ningbo	CNNGB
北仑港	Beilun	CNBEI
镇海	Zhenhai	CNZHH
舟山	Zhoushan	CNZOS
台州	Haimen	CNHME
温州	Wenzhou	CNWNZ
宁德	Ningde	CNNID
城澳	Cheng'ao	CNCHE
福州	Fuzhou	CNFOC
马尾	Mawei	CNMAW
松下	Songxia	CNSON
莆田	Putian	CNPUT
秀屿	Xiuyu	CNXIU
泉州	Quanzhou	CNQZJ

中文名称	英文名称	代　码
厦门	Xiamen	CNXMN
漳州	Zhangzhou	CNZZU
东山	Dongshan	CNDSN
潮州	Chaozhou	CNCOZ
汕头	Shantou	CNSWA
广澳	Guang'ao	CNGNA
潮阳	Chaoyang	CNCYG
汕尾	Shanwei	CNSWE
惠州	Huizhou	CNHUI
深圳	Shenzhen	CNSZX
盐田	Yantian	CNYTN
蛇口	Shekou	CNSHK
赤湾	Chiwan	CNCWN
妈湾	Mawan	CNMWN
东角头	Dongjiaotou	CNDJT
东莞	Dongguan	CNDGG
虎门	Humen	CNHMN
广州	Guangzhou	CNCAN
黄埔	Huangpu	CNHUA
南沙	Nansha	CNNSA
中山	Zhongshan	CNZSN
珠海	Zhuhai	CNZUH
九洲	Jiuzhou	CNJZU
斗门	Doumen	CNDOU
江门	Jiangmen	CNJMN
广海	Guanghai	CNGHI
阳江	Yangjiang	CNYJI
茂名	Maoming	CNMMI
湛江	Zhanjiang	CNZHA
石头埠	Shitoubu	CNSTB
北海	Beihai	CNBHY
钦州	Qinzhou	CNQZH
防城港	Fangchenggang	CNFAN

中文名称	英文名称	代 码
企沙	Qisha	CNQSA
江山	Jiangshan	CNJIS
海口	Haikou	CNHAK
洋浦	Yangpu	CNYPG
八所	Basuo	CNBAS
三亚	Sanya	CNSYX
榆林	Yulin	CNYUL
清澜	Qinglan	CNQLN
中国澳门	**MACAO**	**MO**
澳门	Macau	MOMFM
中国香港	**HONG KONG**	**HK**
香港	Hong Kong	HKHKG
中国台湾省	**TAIWAN, PROVINCE OF CHINA**	**TW**
台北	Taipei	TWTPE
基隆	Keelung/Chilung/Jilong	TWKEL
花莲	Hualien/Hualian	TWHUN
台中	Taichung/Taizhong	TWTXG
台南	Tainan	TWTNN
高雄	Kaohsiung	TWKHH
苏澳	Suao	TWSUO
朝鲜	**KP Korea**	**KP**
清津	Chungjin/ Chongjin	KPCHO
兴南	Hungnam	KPHGM
南浦	Nampo	KPNAM
新浦	Sinpo	KPSIN
元山	Wonsan	KPWON
韩国	**KR Republic of Korea**	**KR**
釜山	Busan	KRPUS
光阳	Gwangyang /Kwangyang	KRKAN
仁川	Incheon /Inchon	KRICH
群山	Kunsan/ Gunsan	KRKUV
马山	Masan	KRMAS

中文名称	英文名称	代　码
木浦	Mokpo	KRMOK
墨湖	Mukho/Donghae	KRMUK
浦项	Pohang	KRKPO
平泽	Pyeongtaek	KRPTK
蔚山	Ulsan	KRUSN
丽水	Yosu/ Yeosu	KRYOS
日本	JP Japan	JP
秋田	Akita	JPAXT
千叶	Chiba	JPCHB
福冈	Fukuoka	JPFUK
福山	Fukuyama	JPFKY
八户	Hachinohe	JPHHE
函馆	Hakodate	JPHKD
滨田	Hamada	JPHMD
姬路	Himeji	JPHIM
广岛	Hiroshima	JPHIJ
日立	Hitachi	JPHTC
细岛	Hososhima	JPHSM
岩国	Iwakuni	JPIWK
鹿儿岛	Kagoshima	JPKOJ
金泽	Kanazawa	JPKNZ
木更津	Kisarazu	JPKZU
北九州	Kitakyushu	JPKKJ
神户	Kobe	JPUKB
钏路	Kushiro	JPKUH
室兰	Muroran	JPMUR
长崎	Nagasaki	JPNGS
名古屋	Nagoya	JPNGO
那霸 / 那坝	Naha	JPNAH
新泻	Niigata	JPKIJ
大分	Oita	JPOIT
小名滨	Onahama	JPONA
大阪	Osaka	JPOSA

中文名称	英文名称	代　码
小樽	Otaru	JPOTR
佐世保	Sasebo	JPSSB
清水	Shimizu	JPSMZ
下关	Shimonoseki	JPSHS
高松	Takamatsu	JPTAK
德山	Tokuyama	JPTKY
东京	Tokyo	JPTYO
苫小牧	Tomakomai	JPTMK
敦贺	Tsuruga	JPTRG
宇部	Ube	JPUBJ
和歌山	Wakayama	JPWAK
四日市	Yokkaichi	JPYKK
横滨	Yokohama	JPYOK
横须贺	Yokosuka	JPYOS
菲律宾	PH Philippines	PH
阿帕里	Aparri	PHAPR
八打雁	Batangas	PHBTG
卡加延德奥罗	Cagayan de Oro	PHCGY
宿务	Cebu	PHCEB
达沃	Davao	PHDVO
伊洛伊洛	Iloilo	PHILO
黎牙实比	Legaspi	PHLGP
林加延	Lingayen	PHLIN
马尼拉	Manila	PHMNL
马里韦莱斯	Mariveles	PHMVS
圣弗尔南多	San Fernando	PHSFE
三宝颜	Zamboanga	PHZAM
东帝汶	TP East Timor	TL
帝力	Dili	TLDIL
印度尼西亚	ID Indonesia	ID
安汶	Ambon	IDAMQ
巴厘巴板	Balikpapan	IDBPN
巴纽旺宣	Banjuwangi	IDBJU

中文名称	英文名称	代　码
勿拉湾	Belawan	IDBLW
比通	Bitung	IDBIT
芝拉扎	Cilacap	IDCXP
杜迈	Dumai	IDDUM
雅加达	Jakarta	IDJKT
查亚普拉	Jayapura	IDDJJ
古邦	Kupang	IDKOE
万鸦老	Menado	IDMDC
巴东	Padang	IDPDG
巨港	Palembang	IDPLM
庞卡兰苏苏	Pangkalan Susu	IDPKS
潘姜	Panjang	IDPNJ
北加浪岸	Pekalongan	IDPEX
坤甸	Pontianak	IDPNK
普罗博林戈	Probolinggo	IDPRO
沙璜	Sabang	IDSBG
桑坦港	Santan Terminal	IDSAT
三宝垄	Semarang	IDSRG
泗水	Surabaya	IDSUB
丹戎潘丹	Tanjung Pandan	IDTJQ
丹戎乌班	Tanjunguban	IDTAN
打拉根	Tarahan	IDTRH
直落巴由	Telukbayur	IDTBR
德那第	Ternate	IDTTE
乌戎潘当	Ujung Pandang	IDUPG
新加坡	**SG Singapore**	**SG**
新加坡	Singapore	SGSIN
马来西亚	**MY Malaysia**	**MY**
民都鲁	Bintulu	MYBTU
新山	Johore Bahru	MYJHB
哥打基纳巴卢	Kota Kinabalu	MYBKI
古晋	Kuching	MYKCH
古达	Kudat	MYKUD

中文名称	英文名称	代　码
纳闽	Labuan	MYLBU
马六甲	Malacca	MYMKZ
米里	Miri	MYMYY
帕西古当	Pasir Gudang	MYPGU
槟城	Penang(Georgetown)	MYPEN
巴生港	Port Kelang	MYPKG
山打根	Sandakan	MYSDK
诗巫	Sibu	MYSBW
斗湖	Tawau	MYTWU
文莱	**BN Brunei**	**BN**
斯里巴加湾港	Bandar Seri Begawan	BNBWN
麻拉	Muara	BNMUA
诗里亚	Seria	BNSER
越南	**VN Viet Nam**	**VN**
金兰	Camranh	VNCRB
岘港	Da−Nang/ Da Nang	VNDAD
海防	Haiphong	VNHPH
胡志明市	Ho Chi Minh City	VNSGN
鸿基	Hongay/ Hongai	VNHON
顺化	Hue	VNHUI
芽庄	Nha Trang	VNNHA
归仁	Qui Nhon	VNUIH
头顿	Vung Tau	VNVUT
柬埔寨	**KH Cambodia**	**KH**
磅逊	Kompong Som/ Kampong Saom	KHKOS
金边	Phnom−Penh/ Phnom Penh	KHPNH
泰国	**TH Thailand**	**TH**
曼谷	Bangkok	THBKK
林查班	Laem Chabang	THLCH
那拉提瓦	Narathiwat	THNAW
北大年	Pattani	THPAN
普吉	Phuket	THHKT
梭桃邑	Sattahip	THSAT

中文名称	英文名称	代　码
是拉差	Siracha/ Si Racha	THSIR
宋卡	Songkh1a	THSGZ
斯瑞拉察	Sriracha	THSRI
缅甸	**MM Myanmar**	**MM**
实兑	Akyab(Sittwe)	MMAKY
勃生	Bassein	MMBSX
皎漂	Kyaukpyu	MMKYP
毛淡棉	Moulmein/ Mawlamyine	MMMNU
墨吉	Mergui	MMMER
土瓦	Tavoy	MMTAV
山多威	Sandoway/Thandwe	MMSAN
仰光	Rangoon/ Yangon	MMRGN
耶城	Ye	MMXYE
孟加拉	**BD Bangladesh**	**BD**
查尔纳港	Chalna Anchorage/ Chalna	BDCHL
吉大港	Chittagong	BDCGP
库尔纳	Khulna	BDKHL
蒙拉	Mungla/ Mongla	BDMGL
印度	**IN India**	**IN**
包纳加尔	Bhavnagar	INBHU
科钦	Cochin	INCOK
根德拉 / 坎德拉	Kandla	INIXY
加里加尔	Karikal/ Karaikal	INKRK
加尔格答 / 加尔格达	Calcutta/ Kolkata	INCCU
金奈 / 马德拉斯	Chennai/Madras	INMAA
莫尔穆冈	Marmagao (Marmugao)	INMRM
孟买	Bombay/ Mumbai	INBOM
蒙德拉	Mundra	INMUN
纳格伯蒂讷姆 / 纳格帕提南	Nagapattinam	INNPT
新芒格洛尔	New Mangalore	INNML
哈瓦舍瓦（孟买新港）	Nhava Sheva (Jawaharlal Nehru)	INNSA
巴拉迪布 / 帕拉迪布	Paradip/ Paradip Garh	INPRT
博尔本德尔	Porbandar	INPBD

中文名称	英文名称	代　码
布莱尔港	Port Blair	INIXZ
雷迪 / 来里港 / 雷迪港	Redi	INRED
杜蒂戈林	Tuticorin	INTUT
维沙卡帕特南	Visakhapatnam	INVTZ
斯里兰卡	**LK Sri Lanka**	**LK**
科伦坡	Colombo	LKCMB
加勒	Galle	LKGAL
坎凯桑图赖	Kankesanturai	LKKNK
马纳尔	Mannar	LKMAN
塔莱曼纳尔	Talaimannar	LKTAL
亨可马里	Trincomalee	LKTRR
马尔代夫	**MV Maldives**	**MV**
马累岛 / 马累	Male Island	MVMLE
巴基斯坦	**PK Pakistan**	**PK**
瓜德尔 / 瓜达尔	Gwadar	PKGWD
卡拉奇	Karachi	PKKHI
卡希姆港 / 卡希姆 / 穆哈马德宾 卡西姆港	Muhammad Bin Qasim/Karachi	PKBQM
奥尔马拉 / 奥尔马腊	Ormara	PKORW
伯斯尼	Pasni	PKPSI
伊朗	**IR Iran**	**IR**
阿巴丹	Abadan	IRABD
阿巴斯港	Bandar Abbas	IRBND
霍梅尼港	Bandar Khomeini	IRBKM
马赫沙赫尔港	Bandar–e Mah Shahr	IRMRX
布什尔	Bushire/ Bushehr	IRBUZ
恰赫巴哈尔 / 查赫巴尔	Chah Bahar	IRZBR
哈尔克岛	Kharg Island/ Khark Island	IRKHK
胡宁沙赫尔 (原名霍拉姆沙赫尔)	Khorramshahr	IRKHO
格鲁吉亚	**CE Georgia**	**GE**
巴统	Batumi	GEBUS
波季	Poti	GEPTI
土耳其	**TR Turkey**	**TR**
安塔利亚	Antalya	TRAYT

中文名称	英文名称	代　码
班德尔马	Bandirma	TRBDM
恰纳卡莱	Canakkale	TRCKZ
代林杰	Derince	TRDRC
埃雷利	Eregli	TRERE
盖利博卢	Gelibolu	TRGEL
盖姆利克	Gemlik	TRGEM
古雷松 / 吉雷孙	Giresun	TRGIR
伊斯肯德伦	Iskenderun	TRISK
伊斯坦布尔	Istanbul	TRIST
伊兹密尔	Izmir	TRIZM
伊兹米特	Izmit	TRIZT
库沙达瑟	Kusadasi	TRKUS
梅尔辛	Mersin	TRMER
萨姆松	Samsun	TRSSX
锡诺普	Sinop	TRSIC
泰基尔达	Tekirdag	TRTEK
特拉布宗 / 特拉布松	Trabzon	TRTZX
宗古尔达克	Zonguldak	TRZON
塞浦路斯	**CY Cyprus**	**CY**
阿莫霍斯托斯（原称法马斯塔）	Famagusta	CYFMG
拉纳卡	Larnaca	CYLCA
利马索尔	Limassol	CYLMS
佩福斯 / 帕福斯	Paphos	CYPFO
叙利亚	**SY Syria**	**SY**
巴尼亚斯	Banias/ Baniyas	SYBAN
拉塔基亚	Lattakia/ Latakia	SYLTK
他图斯 / 塔尔图斯	Tartous/ Tartus	SYTTS
黎巴嫩	**LB Lebanon**	**LB**
贝鲁特	Beirut	LBBEY
西顿 / 赛达	Sidon/Saida/ Sayda	LBSAY
苏尔	Sour/ Sur (Tyre)	LBSUR
的黎波里	Tripoli	LBKYE
以色列	**IL Israel**	**IL**
阿什杜德	Ashdod	ILASH

中文名称	英文名称	代　码
阿什克伦	Ashkelon	ILAKL
埃拉特	Eilat(Eilath)	ILETH
海法	Haifa	ILHFA
特拉维夫	Tel–Aviv/ Tel Aviv–Yafo	ILTLV
约旦	**JO Jordan**	**JO**
亚喀巴	Aqaba/ Al 'Aqabah	JOAQJ
伊拉克	**IQ Iraq**	**IQ**
巴士拉	Basrah/ Basra	IQBSR
法奥	Fao	IQFAO
乌姆盖斯尔 / 乌姆卡斯尔	Umm Qasr	IQUQR
科威特	**KW Kuwait**	**KW**
科威特	Kuwait	KWKWI
米纳艾哈迈迪	Mena al Ahmadi/ Mina' al Ahmadi	KWMEA
舒艾拜	Shuaiba	KWSAA
沙特阿拉伯	**SA Saudi Arabia**	**SA**
达曼	Damman/ Ad Dammam	SADMM
吉达	Jeddah	SAJED
季赞	Glzan/ Jizan	SAGIZ
朱阿马码头 / 朱爱马	Juaymah Terminal	SAJUT
朱拜勒	Jubail	SAJUB
拉斯坦努拉 / 腊斯塔努腊	Ras Tanura	SARTA
延布	Yenbo/ Yanbu al–Bahr	SAYNB
巴林	**BH Bahrain**	**BH**
巴林	Bahrain	BHBAH
麦纳麦	Al Manamah/ Manama	BHMAN
米纳苏尔曼 / 米纳萨门	Mina Sulman	BHMIN
锡特拉	Sitra	BHSIT
卡塔尔	**QA Qatar**	**QA**
多哈	Doha	QADOH
乌姆赛义德	Umm Said	QAUMS
阿拉伯联合酋长国	**AE United Arab Emirates**	**AE**
阿布扎比	Abu Dhabi	AEAUH
富查伊拉	Fujairah/ Al Fujayrah	AEFJR

中文名称	英文名称	代　码
迪拜	Dubai	AEDXB
阿里山	Jebel Ali	AEJEA
豪尔费坎	Khor Fakkan/ Khor al Fakkan	AEKLF
拉希德港	Port Rashid	AEPRA
舍尔杰 / 沙迦	Sharjah	AESHJ
阿曼	**OM Oman**	**OM**
费赫勒港	Mina al Fahal	OMMFH
马斯喀特	Muscat	OMMCT
马特拉 / 马特腊	Muttrah/ Muthra	OMMUT
米纳卡布斯	Mina Qaboos/ Port Qaboos	OMOPQ
赖苏特港	Raysut/Mina Raysut	OMRAY
塞拉莱 / 萨拉拉	Salalah	OMSLL
也门	**YE Yemen**	**YE**
亚丁	Aden	YEADE
荷台达	Hodeidah	YEHOD
穆哈	Mokha	YEMOK
木卡拉 / 穆卡拉	Mukalla	YEMKX
萨利夫	Saleef/Salif/Saleef Port	YESAL
俄罗斯	**RU Russia**	**RU**
亚历山大罗夫斯克	Alexandrovsk/ Aleksandrovsk–Sakhalinskiy	RUSAK
阿纳德尔	Anadyr	RUDYR
阿尔汉格尔 / 阿尔汉格尔斯克	Archangel/ Arkhangelsk	RUARH
加里宁格勒	Kaliningrad	RUKGD
霍尔姆斯克	Kholmsk	RUKHO
科尔萨科夫	Korsakov	RUKOR
马加丹	Magadan/ Magadansky, Port	RUMAG
摩尔曼斯克	Murmansk	RUMMK
纳霍德卡	Nakhodka	RUNJK
涅韦尔斯克	Nevelsk	RUNEV
新罗西斯克 / 诺沃罗西斯克	Novorossisk/ Novorossiysk	RUNVS
鄂霍次克	Okhotsk	RUOHO
彼得罗巴浦洛夫斯克	Petropavlovsk	RUPKC

中文名称	英文名称	代 码
波罗奈斯克	Poronaisk	RUPRN
罗斯托夫	Rostov	RUROV
索契	Sochi	RUSOC
圣彼得堡 / 列宁格勒	ST. Petersburg /Leningrad	RULED
塔甘罗格	Taganrog	RUTAG
图阿普谢	Tuapse	RUTUA
乌格里哥斯克	Uglegorsk	RUUGL
乌斯季堪察茨克	Ust-Kamchatsk	RUUKK
瓦尼诺	Vanino	RUVNN
符拉迪沃斯托克 / 海参崴	Vladivostok	RUVVO
东方港	Vostochnyy/ Vostochniy, Port	RUVYP
扎鲁比诺	Zarubino	RUZAR
乌克兰	UA Ukraine	UA
别尔迪扬斯克	Berdiansk/ Berdyansk	UAERD
伊利切维斯克	Ilichevsk/ Illichivs' k	UAILK
伊兹梅尔	Izmail	UAIZM
刻赤	Kertch	UAKEH
赫尔松	Kherson	UAKHE
马里乌波尔（日丹诺夫）	Mariupol /Zhdanov	UAMPW
尼古拉耶夫	Nikolayev	UANIK
敖德萨	Odessa	UAODS
塞瓦斯托波尔	Sevastopol	UASVP
雅尔塔	Yalta	UAYAL
罗马尼亚	RO Romania	RO
布勒伊拉	Braila	ROBRA
康斯坦萨	Constantza/ Constanta	ROCND
曼加利亚 / 曼格利亚	Mangalia	ROMAG
苏利纳	Sulina	ROSUL
保加利亚	BG Bulgaria	BG
布加斯	Bourgas/ Burgas	BGBOJ
纳塞巴尔 / 尼萨巴 / 奈萨巴港	Nessebar	BGNES
索佐波尔 / 索佐波耳	Sozopol/Sizepoli	BGSOZ
瓦尔纳	Varna	BGVAR

中文名称	英文名称	代码
希腊	GR Greece	GR
希俄斯	Chios	GRJKH
伊拉克利翁 / 基腊克林	Iraklion(Heraklion)	GRHER
伊泰阿	Itea	GRITA
卡拉迈 / 卡拉梅塔	Kalamata	GRKLX
卡瓦拉	Kavalla/ Kavala	GRKVA
库塔拉	Koutala	
迈加拉	Megara	GRMGR
米提林尼 / 米提利尼	Mitylene	GRMJT
佩特雷 / 帕特瑞	Patras	GRGPA
比雷埃夫斯	Piraeus	GRPIR
罗得 / 罗德斯	Rhodes Island/ Rhodes	GRRHO
锡罗斯	Syros (Syra)/ Siros	GRJSY
塞萨洛尼基 / 萨洛尼亚 / 萨洛尼卡	Thessaloniki	GRSKG
伏洛斯 / 沃勒斯	Volos	GRVOL
阿尔巴尼亚	AL Albania	AL
都拉斯	Durres/ Durazzo	ALDRZ
萨兰达	Sarande	ALSAR
圣吉尼	Shengjin	ALSHG
发罗拉	Vlone/Vlora/Valona	ALVOA
黑山	ME MONTENEGRO	ME
巴尔	Bar	MEBAR
科托尔	Kotor	MEKOT
克罗地亚	HR Croatia	HR
杜布罗夫尼克	Dubrovnik	HRDBV
卡德尔耶沃 / 普洛切	Kardeljevo/ Ploce	HRPLE
普拉	Pula	HRPUY
里耶卡	Rijeka	HRRJK
斯普利特	Split	HRSPU
扎达尔	Zadar	HRZAD
斯洛文尼亚	SI Slovenia	SI
科佩尔	Koper	SIKOP

中文名称	英文名称	代　码
马耳他	**MT Malta**	**MT**
瓦莱塔	Malta (Valetta)	MTMLA
马尔萨什洛克	Marsaxlokk	MTMAR
意大利	**IT Italy**	**IT**
安科纳	Ancona	ITAOI
奥古斯塔	Augusta	ITAUG
巴里	Bari	ITBRI
巴列塔	Barletta	ITBLT
布林迪西	Brindisi	ITBDS
卡利亚里 / 卡利阿里	Cagliari	ITCAG
卡塔尼亚	Catania	ITCTA
奇维塔韦基亚 / 契维塔韦基亚	Civitavecchia	ITCVV
法尔科纳拉	Falconara	ITFAL
菲乌米奇诺	Fiumicino	ITFCO
加埃塔	Gaeta	ITGAE
杰拉	Gela	ITGEA
热那亚	Genoa	ITGOA
斯佩齐亚	La Spezia	ITSPE
里窝那	Livorno/Leghorn	ITLIV
墨西拿	Messina	ITMSN
米拉佐	Milazzo	ITMLZ
那不勒斯	Napoli/Naples	ITNAP
巴勒莫	Palermo	ITPMO
托雷斯港	Porto Torres	ITPTO
腊万纳	Ravenna	ITRAN
萨莱诺	Salerno	ITSAL
萨罗奇 / 福克西港	Sarroch (Porto Foxi)	ITPFX
萨沃纳	Savona/ Funivie	ITSVN
塔兰托	Taranto	ITTAR
的里雅斯特	Trieste	ITTRS
威尼斯	Venezia/ Venice	ITVCE
摩纳哥	**MC Monaco**	**MC**
摩纳哥	Monaco	MCMON

中文名称	英文名称	代　码
蒙特卡洛	Monte-Carlo/ Monte Carlo	MCMCM
直布罗陀	**GI Gibraltar**	**GI**
直布罗陀	Gibraltar	GIGIB
葡萄牙	**PT Portugal**	**PT**
西尼什	Sines	PTSNS
圣安东尼奥雷阿尔城	Vila Real De Santo Antonio	PTAIR
奥尔塔	Horta	PTHOR
雷克索斯 / 莱肖埃斯	Leixoes	PTLEI
里斯本	Lisboa	PTLIS
蓬塔德尔加达港 / 迪尔格达	Ponta Delgada	PTPDL
波尔蒂芒	Portimao	PTPRM
波尔图	Porto	PTOPO
塞图巴尔 / 西图巴尔	Setubal	PTSET
西班牙	**ES Spain**	**ES**
阿尔赫西拉斯	Algeciras	ESALG
阿利坎特	Alicante	ESALC
阿尔梅里亚	Almeria	ESLEI
阿雷西费	Arrecife de Lanzarote	ESACE
阿维莱斯	Aviles	ESAVS
巴塞罗那	Barcelona	ESBCN
毕尔巴鄂	Bilbao	ESBIO
加的斯	Cadiz	ESCAD
卡塔赫纳	Cartagena	ESCAR
费罗尔	Ferrol	ESFRO
希洪	Gijon	ESGIJ
拉科鲁尼亚	La Coruna	ESLCG
马拉加	Malaga	ESAGP
帕尔马	Palma de Mallorca	ESPMI
帕萨赫斯	Pasajes	ESPAS
罗萨里奥港	Puerto del Rosario-Fuerteventura	ESFUE
罗塔	Rota	ESROT
萨贡托	Sagunto	ESSAG
圣克鲁斯	Santa Cruz de Tenerife	ESSCT

中文名称	英文名称	代　码
桑坦德	Santander	ESSDR
塞维利亚	Sevilla	ESSVQ
塔拉戈纳	Tarragona	ESTAR
巴伦西亚	Valencia	ESVLC
维哥	Vigo	ESVGO
法国	**FR France**	**FR**
阿雅克修	Ajaccio	FRAJA
巴斯蒂亚	Bastia	FRBIA
巴约讷 / 巴荣讷	Bayonne	FRBAY
波尔多	Bordeaux	FRBOD
布洛涅 / 布伦	Boulogne-sur-Mer	FRBOL
布雷斯特	Brest	FRBES
卡昂 / 冈城	Caen	FRCFR
加来	Calais	FRCQF
瑟堡	Cherbourg	FRCER
迪耶普 / 第耶普	Dieppe	FRDPE
敦刻尔克	Dunkerque	FRDKK
福斯	Fos-sur-Mer	FRFOS
拉西约塔 / 拉西奥塔	La Ciotat	FRLCT
拉罗谢尔 / 拉罗舍尔	La Rochelle	FRLRH
拉瓦拉 / 拉维拉	Lavera	FRLAV
勒阿弗尔	Le Havre	FRLEH
洛里昂	Lorient	FRLRT
马赛	Marseille	FRMRS
南特	Nantes	FRNTE
尼斯	Nice	FRNCE
鲁昂	Rouen	FRURO
塞特	Sete	FRSET
圣马洛	St Malo	FRSML
圣纳泽尔	St Nazaire	FRSNR
土伦	Toulon	FRTLN
比利时	**BE Belgium**	**BE**
安特卫普	Antwerpen	BEANR

中文名称	英文名称	代码
根特	Gent (Ghent)	BEGNE
奥斯坦德	Ostend (Oostende)	BEOST
泽布吕赫 / 泽布腊赫	Zeebrugge	BEZEE
荷兰	**NL Netherlands**	**NL**
阿姆斯特丹	Amsterdam	NLAMS
德尔夫宰尔	Delfzijl/Delfzyl	NLDZL
艾默伊登 / 艾莫伊登	IJmuiden	NLIJM
鹿特丹	Rotterdam	NLRTM
泰尔讷曾	Terneuzen	NLTNZ
弗拉尔丁恩	Vlaardingen	NLVLA
符利辛根 / 符拉辛	Vlissingen/Flushing	NLVLI
赞丹	Zaandam	NLZAA
德国	**DE Germany**	**DE**
不来梅	Bremen	DEBRE
不来梅港	Bremerhaven	DEBRV
布龙斯比特尔 / 布朗斯布特尔	Brunsbuttel	DEBRB
库克斯港	Cuxhaven	DECUX
埃姆登	Emden	DEEME
汉堡	Hamburg	DEHAM
基尔	Kiel	DEKEL
科隆	Koln/ Cologne	DECGN
吕贝克	Lubeck	DELBC
罗斯托克	Rostock	DERSK
威廉港	Wilhelmshaven	DEWVN
维斯马	Wismar	DEWIS
丹麦	**DK Denmark**	**DK**
奥尔堡	Aalborg	DKAAL
奥尔胡斯	Arhus/Aarhus	DKAAR
埃斯比约 / 埃斯堡	Esbjerg	DKEBJ
腓特烈西亚	Fredericia	DKFRC
腓特烈港	Frederikshavn	DKFDH
赫尔辛格	Helsingor	DKHLS
凯隆堡	Kalundborg	DKKAL

中文名称	英文名称	代　码
哥本哈根	Kobenhavn/Copenhagen	DKCPH
欧登塞	Odense	DKODE
波兰	PL Poland	PL
格但斯克	Gdansk	PLGDN
格丁尼亚	Gdynia	PLGDY
希维诺乌伊希切 / 斯维诺斯切	Swinoujscie	PLSWI
什切青	Szczecin	PLSZZ
立陶宛	LT Lithuania	LT
克莱佩达	Klaipeda	LTKLJ
拉脱维亚	LV Latvia	LV
利耶帕亚	Liepaja	LVLPX
里加	Riga	LVRIX
文茨皮尔斯	Ventspils	LVVNT
爱沙尼亚	EE Estonia	EE
派尔努 / 皮亚尔努	Parnu	EEPRN
塔林	Tallinn	EETLL
芬兰	FI Finland	FI
哈米纳	Hamina (Fredrikshamn)	FIHMN
汉科	Hango (Hanko)	FIHKO
赫尔辛基	Helsinki (Helsingfors)	FIHEL
凯米 / 盖密	Kemi/Tornio (Kemi/Tornea)	FIKEM
科科拉	Kokkola (Karleby)	FIKOK
科特卡	Kotka	FIKTK
克里斯提南考蓬基	Kristiinankaupunki (Kristinestad)	FIKRS
奥鲁 / 奥卢	Oulu	FIOLU
波里	Pori (Bjorneborg)	FIPOR
劳马	Rauma (Raumo)	FIRAU
托尔尼奥 / 托尔尼欧	Tornio (Tornea)	FITOR
图尔库	Turku (Abo)	FITKU
瓦萨 / 瓦沙	Vaasa (Vasa)	FIVAA
瑞典	SE Sweden	SE
法尔肯贝里 / 法尔肯贝里耶	Falkenberg	SEFAG
格夫勒 / 耶夫勒	Gavle	SEGVX

中文名称	英文名称	代 码
哥德堡	Goteborg	SEGOT
哈尔姆斯塔德	Halmstad	SEHAD
赫尔辛堡	Helsingborg	SEHEL
赫纳散德 / 海诺桑德 / 赫讷散德	Harnosand	SEHND
卡尔马	Kalmar	SEKLR
卡尔斯港 / 卡尔斯哈门	Karlshamn	SEKAN
卡尔斯克鲁纳	Karlskrona	SEKAA
兰斯克鲁纳 / 朗茨克鲁纳	Landskrona	SELAA
吕勒奥 / 陆勒奥	Lulea	SELLA
马尔默	Malmo	SEMMA
诺尔雪平	Norrkoping	SENRK
恩舍尔兹维克 / 奥斯克德斯维克	Ornskoldsvik	SEOER
乌克瑟勒松德 / 奥克斯洛松德	Oxelosund	SEOXE
皮特奥 / 皮特欧	Pitea	SEPIT
斯德哥尔摩	Stockholm	SESTO
松兹瓦尔	Sundsvall	SESDL
乌德瓦拉	Uddevalla	SEUDD
于默奥 / 乌米	Umea	SEUME
挪威	**NO Norway**	**NO**
奥勒松	Alesund/Aalesund	NOAES
阿伦达尔	Arendal	NOARE
卑尔根	Bergen	NOBGO
博多	Bodo	NOBOO
德拉门 / 德腊门	Drammen	NODRM
腓特烈斯塔	Fredrikstad	NOFRK
格里姆斯塔	Grimstad	NOGTD
哈默菲斯特 / 哈莫弗斯特	Hammerfest	NOHFT
哈尔斯塔	Harstad	NOHRD
海尔格松 / 豪格松	Haugesund	NOHAU
希尔克内斯 / 基尔克内斯	Kirkenes	NOKKN
克里斯蒂安桑	Kristiansand	NOKRS
克里斯蒂安松	Kristiansund	NOKSU
拉尔维克	Larvik	NOLAR

中文名称	英文名称	代　码
莫尔德	Molde	NOMOL
莫舍恩 / 莫绍恩	Mosjoen	NOMJF
莫斯	Moss	NOMSS
纳尔维克	Narvik	NONVK
奥斯陆	Oslo	NOOSL
斯塔西勒 / 斯塔万格	Stavanger	NOSVG
滕斯贝格 / 通斯贝格	Tonsberg	NOTON
特罗姆瑟	Tromso	NOTOS
特隆赫姆	Trondheim	NOTRD
冰岛	**IS Iceland**	**IS**
阿克雷里 / 阿库雷里	Akureyri	ISAKU
伊萨菲厄泽 / 伊萨菲约杜尔	Isafjordur – hofn	ISISA
凯夫拉维克	Keflavikurkaupstadur	ISKEV
雷克雅未克	Reykjavik	ISREY
韦斯特曼纳岛 / 维斯特曼纳加	Vestmannaeyjar – hofn	ISVES
法罗群岛	**FO Faroe Islands**	**FO**
托尔斯港	Thorshavn	FOTHO
爱尔兰	**IE Ireland**	**IE**
班特里	Bantry	IEBYT
科克	Cork	IEORK
都柏林	Dublin	IEDUB
敦劳费尔 / 邓莱里	Dun Laoghaire	IEDLG
福因斯 / 佛尼斯	Foynes	IEFOV
戈尔韦 / 戈尔维	Galway	IEGWY
利默里克	Limerick	IELMK
沃特福德	Waterford	IEWAT
马恩岛	**ISLE OF MAN**	**IM**
道格拉斯	Douglas	IMDGS
泽西岛	**JERSEY**	**JE**
圣赫利尔 / 圣海利尔	St Helier	JESTH
根西岛	**GUERNSEY**	**GG**
圣彼德港 / 圣彼得港	St Peter Port	GGSPT
英国	**GB United Kingdom**	**GB**
阿伯丁	Aberdeen	GBABD

中文名称	英文名称	代 码
贝尔法斯特	Belfast	GBBEL
比迪福德 / 比德福德	Bideford	GBBID
波士顿	Boston	GBBOS
布里斯托尔	Bristol	GBBRS
加的夫	Cardiff	GBCDF
克莱德港	Clydeport	GBCYP
多佛 / 多佛尔	Dover	GBDVR
邓迪 / 丹迪	Dundee	GBDUN
法尔茅斯	Falmouth	GBFAL
弗利克斯托	Felixstowe	GBFXT
格拉斯哥	Glasgow	GBGLW
格兰奇茅斯	Grangemouth	GBGRG
哈特尔浦	Hartlepool	GBHTP
哈里奇 / 哈里季	Harwich	GBHRW
赫尔	Hull	GBHUL
伊明赫姆	Immingham	GBIMM
伊普斯威奇	Ipswich	GBIPS
利斯	Leith	GBLEI
利物浦	Liverpool	GBLIV
伦敦	London	GBLON
伦敦德里	Londonderry	GBLDY
曼彻斯特	Manchester	GBMNC
梅西尔 / 麦迪尔	Methil	GBMTH
米尔福德港	Milford Haven	GBMLF
纽卡斯尔	Newcastle upon Tyne	GBNCL
纽波特	Newport	GBNPT
普利茅斯	Plymouth	GBPLY
塔尔伯特港 / 塔尔博特港	Port Talbot	GBPTB
朴次茅斯	Portsmouth	GBPME
肖勒姆	Shoreham	GBSHO
南安普顿	Southampton	GBSOU
森德兰 / 桑德兰	Sunderland	GBSUN
斯旺西	Swansea	GBSWA

中文名称	英文名称	代　码
提斯港	Teesport	GBTEE
蒂尔伯里 / 蒂尔博里	Tilbury	GBTIL
埃及	**EG Egypt**	**EG**
阿布宰尼迈 / 阿布扎尼马	Abu Zenimah	EGAZA
阿代比耶 / 阿巴比亚 / 阿达比亚	Adabiya	EGADA
杜姆亚特 / 达米埃塔	Damietta	EGDAM
亚历山大	El Iskandariya (= Alexandria)	EGALY
苏伊士	El Suweis (= Suez)	EGSUZ
塞得港	Port Said	EGPSD
拉斯加里卜 / 腊斯加里卜	Ras Gharib	EGRAG
萨法贾 / 萨法贾港	Safaga	EGSGA
利比亚		**LY**
班加西	Bingazi (Benghazi)	LYBEN
德尔纳	Darnah	LYDRX
锡德尔 / 西德尔 / 伊赛德	As Sidr	LYESI
马萨勃利加 / 卜雷加港	Marsa Brega	LYLMQ
哈里盖港	Marsa el Hariga	LYMHR
米苏腊塔	Misurata	LYMRA
拉斯拉努夫	Ras Lanuf	LYRLA
图卜鲁格 / 托布鲁克	Tobruk	LYTOB
的黎波里	Tripoli	LYTIP
祖埃提纳	Zueitina	LYZUE
突尼斯	**TN Tunisia**	**TN**
比塞大 / 比泽特	Bizerte/Bizerta	TNBIZ
加贝斯	Gabes	TNGAE
拉斯基拉 / 斯希腊	La Skhirra	TNLSK
斯法克斯	Sfax	TNSFA
苏萨 / 苏塞	Sousse/Soussa	TNSUS
突尼斯	Tunis	TNTUN
阿尔及利亚	**DZ Algeria**	**DZ**
阿尔及尔	Alger (Algiers)	DZALG
安纳巴	Annaba (ex Bone)	DZAAE
阿尔泽	Arzew	DZAZW

中文名称	英文名称	代　码
贝贾亚 / 比加亚	Bejaia (ex Bougie)	DZBJA
吉杰利 / 季杰利	Djidjelli/Jijel	DZDJI
奥兰 / 瓦赫兰	Oran/Wahran	DZORN
斯基克达 / 菲利普维尔	Skikda (ex Philippeville)	DZSKI
提奈斯 / 特内斯	Tenes	DZTEN
摩洛哥	MA Morocco	**MA**
阿加迪尔	Agadir	MAAGA
卡萨布兰卡	Casablanca	MACAS
盖尼特拉	Kenitra (ex Port Lyautey)	MANNA
穆罕默迪耶	Mohammedia	MAMOH
拉巴特	Rabat	MARBA
萨菲	Safi	MASFI
丹吉尔	Tangier	MATNG
得土安	Tetouan	MATTU
西撒哈拉	EH Western Sahara	**EH**
达赫拉	Ad Dakhla	EHVIC
欧云 / 阿尤恩	Laayoune	MAEUN
毛里塔尼亚	MR Mauritania	**MR**
努瓦迪布	Nouadhibou	MRNDB
努瓦克肖特	Nouakchott	MRNKC
塞内加尔	SN Senegal	**SN**
达喀尔	Dakar	SNDKR
考拉克	Kaolack	SNKLC
圣路易	St Louis	SNXLS
济金绍尔	Ziguinchor	SNZIG
冈比亚	GM Gambia	**GM**
班珠尔	Banjul	GMBJL
佛得角	CV Cape Verde	**CV**
明德卢 / 明德卢港	Mindelo	CVMIN
普拉亚	Praia	CVRAI
几内亚比绍	GW Guinee-Bissau	**GW**
比绍	Bissau	GWOXB
博拉多	Bolama	GWBOL

中文名称	英文名称	代　码
卡谢马	Cacheu	GWCAC
几内亚	GN Guinea	GN
科纳克里	Conakry	GNCKY
卡姆萨尔	Port－Kamsar	GNKMR
塞拉利昂	SL Sierra Leone	SL
邦特	Bonthe	SLBTE
弗里敦	Freetown	SLFNA
佩佩尔	Pepel	SLPEP
利比里亚	LR Liberia	LR
布坎南	Buchanan	LRUCN
帕尔马斯角	Cape Palmas	LRCPA
蒙罗维亚	Monrovia	LRMLW
科特迪瓦	CI Cote d' Ivoire	CI
阿比让	Abidjan	CIABJ
达布	Dabou	CIDAB
圣佩德罗	San－Pedro	CISPY
萨桑德拉	Sassandra	CIZSS
加纳	GH Ghana	GH
海岸角	Cape Coast	GHCCT
塔科拉迪	Takoradi	GHTKD
特马	Tema	GHTEM
温尼巴	Winneba	GHWEA
多哥	TG Togo	TG
佩梅 / 克佩美	Kpeme	TGKPE
洛美	Lome	TGLFW
贝宁	BJ Benin	BJ
科托努 / 科托诺	Cotonou	BJCOO
波多诺伏	Porto－Novo	BJPTN
尼日利亚	NG Nigeria	NG
阿帕帕	Apapa	NGAPP
邦尼 / 博尼	Bonny	NGBON
卡拉巴尔	Calabar	NGCBQ
福卡多斯	Forcados	NGFOR

中文名称	英文名称	代　码
拉各斯	Lagos	NGLOS
哈科特港	Port Harcourt	NGPHC
奥尼	Oron	NGORO
廷坎岛	Tincan/Lagos	NGTIN
瓦里	Warri	NGWAR
喀麦隆	**CM Cameroon**	**CM**
杜阿拉	Douala	CMDLA
克里比	Kribi	CMKBI
提科 / 蒂科	Tiko	CMTKC
维多利亚	Victoria	CMVCC
赤道几内亚	**GQ Equatorial Guinea**	**GQ**
巴塔	Bata	GQBSG
马拉博	Malabo	GQSSG
圣多美和普林西比	**ST Sao Tome and Principe**	**ST**
圣多美	Sao Tome Island	STTMS
加蓬	**GA Gabon**	**GA**
洛佩斯角	Cap Lopez	GACLZ
利伯维尔 / 利博维尔	Libreville	GALBV
奥文多	Owendo	GAOWE
谦蒂尔港 / 让蒂尔港	Port Gentil	GAPOG
刚果	**CG Congo**	**CG**
哲诺油码头 / 杰诺港	Djeno Terminal	CGDJE
黑角	Pointe Noire	CGPNR
民主刚果	**CD The Democratic Republic Of The Congo**	**CD**
巴纳纳	Banana	CDBNW
博马	Boma	CDBOA
马塔迪	Matadi	CDMAT
圣赫勒拿	**SH Saint Helena**	**SH**
乔治敦	Georgetown	SHASI
詹姆斯敦	Jamestown	SHSHN
安哥拉	**AO Angola**	**AO**
本格拉	Benguela	AOBUG

中文名称	英文名称	代　码
卡宾达	Cabinda	AOCAB
洛比托	Lobito	AOLOB
罗安达	Luanda	AOLAD
内米贝 / 纳米比	Namibe	AOMSZ
新里东杜 (苏布 /SUMBE)	Sumbe（Novo Redondo）	AONDD
亚历山大港	Porto Alexandre (Tombua)	AOPLE
安博因港 / 阿姆博姆港 / 昂博因港	Porto Amboim	AOPBN
纳米比亚	**NA Namibia**	**NA**
卢德立次 / 鲁得立茨 / 吕得立茨	Luderitz	NALUD
鲸湾港 / 沃尔维斯港	Walvis Bay	NAWVB
南非	**ZA South Africa**	**ZA**
开普敦	Cape Town	ZACPT
德班	Durban	ZADUR
东伦敦	East London	ZAELS
莫塞尔贝 / 莫塞尔港	Mossel Bay	ZAMZY
伊丽莎白港	Port Elizabeth	ZAPLZ
里查德湾 / 里查兹贝	Richards Bay	ZARCB
萨尔达尼亚湾 / 萨尔达尼亚港	Saldanha Bay	ZASDB
莫桑比克	**MZ Mozambique**	**MZ**
贝拉	Beira	MZBEW
伊尼扬巴内 / 伊尼亚巴内	Inhambane	MZINH
马普托	Maputo	MZMPM
莫桑比克	Mocambique	MZMZQ
纳卡拉	Nacala	MZMNC
彭巴	Pemba	MZPOL
马达加斯加	**MG Madagascar**	**MG**
安齐拉纳纳 / 迪耶果苏瓦雷斯	Antsiranana/Diego-Suarez	MGDIE
法拉凡加纳 / 法腊方加纳	Farafangana	MGRVA
多凡堡	Fort Dauphin (Toalagnaro)	MGFTU
马任加	Majunga (Mahajanga)	MGMJN
马纳卡拉	Manakara	MGWVK
马南扎里	Mananjary	MGMNJ

中文名称	英文名称	代　码
穆龙贝 / 木仑贝	Morombe	MGMXM
穆龙达瓦	Morondava	MGMOQ
塔马塔夫	Tamatave (Toamasina)	MGTMM
图莱亚尔	Tulear (Toliara)	MGTLE
毛里求斯	**MU Mauritius**	**MU**
路易港	Port Louis	MUPLU
留尼汪	**RE Reunion**	**RE**
勒波尔	Le Port	RELPT
加勒茨角 / 蒂斯格勒特斯	Port de Pointe des Galets	REPDG
马约特	**YT MAYOTTE**	**YT**
藻德济	Dzaoudzi	YTDZA
科摩罗	**KM Comoros**	**KM**
莫罗尼	Moroni	KMYVA
塞舌尔	**SC Seychelles**	**SC**
维多利亚港	Port Victoria	SCPOV
坦桑尼亚	**TZ Tanzania**	**TZ**
达累斯萨拉姆	Dar es Salaam	TZDAR
林迪	Lindi	TZLDI
姆特瓦拉	Mtwara	TZMYW
坦噶	Tanga	TZTGT
桑给巴尔岛	Zanzibar	TZZNZ
肯尼亚	**KE Kenya**	**KE**
拉穆	Lamu	KELAU
马林迪	Malindi	KEMYD
蒙巴萨	Mombasa	KEMBA
索马里	**SO Somalia**	**SO**
柏培拉 / 博博拉	Berbera	SOBBO
基斯马尤	Kismayu	SOKMU
摩加迪沙	Mogadishu	SOMGQ
吉布提	**DJ Djibouti**	**DJ**
吉布提	Djibouti	DJJIB
厄立特里亚	**ER ERITREA**	**ER**
阿萨布 / 伊萨布	Assab	ERASA

中文名称	英文名称	代 码
马萨瓦	Massawa (Mitsiwa)	ERMSW
苏丹	**SD Sudan**	**SD**
苏丹港	Port Sudan	SDPZU
格陵兰	**GL Greenland**	**GL**
埃格瑟斯明讷 / 埃格德斯米纳	Aasiaat (Egedesminde)	GLJEG
苏克托彭	Maniitsoq (Sukkertoppen)	GLJSU
纳萨尔苏瓦克 / 纳萨苏克	Narsarsuaq	GLUAK
戈特霍布	Nuuk (Godthaab)	GLGOH
加拿大	**CA Canada**	**CA**
夏洛特敦	Charlottetown	CACHA
丘吉尔	Churchill	CACHV
戈尔德里弗	Gold River	CAGOR
哈利法克斯	Halifax	CAHAL
哈密尔顿	Hamilton	CAHAM
蒙特利尔	Montreal	CAMTR
纳奈莫	Nanaimo	CANNO
艾伯尼港	Port Alberni	CAPAB
科尔本港	Port Colborne	CAPCO
艾尔夫雷德港	Port–Alfred	CAPAF
卡提尔港 / 卡提亚港	Port–Cartier	CAPCA
鲍威尔	Powell River	CAPOW
鲁珀特港	Prince Rupert	CAPRR
魁北克	Quebec	CAQUE
萨尔尼亚	Sarnia	CASNI
苏圣马丽	Sault Ste Marie	CASSM
七岛	Sept–Iles	CASEI
圣约翰	St John	CASJB
圣约翰斯	St John's	CASJF
悉尼	Sydney	CASYD
塔西斯	Tahsis	CAPTA
散德湾	Thunder Bay	CATHU
多伦多	Toronto	CATOR
三河城	Three Rivers/ Trois–Rivieres	CATRR

中文名称	英文名称	代　码
温哥华	Vancouver	CAVAN
维多利亚	Victoria	CAVIC
雅茅思	Yarmouth	CAYRH
圣皮埃尔和密克隆	PM Saint Pierre and Miquelon	PM
圣皮埃尔	St Pierre	PMFSP
百慕大	BM Bermuda	BM
哈密尔顿	Hamilton	BMBDA
圣乔治	Saint George	BMSGE
美国	US United States	US
奥尔巴尼	Albany	USALB
安科雷奇	Anchorage	USANC
巴尔的摩	Baltimore	USBAL
波士顿	Boston	USBOS
不伦瑞克	Brunswick	USSSI
卡姆登	Camden	USCDE
查尔斯顿	Charleston	USCHS
芝加哥	Chicago	USCHI
克利夫兰	Cleveland	USCLE
底特律	Detroit	USDET
荷兰港	Dutch Harbor	USDUT
火奴鲁鲁	Honolulu	USHNL
杰克逊维尔	Jacksonville	USJAX
莱克查尔斯	Lake Charles	USLCH
长滩	Long Beach	USLGB
洛杉矶	Los Angeles	USLAX
迈阿密	Miami	USMIA
莫比尔	Mobile	USMOB
新贝德福德	New Bedford	USNBD
纽黑文	New Haven	USHVN
新奥尔良	New Orleans	USMSY
纽约	New York	USNYC
奥克兰	Oakland	USOAK
费城	Philadelphia	USPHL

中文名称	英文名称	代 码
波特兰	Portland	USPWM
波特兰	Portland	USPDX
朴次茅斯	Portsmouth	USPSM
圣迭戈 / 圣地亚哥	San Diego	USSAN
旧金山	San Francisco	USSFO
萨凡纳	Savannah	USSAV
苏厄德	Seward	USSEW
坦帕	Tampa	USTPA
威尔明顿	Wilmington	USWTN
孟菲斯	Memphis	USMEM
休斯敦	Houston	USHOU
诺福克	Norfolk	USORF
西雅图	Seattle	USSEA
塔科马	Tacoma	USTIW
杰克逊维尔	Janesville	USJVL
亚当斯顿	Adamston	USDST
托莱多	Toledo	USTOL
得克萨斯城	Texas City	USTXT
墨西哥	**MX Mexico**	**MX**
阿卡普尔科	Acapulco	MXACA
阿尔瓦拉多	Alvarado	MXAVD
坎佩切	Campeche	MXCPE
夸察夸尔科斯	Coatzacoalcos	MXCOA
恩塞纳达	Ensenada	MXESE
瓜伊马斯	Guaymas	MXGYM
拉萨罗卡德纳斯	Lazaro Cardenas	MXLZC
曼萨尼略	Manzanillo	MXZLO
马萨特兰	Mazatlan	MXMZT
米纳蒂特兰 / 米纳提特兰	Minatitlan	MXMTT
马德罗港	Puerto Madero	MXPMD
萨利纳克鲁斯	Salina Cruz	MXSCX
圣罗萨利亚	Santa Rosalia	MXSRL
坦皮科	Tampico	MXTAM

中文名称	英文名称	代　码
韦拉克鲁斯	Veracruz	MXVER
伯利兹	**BZ Belize**	**BZ**
伯利兹城	Belize City	BZBZE
危地马拉	**GT Guatemala**	**GT**
巴里奥斯港	Puerto Barrios	GTPBR
夸特扎尔港／库特扎尔	Puerto Quetzal	GTPRQ
圣托马斯／ 圣托马斯德卡斯蒂利亚	Puerto Santo Tomas de Castilla	GTSTC
圣何塞	San Jose	GTSNJ
萨尔瓦多	**SV El Salvador**	**SV**
阿卡胡特拉	Acajutla	SVAQJ
拉利贝塔德	La Libertad	SVLLD
洪都拉斯	**HN Honduras**	**HN**
卡斯蒂利亚港／卡斯提利亚港	Puerto Castilla	HNPCA
科尔特斯港	Puerto Cortes	HNPCR
圣洛伦索	San Lorenzo	HNSLO
特拉	Tela	HNTEA
尼加拉瓜	**NI Nicaragua**	**NI**
布卢菲尔兹	Bluefields	NIBEF
科林托	Corinto	NICIO
卡贝萨斯港	Puerto Cabezas	NIPUZ
南圣胡安	San Juan del Sur	NISJS
哥斯达黎加	**CR Costa Rica**	**CR**
卡尔德拉	Caldera	CRCAL
戈尔菲托／格尔菲托	Golfito	CRGLF
利蒙／利蒙港	Puerto Limon	CRLIO
彭塔雷纳斯	Puntarenas	CRPAS
巴拿马	**PA Panama**	**PA**
阿尔米兰特	Almirante	PAPAM
巴尔博亚／巴尔泊亚	Balboa	PABLB
科隆	Colon	PAONX
克里斯托瓦尔／克里斯托巴尔	Cristobal	PACTB
曼萨尼约	Manzanillo	PAMIT

中文名称	英文名称	代 码
巴拿马城	Panama, Ciudad de	PAPTY
巴哈马	**BS Bahamas**	**BS**
弗里波特	Freeport	BSFPO
拿骚	Nassau	BSNAS
古巴	**CU Cuba**	**CU**
安蒂亚 / 安蒂利亚	Antilla	CUANT
凯巴连	Caibarien	CUCAI
卡德纳斯	Cardenas	CUCAR
西恩富戈斯	Cienfuegos	CUCFG
哈瓦那	La Habana	CUHAV
曼萨尼略	Manzanillo	CUMZO
马坦萨斯 / 马但萨斯	Matanzas	CUQMA
尼卡罗	Nicaro	CUICR
南圣克鲁斯 / 圣克鲁斯蒂尔苏	Santa Cruz del Sur	CUSCS
圣地亚哥	Santiago de Cuba	CUSCU
开曼群岛	**KY CAYMAN ISLANDS**	**KY**
乔治敦	Georgetown	KYGEC
牙买加	**JM Jamaica**	**JM**
金斯敦 / 金斯顿	Kingston	JMKIN
蒙特格贝	Montego Bay	JMMBJ
奥乔里奥斯湾 / 奥科里奥斯	Ocho Rios	JMOCJ
安东尼奥港	Port Antonio	JMPOT
海地	**HT Haiti**	**HT**
海地角	Cap–Haitien	HTCAP
戈纳伊夫 / 利贝特堡	Gonaives	HTGVS
莱凯	Les Cayes	HTACA
太子港	Port–au–Prince	HTPAP
多米尼加共和国	**DO Dominican Republic**	**DO**
巴拉奥纳	Barahona	DOBRX
拉罗马纳	La Romana	DOLRM
海纳	Rio Haina	DOHAI
普拉塔港	Puerto Plata	DOPOP
圣佩得罗德马科里斯	San Pedro de Macoris	DOSPM

中文名称	英文名称	代　码
圣多明各	Santo Domingo	DOSDQ
特克斯和凯科斯群岛	TC Turks and Caicos Islands	TC
大特克	Grand Turk Island	TCGDT
波多黎各	PR Puerto Rico	PR
瓜亚马 / 拉斯马雷亚斯	Las Mareas (Guayama)	PRLAM
马亚圭斯	Mayaguez	PRMAZ
蓬塞	Ponce	PRPSE
圣胡安	San Juan	PRSJU
美属维尔京群岛	VI United States Virgin Islands	VI
夏洛特阿马利亚	Charlotte Amalie, St Thomas	VICHA
英属维尔京群岛	VG British Virgin Islands	VG
罗德城	Road Town, Tortola	VGRAD
安圭拉	AI ANGUILLA	AI
路德湾	The Road	AIROA
圣马丁（法属部分）	ST.MARTIN	
菲利普斯堡	Philipsburg	ANPHI
居斯塔维亚 / 古斯塔维亚	PORT GUSTAVIA	
圣基茨和尼维斯	KN Saint Kitts and Nevis	KN
巴斯特尔	Basseterre	KNBAS
安提瓜和巴布达	AG Antigua and Barbuda	AG
圣约翰斯	St John's	AGSJO
蒙特塞拉特	MS Montserrat	MS
普利茅斯	Plymouth	MSPLY
瓜德罗普	GP Guadeloupe	GP
巴斯特尔	Basse-Terre	GPBBR
皮特尔角城 / 皮特瑞角	Pointe-a-Pitre	GPPTP
多米尼克	DM Dominica	DM
罗索	Roseau	DMRSU
马提尼克	MQ Martinique	MQ
法兰西堡	Fort-de-France	MQFDF
圣卢西亚	LC Saint Lucia	LC
卡斯特里港 / 卡斯特里 / 卡斯瑞斯	Castries	LCCAS

中文名称	英文名称	代 码
巴巴多斯	BB Barbados	BB
布里奇敦	Bridgetown	BBBGI
圣文森特和格林纳丁斯	VC Saint Vincent and the Grenadines	VC
金斯敦	Kingstown	VCKTN
格林纳达	GD Grenada	GD
圣乔治	Saint George's	GDSTG
特立尼达和多巴哥	TT Trinidad and Tobago	TT
查瓜拉马斯 / 恰瓜拉马斯	Chaguaramas	TTCHA
利萨斯角	Point Lisas	TTPTS
西班牙港	Port-of-Spain	TTPOS
荷属安的列斯	AN Netherlands Antilles	AN
克拉伦代克	Kralendijk	ANKRA
威廉斯塔德	Willemstad	ANWIL
阿鲁巴	AW ARUBA	AW
奥拉涅斯塔德 / 奥腊涅斯塔德	Oranjestad	AWORJ
圣尼古拉斯湾	Sint Nicolaas	AWSNL
法属圭亚那	GF French Guiana	GF
卡宴	Cayenne	GFCAY
库鲁	Kourou	GFQKR
苏里南	SR Suriname	SR
蒙戈 / 蒙格	Moengo	SRMOJ
帕拉马里博	Paramaribo	SRPBM
帕拉南	Paranam	SRPRM
圭亚那	GY Guyana	GY
乔治敦 / 乔治顿	Georgetown	GYGEO
新阿姆斯特丹	New Amsterdam	GYNAM
委内瑞拉	VE Venezuela	VE
阿穆艾湾 / 阿木艾	Amuay/Amuay Bay	VEAMY
库马纳	Cumana	VECUM
圭里亚	Guiria	VEGUI
拉瓜伊拉	La Guaira	VELAG
马拉开波	Maracaibo	VEMAR

中文名称	英文名称	代　码
卡贝略港	Puerto Cabello	VEPBL
拉克鲁斯港 / 克鲁斯港	Puerto La Cruz	VEPCZ
奥尔达斯港 / 奥达斯港	Puerto Ordaz	VEPZO
篷塔卡尔东 / 卡东角	Punta Cardon	VEPCN
蓬塔・德彼得拉斯	Punta de Piedra	VEPPD
哥伦比亚	**CO Colombia**	**CO**
巴兰基利亚	Barranquilla	COBAQ
布韦那文图拉	Buenaventura	COBUN
卡塔赫纳	Cartagena	COCTG
卡雷尼奥港	Puerto Carreno	COPCR
圣玛尔塔 / 圣马尔塔	Santa Marta	COSMR
图马科	Tumaco	COTCO
图尔博	Turbo	COTRB
厄瓜多尔	**EC Ecuador**	**EC**
卡拉克斯湾 / 卡腊克斯港	Bahia de Caraquez	ECBHA
埃斯梅拉达斯 / 埃斯梅腊达斯	Esmeraldas	ECESM
瓜亚基尔	Guayaquil	ECGYE
曼塔	Manta	ECMEC
萨利纳斯	Salinas	ECSNC
秘鲁	**PE Peru**	**PE**
巴约瓦尔港	Bayovar	PEPUB
卡亚俄	Callao	PECLL
钦博塔	Chimbote	PECHM
埃腾	Eten	PEEEN
瓦乔	Huacho	PEHCO
伊洛	Ilo	PEILQ
马塔拉尼 / 马塔腊尼	Matarani	PEMRI
莫延多 / 莫廉多	Mollendo	PEMLQ
派塔 / 帕塔	Paita	PEPAI
皮斯科	Pisco	PEPIO
苏佩 / 苏普	Supe	PESUP
塔拉拉 / 塔拉腊	Talara	PETYL
特鲁希略	Trujillo	PETRU

中文名称	英文名称	代　码
智利	CL Chile	CL
安托法加斯塔	Antofagasta	CLANF
阿里卡	Arica	CLARI
卡尔德拉	Caldera	CLCLD
卡斯特罗	Castro	CLWCA
查尼亚拉尔 / 查尼亚腊尔	Chanaral	CLCNR
科金博	Coquimbo	CLCQQ
瓦斯科	Huasco	CLHSO
伊基克	Iquique	CLIQQ
利尔奎	Lirquen	CLLQN
梅希约内斯	Mejillones	CLMJS
蒙特港	Puerto Montt	CLPMC
阿雷纳斯角 / 彭塔阿雷纳斯	Punta Arenas	CLPUQ
奎姆什	Quemchi	CLQMC
金特罗 / 坤脱罗	Quintero	CLQTV
圣安东尼奥	San Antonio	CLSAI
圣文森特 / 圣维森特港	San Vicente	CLSVE
塔尔卡瓦诺 / 塔尔卡瓦纳	Talcahuano	CLTAL
托科皮亚 / 托科皮利亚	Tocopilla	CLTOQ
瓦尔迪维亚	Valdivia	CLZAL
瓦尔帕莱索	Valparaiso	CLVAP
阿根廷	AR Argentina	AR
布兰卡港	Bahia Blanca	ARBHI
布宜诺斯艾利斯	Buenos Aires	ARBUE
奥利维亚	Caleta Olivia	ARCVI
坎帕纳	Campana	ARCMP
里瓦达维亚 / 里瓦达维亚海军准将城	Comodoro Rivadavia	ARCRD
迪亚曼泰 / 迪亚曼特 / 戴芒特	Diamante	ARDME
拉普拉塔	La Plata	ARLPG
马德普拉塔	Mar del Plata	ARMDQ
德塞阿多港	Puerto Deseado	ARPUD
马德林港	Puerto Madryn	ARPMY

中文名称	英文名称	代 码
内科切阿	Necochea	ARNEC
克肯 / 库库恩	Quequen	ARQQN
里奥加耶戈斯	Rio Gallegos	ARRGL
罗萨里奥	Rosario	ARROS
圣胡利安	San Julian	ARULA
圣尼古拉斯	San Nicolas de los Arroyos	ARSNS
圣塞瓦斯蒂安 / 圣塞瓦斯提安	San Sebastian	ARSSN
圣克鲁斯	Santa Cruz	ARRZA
乌斯怀亚	Ushuaia	ARUSH
马尔维纳斯(福克兰群岛)	**FK Malvinas(Falkland Islands)**	**FK**
斯坦利港	Port Stanley	FKPSY
乌拉圭	**UY Uruguay**	**UY**
蒙得维的亚	Montevideo	UYMVD
新帕尔米拉	Nueva Palmira	UYNVP
埃斯特角	Punta del Este	UYPDP
巴西	**BR Brazil**	**BR**
安格拉杜斯雷斯 / 安格拉多雷斯	Angra dos Reis	BRADR
阿拉卡茹 / 阿腊卡茹	Aracaju	BRAJU
贝伦	Belem	BRBEL
福塔莱萨 / 福塔雷萨	Fortaleza	BRFOR
伊列乌斯	Ilheus	BRIOS
因比图巴 / 因比土巴	Imbituba	BRIBB
伊塔雅伊	Itajai	BRITJ
伊塔基	Itaqui	BRIQI
马卡帕	Macapa	BRMCP
马塞约	Maceio	BRMCZ
马瑙斯	Manaus	BRMAO
纳塔尔	Natal	BRNAT
尼泰罗伊	Niteroi	BRNTR
巴拉那瓜	Paranagua	BRPNG
佩洛塔斯	Pelotas	BRPET
阿雷格里港 / 阿里格	Porto Alegre	BRPOA
累西腓	Recife	BRREC

中文名称	英文名称	代　码
里约热内卢	Rio de Janeiro	BRRIO
里奥格兰德	Rio Grande	BRRIG
萨尔瓦多	Salvador	BRSSA
桑托斯／圣多斯	Santos	BRSSZ
南圣弗兰西斯科／富兰克斯考	Sao Francisco do Sul	BRSFS
圣路易斯／路易斯	Sao Luis	BRSLZ
圣塞巴斯蒂昂	Sao Sebastiao	BRSSO
特拉曼达伊	Tramandai	BRTRM
图巴朗	Tubarao	BRTUB
维多利亚	Vitoria	BRVIX
澳大利亚	**AU Australia**	**AU**
阿德莱德	Adelaide	AUADL
奥尔巴尼	Albany	AUALH
布里斯班	Brisbane	AUBNE
班伯里／班博里	Bunbury	AUBUY
凯恩斯	Cairns	AUCNS
丹皮尔	Dampier	AUDAM
达尔文	Darwin	AUDRW
弗里曼特尔	Fremantle	AUFRE
吉朗	Geelong	AUGEX
杰拉尔顿	Geraldton	AUGET
格拉德斯通	Gladstone	AUGLT
霍巴特	Hobart	AUHBA
麦凯	Mackay	AUMKY
墨尔本	Melbourne	AUMEL
纽卡斯尔	Newcastle	AUNTL
奥古斯塔港	Port Augusta	AUPUG
黑德兰港	Port Hedland	AUPHE
林肯港	Port Lincoln	AUPLO
皮里港	Port Pirie	AUPPI
波特兰	Portland	AUPTJ
悉尼	Sydney	AUSYD
汤斯维尔／敦斯维尔	Townsville	AUTSV

中文名称	英文名称	代　码
韦帕	Weipa	AUWEI
伍伦贡	Wollongong	
怀阿拉	Whyalla	AUWYA
扬皮桑德	Yampi Sound	AUYAM
北马里亚纳群岛	MP NORTHERN MARIANA ISLANDS	MP
塞班岛	Saipan	MPSPN
提尼安岛	Tinian	MPTIQ
关岛	GU Guam	GU
阿加尼亚	Agana	GUAGA
阿普拉	Apra (Agana)	GUAPR
关岛	Guam	GUGUM
密克罗尼西亚联邦	FM FEDERATED STATES OF MICRONESIA	FM
特鲁克群岛	Chuuk (ex Truk)	FMTKK
波纳佩	Pohnpei (ex Ponape)	FMPNI
雅浦	Yap	FMYAP
帕劳共和国	PW PALAU	PW
科罗尔 / 格罗尔	Koror	PWROR
巴布亚新几内亚	PG Papua New Guinea	PG
安诺瓦湾 / 阿内瓦湾	Anewa Bay	PGANB
基埃塔	Kieta	PGKIE
金贝 / 基姆贝	Kimbe	PGKIM
莱城	Lae	PGLAE
马当	Madang	PGMAG
莫尔兹比港	Port Moresby	PGPOM
腊包尔 / 腊包尔港	Rabaul	PGRAB
威瓦克	Wewak	PGWWK
所罗门群岛	SB Solomon Island	SB
霍尼亚拉	Honiara	SBHIR
林吉科弗	Ringgi Cove	SBRIN
肖特兰岛	Shortland Harbour	SBSHH
瓦努阿图	VU Vanuatu	VU
维拉港 / 威拉	Port Vila/Vila	VUVLI

中文名称	英文名称	代　码
圣吐	Santo	VUSAN
新喀里多尼亚	NC New Caledonia	NC
努美阿	Noumea	NCNOU
诺福克岛	NF Norfolk Island	NF
金斯敦 / 诺福克岛	Norfolk Island/Kingston	NFNLK
新西兰	NZ New Zealand	NZ
奥克兰	Auckland	NZAKL
布拉夫	Bluff	NZBLU
克赖斯特彻奇	Christchurch	NZCHC
达尼丁	Dunedin	NZDUD
吉斯珀恩 / 基斯博恩	Gisborne	NZGIS
利特尔顿	Lyttelton	NZLYT
内皮尔 / 纳皮尔	Napier	NZNPE
纳尔逊	Nelson	NZNSN
新普利茅斯	New Plymouth	NZNPL
奥普阿 / 奥普瓦	Opua	NZOPX
奥塔戈	Otago Harbour	NZORR
皮克顿	Picton	NZPCN
查马斯港 / 查尔莫斯港	Port Chalmers	NZPOE
塔哈罗阿 / 塔哈洛亚	Taharoa	NZTHH
陶朗阿 / 陶朗加	Tauranga	NZTRG
蒂马鲁 / 提马鲁	Timaru	NZTIU
韦弗利港 / 韦沃雷港	Waverley Harbour	NZWAV
惠灵顿	Wellington	NZWLG
韦斯特波特	Westport	NZWSZ
璜加雷 / 皇加雷	Whangarei	NZWRE
纽埃岛	NU Niue	NU
阿洛菲	Alofi	NUALO
纽埃岛	Niue Island	NUIUE
库克群岛	CK Cook Islands	CK
阿鲁通加 / 艾图塔基	Arutunga	CKARU
阿瓦鲁阿	Avarua	CKAVA
拉罗通加岛	Rarotonga	CKRAR

中文名称	英文名称	代　码
托克劳群岛	TK TOKELAU	TK
阿塔富	Atafu	TKAFU
美属萨摩亚	AS American Samoa	AS
帕果帕果	Pago Pago	ASPPG
西萨摩亚	WS Western Samna	WS
阿皮亚	Apia	WSAPW
汤加	TO Tonga	TO
内亚富 / 尼亚夫	Neiafu	TONEI
努库阿洛法	Nuku' alofa	TOTBU
斐济	FJ Fiji	FJ
兰巴萨	Labasa(Lambasa)	FJLBS
劳托卡	Lautoka	FJLTK
苏瓦	Suva	FJSUV
瓦利斯和富图纳	WF WALLIS AND FUTUNA	WF
马塔乌图	Mata' utu	WFMAU
图瓦卢	TV Tuvalu	TV
富纳富提	Funafuti	TVFUN
瑙鲁	NR Nauru	NR
瑙鲁岛	Nauru Island	NRINU
基里巴斯	KI Kiribati	KI
塔拉瓦岛 / 塔拉瓦	Tarawa	KITRW
马绍尔群岛	MH MARSHALL ISLANDS	MH
塔罗阿	Taroa	MHTAR
马朱罗环礁 / 马朱罗	Majuro	MHMAJ
法属波利尼西亚	PF French Polynesia	PF
波拉波拉	Bora–Bora	PFBOB
帕皮提 / 帕皮特	Papeete	PFPPT
皮特凯恩岛	PN Pitcairn Islands Group	PN
皮特凯恩岛	Pitcairn Island	PNPCN

参考文献

[1] 罗兴武,文妮佳.通关实务 [M]. 北京：机械工业出版社,2006.

[2] 徐沫扬.海关报关实务 [M]. 西安：西安交通大学出版社,2011.

[3] 海关总署报关员资格考试教材编写委员会.报关员资格全国统一考试教材 [M]. 北京：中国海关出版社,2013.

[4] 郑俊田,徐晨,郜媛莹.中国海关通关实务(第七版)[M]. 北京：中国商务出版社,2014.

[5] 报关基础知识报关水平测试教材编写委员会 [M]. 北京：中国海关出版社,2015.

[6] 陆洲艳,钱华,李人晴.国际物流通关实务 [M]. 北京：清华大学出版社,2013.

[7] 郑俊田.报关单填制与商品归类技巧专项训练 [M]. 北京：对外经贸大学出版社,2012.

[8] 朱占峰.报关实务 [M]. 北京：人民邮电出版社,2012.

[9] 杨昇.报关员资格全国统一考试考点精讲 [M]. 北京：机械工业出版社,2010.